跨文化交流的建构与实践

〔美〕米尔顿·J.贝内特　编著

关世杰　何　惺　译

北京大学出版社
PEKING UNIVERSITY PRESS

北京市版权局著作权合同登记　图字：01-2012-5486 号
图书在版编目(CIP)数据

跨文化交流的建构与实践/(美)米尔顿·J.贝内特(Milton J. Bennett)编著；关世杰，何惺译.—北京：北京大学出版社，2012.7
ISBN 978-7-301-20905-9

Ⅰ.①跨…　Ⅱ.①贝…②关…③何…　Ⅲ.①文化交流－研究　Ⅳ.①G115

中国版本图书馆 CIP 数据核字(2012)第 135498 号

English edition © Milton J. Bennett 2011
Chinese translation edition © Peking University Press 2012
All rights reserved. No part of this publication may be reproduced or transmitted in any form or by any means, electronic or mechanical, including photocopying, recording or any information storage or retrieval system, without permission from the publishers.

书　　　名：	跨文化交流的建构与实践
著作责任者：	〔美〕米尔顿·J.贝内特(Milton J. Bennett)　编著　关世杰　何惺　译
策 划 编 辑：	赵学敏
责 任 编 辑：	赵学敏
标 准 书 号：	ISBN 978-7-301-20905-9/G·3450
出 版 发 行：	北京大学出版社
地　　　址：	北京市海淀区成府路 205 号　100871
网　　　址：	http：//www.pup.cn
电 子 信 箱：	zyjy@pup.cn
电　　　话：	邮购部 62752015　发行部 62750672　编辑部 62754934
	出版部 62754962
印 　刷 　者：	北京大学印刷厂
经 　销 　者：	新华书店
	720 毫米×1020 毫米　16 开本　13.5 印张　220 千字
	2012 年 7 月第 1 版　2012 年 7 月第 1 次印刷
定　　　价：	35.00 元

未经许可，不得以任何方式复制或抄袭本书之部分或全部内容。
版权所有，侵权必究
举报电话：(010)62752024　　电子信箱：fd@pup.pku.edu.cn

译者前言

随着通信和交通技术的迅猛发展，我国改革开放的不断深入和经济的腾飞，我国人民与世界各国人民交往日益增多，扩大了对跨文化交流书籍的需求。尽管目前国内出版的关于跨文化交流①的中外学者著作和论文选读很多，但是以原文选读形式介绍跨文化交流学基本概念的著作却没有见到。在进行跨文化交流学教学或培训时，常苦于一些基本概念的经典文章深藏在各本书中，给学生学习借阅带来不便。若能将各位跨文化交流学名家的经典文章汇编一起，领略他们怎样从不同角度看跨文化交流，无疑会给希望了解跨文化交流学的读者带来方便。因而当米尔顿·J.贝内特博士向何惺女士和我提出将他主编的《跨文化交流学基本概念选读》文章加以精选②翻译成中文，由北京大学出版社出版时，我们就欣然同意了。这就是展现在读者面前的这本书的第二部分——名作选读。

这部分所选的文章发表于1956—1998年，着重论述的是跨文化交流学的基本概念。跨文化交流学中的基本概念不易改变，但跨文化交流的理论与技巧的研究一直在进行，这是一个不断发展着的领域。因此，贝内特博士建议由他写一个新的绪论取代原书的编者前言。这就是本书的第一部分——当代研究，共五章。在内容上，这部分增加了历史背景和当代应用，尤其是从建构主义的视角对跨文化交流的理论和实践意义进行了重点阐述。两个部分结合起来，最终形成一本新书《跨文化交流的建构与实践》，用

---

① 英文 Intercultural Communication 在国内有多种译法，其中主要是 communication 如何翻译的问题。1983年，何道宽教授把 Intercultural Communication 这个学科介绍到中国大陆时，将 communication 翻译成"交际"(何道宽：《介绍一门新兴学科——跨文化的交际》，见《外国语文教学》1983年第2期)，27年后，他在重新翻译"跨文化交流学之父"霍尔的《无声的语言》时，将 communication 首选译为"交流"。他说："经过几个月的踟蹰，我决定舍弃'传播'，以交流、交际、通讯的排序给 communication 选择三个译名，但动物的行为则译为'互动和交流'。"(何道宽：《无声的语言》中译者序，见爱德华·霍尔：《无声的语言》，何道宽译，北京大学出版社，2010年，第6页。)

② Milton J. Bennett, ed. *Basic Concepts of Intercultural Communication*, Intercultural Press, Inc., 1998. 该书原收录12篇文章，贝内特博士选出8篇。

跨文化交流的建构与实践

做跨文化交流学教学和培训的一本教材。

在美国，与跨文化交流研究相关的学者和专家分为两类，一类是在大学里从事跨文化交流的概念和理论研究的学者和教师，一类是跨文化培训咨询公司中从事跨文化培训理论和实践工作的学者和培训师。跨文化交流学诞生之后，有两个发展方向，一个是从事理论研究，一个是从事跨文化的培训。目前，我国学术界对跨文化交流学相关知识的引进和介绍比较多，对跨文化培训相关知识的引进和介绍较少。贝内特博士长期从事跨文化培训理论和实践工作，有着丰富的跨文化培训经验和深厚的理论修养，是《跨文化培训指南》（第三版）的主编之一，这本书凝聚了他数十年来辛勤研究的结果。

跨文化交流学的理论有二十多种，建构主义是将文化概念融入传播过程的三大理论之一。我国学者运用建构主义从事跨文化交流的研究很少。2012年5月以"跨文化 & 建构"为检索词在国家图书馆检索，只有两篇论文。本书从建构主义角度清晰和简明地向读者提供对该领域的一些总体看法。在贝内特博士看来，建构主义的核心是主张跨文化交流中的"移情"方法，它基于对文化差异性的假定，即站在对方的角度，以对方所在的文化环境来理解，而不是以"同情"的方法（基于对文化相似性的假定），将自己置于对方的环境中以自己的观点理解对方。移情是进行有效的跨文化交流的基本出发点。

第一部分和第二部分相得益彰。第一部分从当代视角介绍了跨文化交流，第二部分保留了部分被普遍认为是从建构主义角度对跨文化交流所作的经典阐述。随着跨文化研究日趋成熟，早期研究者们越来越多的原始研究成果被后来第三代和第四代实践家们不断接纳并采用。虽然一门学科不断得到大多数人认可是一个好现象，但也要对这些成果时常加以重温。希望这本书能提醒跨文化从业者们牢记其理论根基以及其丰富的发展史。这无论对学生、跨文化交流领域研究人员及实践者们都十分有益，对21世纪全球化时代的各行各业，特别是国际商务及国际教育领域的实践也很有参考意义。

当然，第二部分中的精选文章仅是早期研究成果中的一小部分，而且着重反映的是从建构主义视角看跨文化交流。其他研究方法的代表作，甚至许多其他好的建构主义的文章在这本书中尚未选用。所以我们希望读者们能以这本书为起点，进一步探索更多的跨文化理论和实践。另一点请读者注意，第二部分中的8篇文章由于成文时间较早，原有的参考文献格式与第一部分所采用的美国当今参考文献格式略有不同。

20世纪50年代,美国成为世界超级大国时,大多数美国公民的跨文化交流意识和知识很少,与世界其他国家人员交往却猛增。由于美国各部门对自己员工缺乏必要的跨文化培训,美国人在国际社会的表现口碑不佳。[①] 这段历史对我们来说,应该是前车之鉴。目前中国已经成为世界第二大经济体,国际地位大为提高,中国的国际形象对国家的继续发展和建设和谐世界有重要意义。国家形象匹夫有责,提高全国民众的跨文化交流意识和敏感性于国于己都有利。本书期望能在这方面作点贡献。

本书的第一部分和第二部分的《超越黄金法则:同情与移情》、《跨文化交流的障碍》、《文化的基本假定与价值观》、《文化认同之外:对多元文化主义的思考》由何悝翻译;第二部分的《科学与语言学》、《隐蔽差异的力量》、《感知视角中的文化》、《地球村中的交流》由关世杰翻译。全书由关世杰统一校订审读。对北京大学出版社、本书编辑赵学敏女士,曾阅读译文初稿并提出修改意见的张雯、李梦迪、石静菲、吴为等,以及一切帮助过本书出版的友人在此一并感谢。

关世杰 何悝

2012月6月

[①] 1947年,美国实施了马歇尔计划(官方名称为欧洲复兴计划)。马歇尔计划的成功导致美国领导人开创了其他国际发展活动和交换计划。然而,美国驻外使馆人员和援外专家们的工作效率不佳。《丑陋的美国人》(Lederer & Burdick, 1958)一书把他们的失败和对所驻国人民的负面影响呈现在美国公众面前。虽然该书是杜撰的,但它实际上暴露了美国人在国外时对文化不敏感,"丑陋的美国人"这个短语迅速地进入了人们的日常话语中。另一本有影响的书是哈兰·克里夫兰、格拉德·曼古恩和约翰·亚当斯写的《海外的美国人》(Cleveland, Mangone, & Adams, 1960)。虽然它不那么时髦,但是基于长期研究,该书对美国人在海外表现的批评达到了巅峰。

目　录

第一部分：当代研究

第一章　跨文化交流的框架 …………………………… 3
　第一节　介绍 ………………………………………… 3
　第二节　定义和范围 ………………………………… 5
　第三节　概念的焦点 ………………………………… 12

第二章　理论范式发展史 ……………………………… 15
　第一节　实证主义与文明层次 ……………………… 15
　第二节　相对论与文化体系 ………………………… 19
　第三节　建构主义与跨文化适应 …………………… 28

第三章　文化环境与互动 ……………………………… 37
　第一节　文化环境意识 ……………………………… 37
　第二节　互动分析 …………………………………… 43

第四章　跨文化适应 …………………………………… 57
　第一节　发展跨文化敏感 …………………………… 58
　第二节　解决发展中的问题 ………………………… 68

第五章　跨文化实践 …………………………………… 71
　第一节　国际/多元文化教育 ………………………… 71
　第二节　国际交换与海外留学 ……………………… 74
　第三节　全球商务管理与领导力 …………………… 83

第二部分：名作选读

科学与语言学 ……………………………………………… 96
隐蔽差异的力量 …………………………………………… 105
感知视角中的文化 ………………………………………… 118

跨文化交流的建构与实践

超越黄金法则：同情与移情 …………………………………… 128
跨文化交流的障碍 ………………………………………………… 148
文化的基本假定与价值观 ………………………………………… 163
地球村中的交流 …………………………………………………… 177
文化认同之外：对多元文化主义的思考 ………………………… 191

第一部分
当代研究

米尔顿·J. 贝内特（Milton J. Bennett）

第一章　跨文化交流的框架

第一节　介　　绍

一、跨文化交流的重要性

　　跨文化交流研究尝试回答这样一个问题："没有共同文化经验的人是如何相互理解的呢？"仅在几十年前，只有外交官和外派雇员才是面对和关注这个问题的主要人群，偶尔也包括国际旅行家们。如今，居住在地球村的多元文化社会中，我们每个人每天都要面对它。现在我们认识到跨文化理解其实包含了其他复杂的问题，比如在一个多元社会中为了共同目标，我们需要哪种交流方式，才能做到文化上的求同存异？交流如何帮助我们创造一个相互尊重，不只是容忍差异的环境？我们给这个变幻不定的世界带来的新梦想和创新力将决定如何回答迪恩·巴龙德提出的另一个关于地球村问题："地球村的居民们是彼此尊重和相互取长补短的邻里呢，还是一群居住在贫困窟，仅因为反感他人才聚到一起的乌合之众呢？"[1]如果注意考察我们灵长类祖先的过去和近现代我们对待差异的历史，似乎没有理由乐观。面对差异，我们的最初反应往往是避免。请想象这样一幅图景：我们的灵长类祖先围坐在篝火旁，啃食着当天捕获到的猎物，另一群试图凑近火堆的灵长类动物闯入了他们的视线。先前的那一群抬起头来，似乎在说："啊，不同的文化，真不错啊！"我很好奇，这样回应的几率到底有多少。其实更可能发生的是要么对抗，要么逃走，而且这样的情形从古至今没有多少改变。我们逃至郊区或退到墙后往往都是为了躲避文化差别，如果无法回避，就选择

---

[1] Barnlund, D. (1998). Communication in a global village. In M. J. Bennett (Ed.), *Basic concepts of intercultural communication: A reader* (pp. 35—51). Yarmouth, ME: Intercultural Press.

武力。

　　历史上，如果我们无法远离不同的人群，就尝试改变他们。政治、经济和宗教的传教士们寻找各种机会把个人信仰强加给他人。其想法是："如果那些人更像我们，就不会出事。"这个假定在 20 世纪美国流行的"大熔锅"(melting pot)观念中仍可看到。许多人很难相信没有相似性的双方能相互理解。

　　当无法避开或转变与我们不同的人群时，我们就将他们杀掉。种族灭绝的例子，无论在时间还是空间上都离我们并不遥远，因仇恨而犯罪的个人案件层出不穷。当然，一个人不必以屠杀方式彻底铲除他人。如果我们在组织和邻里间令他们生活艰难，生不如死，就等于"杀"了他们——他们无法生存和发展。

　　有了如此对待差异的历史，难怪差异的话题，包括理解、欣赏与尊重，成为跨文化交流实际应用的核心。但是，这种对差异的强调不同于单一文化中对交流与人际关系的看法。

　　单一文化交流以相似性为基础。在某一文化中，对现实本质的共识形成了一个环境，使得这个文化的成员可以相互交换思想，识别行为的适当性，并协同集体行动。对现实的共同经验，使该文化成员能够根据自己在类似情形中可能会有的反应，来预见他人的反应[①]。在单一文化交流中，差异代表潜在的误解和摩擦，所以，各种社会差异都不予提倡。

　　跨文化交流——不同文化成员之间的交流——对相似性并不苟同。根据定义，不同文化成员体验的现实不相同，因此，以个人为基准预见他人对信息的反应是行不通的。跨文化环境中的交流方法须提防相似性的观点，并鼓励对差异性的思考。正因如此，跨文化交流是以差异性为基础的。

　　另外，较之单一文化交流，跨文化交流必须是有主观意图的。我们通常认为交流跟走路一样是再自然不过的事。在一个文化环境中，交流的确是常态的，必要的，但不一定被意识到。在跨文化环境中，无意识的交流通常带有民族中心色彩，而且效果不佳。成功进行交流需要个人意识的全部参与。对大多数人来说，这是一种非常态的情况，因此我们可以说，跨文化交流在本质上是非自然的。在这个意义上，它对于人类就像是飞行。有了完善的技术(技巧)，飞行在近代成为可能，但需意识上的高度专注。即使飞机

[①] Miltion J. Bennett(1998). *Basic Concepts of Intercultural Communication*. Boston：Intercultural Press.

处于"自动驾驶"状态,训练有素的飞行员也须随时准备使用这些技术。与此类似,如今许多人生活在相对陌生的多元文化环境中,因而较之以前,我们更应有意识地更新对事物的看法,更有意识地调整自己的行为。

二、全书总览,与《跨文化交流学基本概念》的关系

本书所讨论的是跨文化交流的建构与技巧。这是一个"不断发展着的领域",正是由于这个特点,本书对多文化社会中快速发展的环境变化给予关注和探讨,对跨文化交流从早期的文化相对论到如今的建构主义本质寻根溯源,并研究教育、全球商务和可持续发展等方面的一些应用。本书是《跨文化交流学基本概念选读》(*Basic Concepts of Intercultural Communication: Selected Readings*)一书的增订版。它保留了原书的意图,即展现当代研究与古典观点的结合。然而,本书在内容上有很大扩展,主要增加了历史背景与当代应用。原书中保留下来的经典文章着重于概念基础。总之,基于"逻辑上清晰有序的理论可以造就强大有力的实践"(IDI,2010)的观点,本书的目的是从条理分明的建构主义(constructivism)角度,向学生、跨文化交流领域研究人员及实践者们提供一些对该领域的总体看法。

第二节 定义和范围

一、客观文化和主观文化

文化是一种环境(context)或情境。它常用来指某些客观境况,比如"在意大利人家庭环境中,食物表现了爱",或"按这个句子所描述的环境,该动词指的是直接行动"。在这方面,环境的含义的确是其拉丁词根的本意"编织(环境)在一起",指与观察相关的现象范围,中古英语用来指作文。比如,化学环境注重的是分子间的相互作用,心理环境着重于人类个体经验,而文化环境的焦点是人类群体的行为与经验。但是环境也可以侧重主观的现象。比如,一个临床医生研究病人的幻觉环境,一个政治家试图了解其对手的辩论环境,或跨文化专家探究产生一个决策方法的文化环境。

从环境和建构主义的角度定义"文化"是由社会学家彼得·伯格(Peter Berger)和托马斯·鲁克曼(Thomas Luckmann)在他们具有开创性的著作

跨文化交流的建构与实践

《现实世界的社会构筑》①里建立的。这个被跨文化专家们普遍使用的定义将客观文化与主观文化区分开来。客观文化指的是文化的制度方面,比如政治和经济体制及其产物,如艺术、音乐、饮食等。社会制度发展史也是客观文化。反之,主观文化是社会制度所形成的社会现实经验。换句话说,它是社会人的世界观。根据伯格和鲁克曼的观点,客观与主观文化是一个辩证的存在,前者经过社会化而被内在化,后者通过角色行为被外在化。因此,在一个循环往复的自我参照过程里,文化制度是被实践那些制度与习俗的人不断再造的。

一个特定文化在类似边界的范围里通过人们的相互交往来维系。比如,意大利与德国的边界显示了,并在某种程度上规定了德国人与德国人的交往(辅以一种共同的语言)比与意大利人多得多。德国人的制度与习俗使其在独特历史条件下能进行并规范他们的互动行为,因此形成德国人的客观环境,或称德国文化。我把它称为"大"文化,一种与"小"的主观文化相反的文化。② 了解外国的"大"文化一向是传统教育的焦点,在课程设置上表现为艺术、建筑、文学、政治以及历史等学科。

一个群体的小文化,即世界观,植根在文化环境中。在一个界定范围内交往的群体具有辨别世界现象、组织并协同交流,以及区分好恶的独特方法。比如,比起北欧人,北美人的世界观不那么抽象,这导致北美人往往根据过程发展需要巧妙进行调整(怎样把工作完成),而不是纠缠于战略上的意见或观点(为什么做这个工作)。每个群体的成员也都认为自己的观点是最好的,因此北美人通常很乐意亲身实践,自己解决问题,但是对额外的理论考量比较没有耐心。而北欧人对美国人的决策方式持否定态度,称其"做事莽撞"。③

虽然一个国家的边界通常与其认同的世界观相关(但往往是非常一般性的),但也存在着其他形式的边界(如种族、性别、职业),这些边界在高或低的抽象层面形成文化,我们将在以下章节中对此进行探讨。

---

① Berger, P., & Luckmann, T. (1967). *The social construction of reality: A treatise in the sociology of knowledge*. Garden City, NJ: Anchor.

② Bennett, M. (1998). Intercultural communication: A current perspective. In M. J. Bennett (Ed.), *Basic concepts of intercultural communication: A reader* (pp. 1—34). Yarmouth, ME: Intercultural Press.

③ Stewart, E. & Bennett, M. (1991). *American cultural patterns: A cross-cultural approach*, Revised Edition. Yarmouth, ME: Intercultural Press.

文化世界观并不规定或决定一种文化中的个人行为,而是营造出一种相关环境,感知与行为在此环境中发生。因此,我们延用上面的例子,美国人和欧洲人能够并确实以战术和战略两种方式协同他们的感知,但各自的文化环境使他往往偏向其中一种方式。由于各种原因,某个北美人或许在某种情况下更多运用战略的方式,而一个北欧人则有更多战术上的考量。但是一般来讲,他们各自环境中的制度和其他成员更强调其中一种方式,而不鼓励另一种方式。

建构主义的文化观点认为文化体系并非先验性的。一个人降生到一种文化体系的时候,那个体系之所以存在,是因为一直以来前辈们或多或少以他们社会化的方式建构着现实。新的文化成员履行着体系中的角色和规则,使这个体系得以延续下去。既然该观点中的体系是动态的建构,理论上一个人有可能在任何时候建构一个新体系,它与最初被社会化的那个体系有所不同,意即个人可以建构另一种观念。

总之,我们坚持文化的非物化观。文化不是一件东西,而是一个特定群体协调成员行为的过程。以建构主义的观点看,我们甚至可把文化作为一个观察类别。文化是由我们,即观察者所构筑的环境;它被用来聚焦人类经验的某一特定方面——在本讨论中,即我们如何以眼下的和制度化的两种方式协调群体行为。

二、专用术语

- "国际"一词指的是多个国家及其他组织,如用在"国际关系"里。国际关系的焦点是在政治、经济和宗教组织以及它们在跨境事务中的影响。当用在国际教育中,指的是那些关注其他社会制度的课程以及学生、教师、研究者和其他学术组织的跨境交流行为。比如,"我们的国际教育项目是招收外国学生与归国留学生,努力实现大学课程国际化"。
- "多元文化"指的是某一特定情况,包含了两种或两种以上的文化。例如,"该国际大学拥有一个多元文化校园,有15个以上不同国家和种族文化",或"环球公司普遍雇用多元文化团队,成员包括来自三大洲的企业"。
- "多元文化认同"普遍指那些原社会化或第二社会化过程发生在两种或两种以上文化中的人们,以及认同多元文化环境中参照群体的人。

与那些会讲多种语言但在语种转换时对其文化身份常感困惑的人相比,具有多元文化认同的人一般对其多元文化归属不再困惑。

- "多元文化主义"主要用在教育环境中,在那里,对多元文化课堂和某种程度上的多元文化认同的关注通过特殊政策、程序和课程等途径制度化。
- "异文化(接触)(cross-cultural)"是指人们之间的一种特定接触,处于这种接触的人们来自两种或两种以上的不同文化。例如,"在一个多元文化校园或一家环球企业中,异文化接触是无法避免的"。这个词也可用于比较,"对异文化市场调研显示,印度人更注重汽车的多用途性能,而美国人更强调汽车的舒适性和美观"。
- "跨文化"一词指的是人们之间一种特定的互动或交流,其中,文化差异在意义的创造上扮演角色。例如,"发生在多元文化校园里的异文化接触可能会产生跨文化误解"。"跨文化"也指异文化接触方面所需的技巧。例如,"多元文化团队的管理者需要掌握跨文化技巧,做到有效管理"。
- "跨文化敏感"用在跨文化开发领域,指的是区分文化差异,并在跨文化交流中体验那些差异的能力。比如,"在俄罗斯与哈萨克人之间的交流中,他们应该清楚各自的东欧和亚洲文化造成的差异"。
- "跨文化能力"指的是体验并实践跨文化敏感的能力。例如,"阿克萨娜在回应邵潘时,有意用简单和自然的方式直截了当地指出她们的不同,这显示出阿克萨娜的跨文化能力"。
- "跨文化学习"指获得一般跨文化能力(可转换的);它可用于处理一般意义上的异文化接触,而不是仅针对某一种文化的技巧。例如,"苏珊在德国研修时,她不仅学习了如何以更德国人的而非美国人的方式参与辩论,还学习了如何在应付不同观点时接受并适应较大范围的文化差异"。

有时,"跨文化"(intercultural)与"异文化(cross—cultural)"被混用,特别是常被专门研究异文化心理学的心理学家们混用。或许因为在培训中心理学的讲授比较流行,"异文化培训"的说法依然比较普遍,甚至跨文化专家们在以跨文化能力为专题的培训中亦如此。在比较文化环境时,异文化心理学家们多用"异文化"一词,例如,"一项'异文化'研究发现,外向型与内向型性格的比例在五个被测试的文化中大致相同"。跨文化交流领域更侧重的是不同文化群体成员之间的交往互动。例如,"尽管存在着个性的差异,日本式的礼貌性克制还是被美国人曲解为缺乏自信"。一般来说,异文化心理学在不同文化环境中强调个人特征,而跨文化交流注重人类互动方面群体规范模式的影响。尽管各学科间的确存在一些交叉,但其侧重点上的区别显示了这两个领域的重大不同。

三、分析层面

在不同的分析层面上,我们可以观察到一般现象与人类具体行为。[①] 由于分析的混乱会导致研究和应用[②]两方面无法衔接,在跨文化研究时如何把握这些层次就十分重要。从我们的目的来看,对以下三个分析层面,即个人、群体与制度进行定义十分重要。

主观文化指的是群体层面的分析,关注某个被定义的群体中普遍存在的行为规范模式,如国家、地区、性别等。例如,这些(和其他)群体中的人共同形成一个谈话模式:谁听、谁说、怎样与别人目光交流、给予什么样的赞同等模式规则。所有这些规则都是大家在谈话方式上达成(或正在创造的)的共识。对话本身就是共识的产物,但我们参与对话的方式是一种行为模式。换句话说,群体分析层面的焦点是主观文化——一种如影随形的文化,或引导群体体验世界的世界观。

反之,个人层面分析侧重个体的人和他们具体的个人特征。诚然,人的行为是个人特征和其接受的群体社会化这两方面的产物。但对于跨文化研究来说,这两个层面的分析不能混淆。否则,跨文化交流就与异文化心理学合二为一了。异文化心理学倾向文化环境中个体的个性特征,而跨文化交流所关注的是集体的世界观如何跨越文化环境进行相互作用和影响。换句话说,跨文化交流侧重的是不同文化的人怎样共同创造意义,而异文化心理学的重点还是在遇到文化差异时的个人精神动力现象。当这一重要差别模糊不清时,双方领域的研究就缺乏逻辑性。

制度层面分析的重点是客观文化,它是集体行为如政治、宗教和经济结构的产物。国际关系在学术上擅长根据制度结构的交往互动,特别是它们

---

① Bertalanffy, L von (1968). General System Theory: Foundations, Development, Applications New York: George Braziller; Boulding, K (1956). General systems theory: The skeleton of science. Management Science, 2: 197—208.

② Bennett, M. (2012). Paradigmatic assumptions and a developmental model of intercultural learning. In M. Vande Berg, M. Paige, & K. Lou (Eds), *Student learning abroad: What our students are learning, what they're not, and what we can do about it*. Sterling, VA: Stylus Press.

跨文化交流的建构与实践

的权力关系,来寻求对群体关系的理解。当群体或个人应该在制度层面被分析时,结果往往表现在权力方面;如通过体制上的种族主义或男性主义剥夺少数族裔个人的权力,多元文化社会中主流群体的相关权利与特权和非主流群体权益的对立,或籍由体制将人刻板印象(stereotype)化的权力。混淆制度层面与群体层面分析会导致主观文化的物化或"本质化"。当文化过程与文化产物混为一谈,世界观与制度的辩证关系就消失了,文化遂变成了一个静态而非动态的过程。

  由于上述原因,跨文化专家们试图避免纯粹的意识形态分析。当交流行为被冠以"帝国主义者"、"种族主义者"或"男女有别论者"时,那个行为的人性方面就被具体化的概念所遮蔽。两极化往往抹杀包容的愿望,对交流差异性的进一步探索也随之被政治骚动所淹没。权力滥用无助于交流,在压迫与不尊重的环境里,跨文化关系不会有任何改进。跨文化专家们可以通过诠释并帮助人们交往互动,在改变那个环境上发挥作用。然而,他们的本职工作主要不是意识形态的(除非行动本身在某种程度上就是政治性的)。批评性的社会分析固然是政治变革的重要部分,但当问题变成如何更好地理解并适应另一种文化时,如跨文化交流方面,纯粹的意识形态分析会产生许多矛盾与纷争,而不是新观点。

  对文化行为的历史分析法如同意识形态法处于同样的分析层面,也有着某些相同的弱点。我们虽然可以说美国人的个人主义植根于蛮荒时期繁衍出来的加尔文主义,中国人的集体主义源自道家思想和组织严密的农业社会,但这样的观察很难告诉我们个人主义和集体主义的价值观在今天如何会影响到一个美国人与中国人相处的行为。同样,了解美国移民史虽然对其他方面很重要,但对分析跨种族交流的异文化内容方面尤其没有用处。在这两种情形里,眼前的行为和文化环境都被先入为主的、夹杂着历史成因的东西遮蔽了。

  避开用历史作为分析框架并不是说跨文化专家应该完全忽视这个领域。如果外来者对群体的历史略知一二,大多数文化的人们会有被尊重的感觉,而相互尊重正是跨文化交流的主要目标。并且,如果沟通双方确实存在压迫者/被压迫者的关系(或继续存在),了解历史就显得尤为重要。主流文化成员对那段历史的任何否定可能会被理解为继续压迫的证据(虽然可能不是有意的)。例如,欧洲裔美国人因对奴隶制历史不了解而常被视为种族主义者,日本人因不承认其对华侵略史而被看做文化沙文主义。在解释那些过去和现在受虐待史所作出的反应上,历史知识同样十分重要。例如,苏格兰人对于被当做英国人,即他们历史上的压迫者,尤感不快。但在了解历史环境的同时,跨文化者关注的是此时此地的行为模式。他们特别注重分析,每当不同文化模式通过个人交流介入时所造成的人类交往互动。

四、抽象层面

另一个对跨文化交流十分重要的概念是抽象层面。不同的抽象层面围绕各种包容性建立起群体边界,它们依次形成了一体性和多样性的各种相貌。跨国界的人种或种族群体如华人、阿拉伯人、祖鲁族人或犹太人,以及地缘政治区域如欧洲或撒哈拉以南的非洲地区处于高抽象层面上的文化描述。诸如此类大型群体的文化模式是非常综合的,群体中包括许多差异。在高抽象层面中,我们只能指出文化之间最一般的差异,例如,我们或许观察到西方文化更倾向于个人主义,而亚洲文化更集体主义。虽然这个观点多少可以将人群从单纯的人类区分出多样性,但它通常是将人群一体化,例如,来自许多不同国家文化的人在"欧洲人"的文化描述中会产生一体的感觉。

在略低抽象层面,我们可以描述国家文化。这个层面的描述在大的地缘政治区域里区分了各个不同的群体,如华人文化在中国大陆、台湾、香港,及新加坡之间各有特点,然而它们有共同的文化特征。群体内共有的体验(常常通过大众传媒)产生出一种横跨特定地区和种族的共性。例如,尽管美国人有着非常明显的种族与地理差别,但他们彼此打交道所花的时间远远多于和其他国家群体的交流。相较于消费外国传媒产品,他们肯定花更多的时间阅读美国报纸或看美国电视。这种群体内的交往互动产生了美国式的经验,它以特有的不同于其他国家群体的方式表现出来,因而提供给他们一个共有的群体边界。中国、日本、巴西和其他国家群体亦如是。

虽然高抽象层面的文化差异为比较国家文化行为提供了丰富基础(如霍夫斯泰德的研究),隐藏在这个层面下的各个国家群体内部存在着重大差异。在略低抽象层面,更具体的群体划分,如种族传承,可作为文化来描述。例如,美国一般有欧洲人、非洲人、亚洲人、西班牙/拉丁人和原住民后裔。每个族群内甚至包括了更多的不同。例如"非裔美国人"包括了来自非洲许多地区和它流散在外的其他分支,如240年前至20年前移民来美的加勒比海人(美国印第安人当然更早来到这里)。适当的说法是,"欧裔美国人"和其他族类处于同样的抽象层面。更具体一些的分类,如意大利裔美国人或墨西哥裔美国人，处于更低抽象层面，不应与较高层面的综合特征相混淆。对这些层面的关注为跨种族关系提供一个"理论层面的活动场地"。

国籍和种族或民族传承相结合在多文化社会中将会成为更普遍的现象。例如，除了阿拉伯裔以色列人和南非白人，现在又出现了土耳其裔德国人、阿尔巴尼亚裔意大利人、俄裔哈萨克斯坦人。主观文化多样性的其他类别一般包括性别、社会阶层、身体能力、性取向、宗教、组织和职业。这个概念也可以包括其他长期群体如单亲或狂热的运动爱好者等，只要这些群体作为单位元素群能够保持它们界限清晰的交往特征。根据定义，个人没有不同的文化，用于个人行为模式的专有词是"个性"。

应该注意的是，民族划分是文化的而非人种的传承；一个群体内相同的肤色、眼褶或其他身体特征与他们协同群体行动方式进而形成文化模式并没有关系。"人种"概念被用做人类的描述符已很不足取，应该彻底摈弃。然而，有充分证据显示，"民族划分"在两种意义上是一个行得通的概念：(1) 与国籍或区域不同的一种文化身份；(2) 在不同国家文化中甚至经过了数代的社会化之后依然继续影响世界观的继承文化。

第三节 概念的焦点

一、建构主义的交流观

跨文化交流建构主义方法中最基本的理论概念是，经验（包括异文化经验）是被建构起来的。这是感知建构主义的核心。[①] 这种观点认为我们并不直接察觉事件，我们的经验是通过模块或类别建立起来的，这些模块和参考类别用来组织对现象的理解。用乔治·凯利的话说，我们在事件发生时即便就在附近也不会有任何具体的经验；经验是自己如何诠释那些事件。例如，碰巧遇到一个中国事件的美国人，如果他或她没有任何关于中国的参照类别可以用来建构那个事件的话，就不会获得对那个事件的中国经验。他或她可能会以

---

① Brown, G. S. (1972). *Laws of form*. Toronto, Canada: Bantam; Kelly, G. (1963). *A theory of personality: The psychology of personal constructs*. New York: Norton; Von Foerster, H. (1984). On constructing a reality. In P. Watzlawick (Ed.), *The invented reality: Contributions to constructivism* (pp. 41—61). New York: Norton.

自己的文化作为感知事件的唯一基础,这是民族中心主义倾向的经验。

交流理论的一个相关概念是认知复杂性。① 认知复杂度较高的人能把他们对实践的理解纳入更加细化的类别。换一种说法,认知复杂度较高的人能对某一特定领域内的现象有更强的识别力。例如,葡萄酒鉴赏家能在品种相同,但制造年份不同的两个红酒中品出差别,而外行人仅能辨认白葡萄酒与红酒之间的区别。同样,跨文化敏感度高的人具备更发达的文化识别体系。因此,经验丰富的旅行者能观察到非言语语言或沟通方式的细微差异,而幼稚的旅行者只注意到钱币、食物或卫生间的不同。区分文化差异的类别体系越复杂和成熟,理解就变得越具备跨文化敏感。

认知复杂性与表现跨文化能力的有效行为之间有何关联呢？有关交流的建构主义研究显示,认知复杂度越高的人就越能在交流过程中"以人为中心"和"从对方角度理解"(虽然他们并不总在实践这个能力)。② 这些品质与他们更成功的人际交流是联系在一起的。成功的跨文化交流同样因为能认识到一个文化与己不同的人与自己有着同等复杂性(以人为中心),并能够接受文化上的不同观点。因此,良好的跨文化敏感产生增强跨文化能力的潜能。

二、被体验的经验

从对方角度理解的目的不是简单地学习一个不同的观点,而是产生另一种经验。接受了大量单一文化社会化的个人通常只使用他们自身文化的世界观,所以无法以一个会产生不同体验的方式去看待世界。当他们对文

---

① Delia, J. G., Crockett, W. H., & Gonyea, A. H. (1970). Cognitive complexity and the effects of schemas on the learning of social structures. *Proceedings of the 78ᵗʰ Annual Convention of the American Psychological Association*, 5, 373—374; Goertzel, B. (n. d). Faces of psychological complexity. Retrieved January 8, 2004 from http://www.goertzel.org/papers/intro.html; Loevinger. J. (1979). *Scientific ways in the study of ego development*. Worchester, MA: Clark University Press; Loevinger. J., & Wessler, R. (1970). *Measuring ego development*. San Francisco, CA: Jossey-Bass.

② Applegate, J. & Sypher, H. E. (1988). Constructivist theory and intercultural communication research. In Y. Kim & W. Gudykunst (Eds.), *Theoretical perspectives in intercultural communication* (pp. 41—65). Beverly Hills, CA: Sage; Delia, J. G. (1987). Interpersonal cognition, message goals, and organization of communication: Recent constructivist research. In D. L. Kincaid (Ed.), *Communication theory: Eastern and western perspectives* (pp. 255—273). San Diego, CA: Academic Press.

跨文化交流的建构与实践

化差异变得更敏感时，就获得了创建另一种经验的能力，这种经验或多或少与来自另一文化的人们相符合，继而具备了在其他文化环境中移情、适应，并进行有效交流的能力。

随之而来的是跨文化交流的主要障碍，即民族中心主义，它认为我们自己的文化环境才是最"真实"的，因而最人性化、最正确。[1] 民族中心主义最基本的观点是只有在自己的文化中，事情才令人"感觉正常"。如果以文化自我意识反驳民族中心论，仅了解自身文化价值观和共同行为模式是不够的，还必须对那些行为模式的适度性有所敏感。

比如，一个中国人意识到意大利文化在诸多方面与中国不同，并能看出哪些行为更中国式或意大利式。他或许还非常了解意大利文化，特别是客观文化如艺术、建筑和历史，甚至对意大利的主观文化相当精通，并能分析这两种文化在交流方式和价值观上的不同。但是这个人可能缺乏对意大利文化的感觉。因此，他在对意大利文化了解的深度和对此文化的适应力上受到限制，因为无法真正以一个意大利人的方式体验事物。

"感觉"一词指切实的身体知觉和对情况的直觉捕捉。例如，"她对物理有一种直觉"或"他对这个组织如何发展有感觉"。在文化方面，与这种感觉相对应的是对某种行为适当性的感官感受——对这个人表示问候时的鞠躬时间应多长、角度多低，应邀出席晚餐后何时告辞较为合适，或是否应对一个微小的不敬表示道歉。虽然这样的文化直觉感受是建立在感官上的，但更存在于身体知觉和有意识地了解这两者之间的交点上——我们称之为体验的感觉。

虽然此书中有大量的跨文化资料和对认知理解方面的重点强调，但我们还是应该牢记，理解不是目的——不是理解理论，不是理解技巧，甚至不是理解其他文化。理解的目的在于获得对某种事物的感觉，因此我们进而有能力应对一个不同的经验。我们的理想是，通过理解跨文化理论和实践，本书的读者们更能自己具备跨文化经验，并帮助他人获得那些经验。然后，也只有到那个时候，我们才能认为自己真正有能力去实践并传授跨文化技能。

---

[1] Bennett, J., & Bennett, M. (2004). Developing intercultural sensitivity: An integrative approach to global and domestic diversity. In D. Landis, J. Bennett & M. Bennett (Eds.), *Handbook of intercultural training* (3rd ed, pp. 147—165). Thousand Oaks: Sage.

第二章 理论范式发展史

第一节 实证主义与文明层次

　　这一章的目的在于揭示跨文化关系在相当大程度上是建立在相对论（relativism）和建构主义模式上的。它将探讨在解说和实践中，当认识论方面相互矛盾的观点不经意间被混淆时，"理论范式的混乱"是怎样出现的。理论范式的混乱尤其给跨文化关系造成麻烦，因为这个领域依赖"从理论到实践"的概念实用性标准。如果为实践奠定基础的理论范式与实践结果不相符，那么概念的可信性和方法的有效性都将受到质疑。

一、牛顿学说的理论范式

　　在物理学领域，艾萨克·牛顿（1642—1727）因其正式提出了科学的世界观而闻名于世。[1] 他明确阐述了现象是由"自然法则"支配的观点（如苹果掉落和重力法则），进而打破了近代科学以前充斥着神秘灵异的世界观。牛顿理论的两个主要方面是：线性因果和客观观察。线性因果是指原因及其结果穿越时间在同一个方向运行，这是预知和控制事件的一个重要假定。客观观察是指观察者处于被观察事件之外，所有具备相似能力的观察者能观察同样的事件。

　　牛顿理论也成了社会科学的样板。牛顿把宇宙比做一个大时钟，有了对机械的充分了解，它的运行就是绝对可以预知的。所有传统科学，包括社会科学在内，都遵循这一线性因果的模式。在物理世界，能量作用于物质，引起可预知的物理效果。在社会领域，与社会（或精神）事件相结合的力量同群体和个人紧密联系，从而导致社会效果的产生。正如物理世界被以特

---

[1] Briggs, J. & Peat, F. (1984). *The looking glass universe: The emerging science of wholeness*. New York: Simon & Schuster.

跨文化交流的建构与实践

殊方式运用能量的动因所操纵一样,延伸到社会领域也是如此,它被产生特定社会力量的动因所左右。通过研究因果的相关性,人们能够尝试控制某种导因,从而产生可预知的效果。

奥古斯丁·孔德(1798—1857)将该认识论以"实证主义"正式确定下来。孔德批判性地以亚里士多德理论为基础,并结合不被当时常人理解的弗朗西斯·培根(1561—1626)的思想和牛顿的经验论形式,坚持认为所有形而上学的思考都是错误的,只有来自感官经验的信息才是人类知识适当的对象及标准。因此,对人类环境的思考在那时主要为宗教的、精神的和哲学的本质。但是有了牛顿物理学的手段,就可将人类环境客观化,并根据因与果,预见与控制等因素在微观(个人)与宏观(组织)的层面上对它进行研究,就像研究世界任何其他对象一样。牛顿关注的是物理世界,而孔德把该公理的科学思维观点扩展到所有现象,包括社会关系的研究。他因此常被奉为社会学之父。正如孔德所主张的,社会学的焦点是社会变量与社会结果的相互关联,使动因以更高的预见力控制社会进程。

跨文化关系领域要特别注意的是实证主义的目的论含义。尽管它坚持仅描述完全根据经验的现象,但实证主义意指存在着一个潜在的、非完善描述的理想现实。在物理学领域,这个理想状态是传统上的均衡状态。如果作比喻性地延伸,理想社会就是一个"自然的"等级秩序普遍存在的均衡社会。社会控制因而被定义为搬掉妨碍实行这个自然状态的绊脚石。这个社会现实所固有的阶层本性给了殖民主义正当性,为奴隶制申辩,孕育并普遍支持那些狭隘地认为自己体制和本民族优越的民族中心主义者。

或许正因为与上述情形有关联,"实证主义"的标签及相关描述如"社会达尔文主义"没有被社会科学家公然宣扬。不过,对牛顿学说的最初实证主义应用在社会研究中仍然余音绕梁。下面我们将解释这些理论范式对跨文化理论和实践的意义。

二、实证主义对跨文化理论的意义

实证主义对"文化"的概念有三个相当灰暗的含意。其一,文化是被研究排斥在外的一种形而上学推断。我们只能描述行为,但无法推断这类行为的模式,即组织中交往着的个人共有的模式。模式不存在于我们的观察之外,只是我们对行为本身观察的次生产物。这个观点完全否认了文化的概念。

处于另一极端的第二个含意是,当实证主义者描述"文化"时,将其物化或本质化。在著名的建构主义社会学文献《现实的社会构筑》中,伯格和鲁克曼对此作了如下解释:

> 物化是把人类现象理解为非人类或超人类范畴里的事物……暗指人类能忘掉他们自己是人类世界缔造者,人类、生产者和他的作品之间的辩证关系进而在意识中丧失……人类,即人类世界的缔造者,被当成了它的作品,人类活动被当做非人类过程的一个次生产物……人类可以十分荒谬地创造一个否定其自身的现实。①

这种物化与实证主义者的认识论天生为伍。实证主义者主张事物不包括在他们的描述之内,即有一个独立存在的客观世界是我们所观察不到的。许多社会科学研究总认为社会现象能够被发现并以明确而持久的方式被分类。当初或许是有意为之,霍夫斯泰德②或特罗姆皮纳尔斯③等人研发的那些跨文化分类图表常以该方式被人们引用。

正如其他社会科学,当我们对实证主义认识论无意识地接受时,跨文化关系就会过于频繁地陷入幼稚的"文化"物化。例如,普遍使用的冰山比喻形容在水面上可见的"外在文化",而"内在文化"由于在我们视线之外的水面下而具有危险性。这个比喻意味着文化是一个必须要了解并成功驾驭的事物。这个文化概念能引领我们到一个成熟的跨文化适应的实践吗?或者它是否更有助于某些人对内在文化作出更加华丽的描述?

实证主义对跨文化理论的第三个含意来自异文化心理学的许多方面。特别是这个领域的研究着重在文化环境如何影响或不影响特定的心理变量,其目的是找到那些"最普遍的"变量,即至少是受文化影响的变量。这是在两个层面上的实证主义研究;在方法论上他们物化文化,而在目标上他们物化心理过程。通过将文化当做一个自变量,研究者们需说明"文化环境"的参量,在其中要测量因变量。在这个过程中,他们认为"文化价值观"或"文化认同"的个人自我描述指示了存在于报告者意识之外的现实。其次(也是十分荒谬的),这些研究的目标往往是发现普遍的不受文化环境影响

---

① Berger, P., & Luckmann, T. (1967). *The social construction of reality: A treatise in the sociology of knowledge* (p. 89). Garden City, NJ: Anchor.

② Hofstede, G. & Hofstede, J. (2005). *Cultures and organizations: Software of the Mind*. New York: McGraw-Hill.

③ Trompenaars, F. (1993). *Riding the Waves of Culture*. New York: Irwin.

的心理程序。因而,他们通过物化文化来制造这个自变量,试图证明因变量(一个心理程序,如"对不确定因素的耐受力")实际上并非由文化环境决定。

跨文化心理学家约翰·柏力(John Berry)的部分著作中有关交叉文化(transcultural)绝对性的研究就是一个例子。[①] 他虽然认为对文化之间的相似性和差异性两方面都要研究,并且,基本的心理程序在不同文化环境中的表现可能会不同,但他提出了实证主义的基本观点,即现实独立存在于我们对它的描述之外:

> 这一章所研究的观点是,人类行为的如此"普遍规律"是可以认识到的,尽管不是全部。我相信我们最终能够发现那潜在的作为整体的现代人种特征的心理程序。

三、实证主义对跨文化实践的意义

既然实证主义擅长于描述,它对跨文化关系实践的意义是,描述性的知识本身对成功进行跨文化交往已足够了。这是许多以"学科领域研究"为定位的项目和网站的基础。这些项目和网站主张通过提供"目标"文化的相关制度、习俗及其他信息来教导人们如何在那些文化中生活。有时这些信息甚至是关于主观文化方面的,如非言语行为、交流方式或文化价值观。虽然这样的信息可以成为跨文化能力的有用工具,但它本身并不构成能力。人们须懂得这些信息是拿来做什么的,使之变得有用。例如,一个掌握所有最新癌症资讯的医生并不一定能对癌症病人实施成功的手术。在所有其他场合,我们习惯性地认为知识仅在更综合的能力范畴里有用。或许这是民族中心论的一个特点,即人们常常无法理解跨文化还需要能力,认为有了信息就足够了。

或许因为试图增加简单信息,许多实践者们罗列出许多目标文化中"应做与不应做"的行为准则。认为在特定文化中一个人"能做"和"不能做"的行为清单对跨文化关系会有帮助无疑是实证主义的观点。人可以通过学习学到行为的观点实际上出自奠定培训项目基础的行为主义学习理论。这种

---

① Berry, J. (2004). Fundamental psychological processes in intercultural relations. In Landis, D., Bennett, J. & Bennett, M. (eds.) *Handbook of Intercultural Training*, Third Edition. Thousand Oaks, CA: Sage.

方法不仅被幼稚的培训师广为传播,那些学习者们也对此有强烈需求。

跨文化培训普遍使用行为主义学习技巧的一个例子是"文化同化模拟"。① 应答者先看一段事件简述,这些事件需要应答者作出某些解释或举动;接下来是几个选择答案。其中一些答案选择带有民族中心的色彩——以自己的(或自己认定的)文化观点分析事件,另一些答案是刻板印象式的,只有一个答案是"最好"的。换句话说,回答者是被协助识别正确答案,就像多项选择型的考试题。文化同化向导已显示为有效的文化教学工具。学习者在同化模拟中的表现与文化适应的某些方面之间存在一定的联系。②

不足为奇的是,文化同化模拟主要在异文化心理学家那里盛行,而以交流为基础的跨文化学家则甚少推崇。虽然跨文化研究者不能使其概念化,但或许对这个方法所体现出来的理论范式混淆有异议。文化同化模拟所主张的是训练人们对文化差异更强的适应力。该目的来自系统论,即互动产生于系统之内,或来自建构主义,即建构其他经验。实证主义思想中并不认为存在着文化适应的可能性。虽然有行为主义学习理论贯穿在场景分析/反应式学习方法的练习中(如文化同化模拟所使用的方法),但那个理论并不是说人们在有意识的行为适应方面会变得熟练。出自实证主义的技巧最多只能使人学习如何与一个新文化变得相似。更确切地说,它仅适合文化信息的学习,但这与一个人如何适应不同文化没有必然联系。

第二节 相对论与文化体系

一、爱因斯坦理论范式

爱因斯坦的相对论颠覆了笛卡尔/牛顿的客观观察者的学说。在爱因

---

① Albert, R. (1995). The intercultural sensitizer/cultural assimilator as a cross-cultural training method. In S. Fowler & M. Mumford (Eds.), *Intercultural sourcebook: Cross-cultural training methods* (Vol. 1, pp. 157—167). Yarmouth, ME: Intercultural Press; Brislin, R., Cushner, K., Cherrie, C., & Young, M. (1986). *Intercultural interactions: A practical guide*. Beverly Hills, CA: Sage; Triandis, H. (1995). Culture-specific assimilators. In S. Fowler & M. Mumford (Eds.), *Intercultural sourcebook: Cross-cultural training methods* (Vol. 2, pp. 179—186). Yarmouth, ME: Intercultural Press.

② Cushner, K. (1989). Assessing the impact of a culture-general assimilator: An approach to cross-cultural training. *International Journal of Intercultural Relations*, 13(2), 125—146.

跨文化交流的建构与实践

斯坦看来,任何观察都必然被我们的"参照系"所左右,特别是相对于宇宙的其他部分,我们是如何活动的。所有的理解一定是相对于观察者和被观察者两方面的环境而产生的。这个参照系作为系统理论而被确定下来,这个系统中的元素按照"相互因果关系"运行。该系统中的行为在系统内产生,而非由外力导致。因此,当诺贝尔奖得主伊利亚·普利高津将复杂的,自我组织的生命系统描述为一个"远离均衡的系统"[①]时,就是对均衡是事物的自然状态这一传统科学观点的反叛。

在相对论的人文主义应用方面,法兰克福的后现代主义者们(如塞奥多·阿多尔诺 Theodor Adorno)和法国学派(如简-佛兰克斯·里昂塔德 Jean-François Lyotard)否认对客观性的认定,代之以爱因斯坦的相对论。在它的后结构社会形态里,相对论的观点被物化。一个人的参照系时常被当做一种感知的禁锢,里面没有经验的出口。在承认了我们不同的世界观之后,或许除了谴责权势阶层把自己的世界观强加于弱势人群外,便一无所获。专制主义的暴政换来了相对论的僵化。

二、对跨文化理论的意义

处于爱因斯坦思想巅峰时期的佛朗茨·博厄斯[②]对他的人类学家同仁们坚持实证主义的做法提出了非常尖锐的批评。通过将文化与一个认定的文明绝对标准(被西方人类学家们所定义)相比较,文化层次遂被形成,即从"蒙昧阶段"到"野蛮阶段",再到"文明阶段"(见图1)。殖民主义和其他文化帝国主义者们运用这个观点和被误读的"社会达尔文主义"来支持他们的文化优越性。博厄斯指出了这种姿态的民族中心主义特征,并认为文化只能在其自身环境中被理解,即人所共知的文化相对论(见图2)。根据这个原则,在众多阐述文化环境世界观的学者当中,他的学生玛格丽特·米德[③]和露丝·本尼迪克特[④]开创了著名的民族志学。

---

① Prigogine, I. & Glansdorff, P. (1971). *Thermodynamic theory of structure, stability and fluctions*. New York:Wiley.

② Boas, F. (1896). The limitations of the comparative method in anthropology. In Boas, F., *Race, language, and culture*, 1948. New York:McMillan.

③ Mead, M. (1928). *Coming of Age in Samoa*, New York:Morrow.

④ Benedict, R. (1934), *Patterns of Culture*, Boston:Houghton Mifflin.

图 1　文明层次

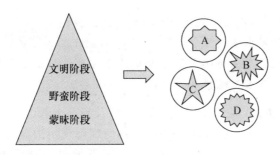

图 2　文化相对论

　　文化相对论和文化世界观的最初应用十分僵化。为了真正理解另一种文化，我们需放下所有先入为主的观念，以绝对中立的姿态描述那个文化的世界观，即不能参考那个世界观之外的其他观念。如果做到这点是可能的话，其困难程度导致了人类学家修改在实践方面的原则。例如，露丝·本尼迪克特将文化相对论与文化模式的概念结合在一起，即加入外部观念（因为有本土世界观的人通常不把他们的行为视为模式的一部分）。[1] 但是纯粹文化相对论的主要问题是它将跨文化交流排除在外。为了发生跨越文化环境的交流，人们需能够随时随地从他们自己的文化观点转换到另一个文化。而文化是分离的和无比较性的看法使这个转换变得不可能发生。即使实践性的修改允许文化模式的某些比较，起初也无人能想象将这些比较用于交流。

　　文化相对论被引入到人类学之后不久，某些语言学家开始将这个概念应用到语言领域。那个时候语言主要被视为一种工具，即人类用来指示物体、物质和社会概念的方法。依照这样的观点，语言是被规则捆绑

---

[1]　Benedict, R. (1934), *Patterns of Culture*, Boston: Houghton Mifflin.

跨文化交流的建构与实践

在一起的词语组合，而学习一门外语或第二语言就是简单的（但乏味的）词语和规则替换过程，目的是借助不同的工具获得相同的意思。语言学相对论在语言工具论之外，还认为语言是理解和思想的"表现系统"。这个语言功能提供了口头表达的类别和样板，引导我们的概念形成和物体分类；指引我们如何体验现实。语言的"组织现实"方面得到了跨文化学者的认同。

在"沃尔夫—萨皮尔假说"（Whorf/Sapir）中有一段令人难忘的关于语言如何组织和表现文化经验的描述：

> 按着母语划定的线索我们剖析自然。我们从现象世界分离出范畴和类型，但却看不到那个世界，因为我们每日都在面对它们；反之，由思维，在很大程度上是被我们思维中的语言系统组织起来的纷繁多变的印象中，世界被呈现出来。①

在这段描述里，本杰明·李·沃尔夫触及到这个假说的"重音部分"（语言决定论）——很大程度上语言决定了我们理解现实的方式。在其他著作中，沃尔夫主张，语言、思想和感知是相互关联的，这是假说的"轻音部分"（语言相对论）。在讨论语言和文化环境的相对性时，跨文化者们倾向使用该假说的"轻音部分"。

"沃尔夫—萨皮尔假说"向我们提示了一种可能性，即我们对现实的体验是文化世界观范畴的一个功能。在感知的基本层面上，语言与文化引导我们对图形/背景进行辨认。从未加区别的现象"万花筒"（背景）中，我们画出了一条边界，用来从背景中辨认出某些物体（图形）。② 这些图形可以是物体、概念或感觉。图形的聚集就是"范畴或类别"。我们认为什么是存在的，什么是真实的，都取决于是否把现象作为图形加以辨别。由于文化通过语言引导我们进行这些识别，我们就可以说文化直接影响着感知。

例如，密克罗西亚人比美国人更会看浪潮的图案，即用来指引航船穿越开阔海域远程航行的潮汐更迭。对一个典型的美国人来说，海洋只

---

① Whorf, B. (1956). Science and Linguistics. In J. B. Carroll (ed.), *Language, Thought and reality: Selected Writings of Benjamin Lee Whorf*. New York: John Wiley.

② Brown, G. S. (1972). *Laws of form*. Toronto, Canada: Bantam; Von Foerster, H. (1984). On constructing a reality. In P. Watzlawick (Ed.), *The invented reality: Contributions to constructivism* (pp. 41—61). New York: Norton.

是"背景",只有船或其他物体是图形,但他会从汽车的声音听出即将发生的机器故障,而对密克罗西亚人来说,汽车的声音只不过是一个背景噪音。一般来讲,文化赋予了我们认识与身体和社会生存有关的现象的那些倾向。

被构建的对象边界变化不定。例如,楚克语(密克罗尼西亚语言)没有蓝色和绿色的分别。Araw 一词代表了这两种颜色,而且是下面两个问题的共同答案,"大海是什么颜色的?"或"草是什么颜色?"但楚克儿童在接受英语作为第二语言的训练时,学习识别颜色的不同是他们日常的主修课。感知边界的易变性证实了感知者将外界因素主动加进类别之中。视觉心理学研究提供的证据显示,当看着同一方向时,人们的确看到了不同的物体。①人类的眼睛与大脑对外部场景进行有选择的反应,它取决于视觉系统把场景看做图形还是背景。

各种语言如何促成对现实的不同体验?一个例子是,物体如何通过语法被表现出来。美国英语只有一种计数的方法(1、2、3……),但日本人和楚克人各有很多不同的计数系统。部分是因为这些系统将物体的物理形态进行分类。例如,在楚克语中,长形物与扁形或圆形物的计数用语不同。可以想象,对形状的细微差异有相应语言表达的文化中,对物体的经验一般来说更为丰富。的确,日本人对物体的美学欣赏比美国人要发达得多。英语在表现形状上所使用的是相对简单的语言结构。另外,楚克人在计算人数时用的词汇与计算其他物体时不同。我们或许可以推测,研究"客观的"量化行为(如物体)的人类在有区别地量化人的文化中不易进行。的确,对人类进行定量研究在西方文化中比较普遍,特别是美国人。

语法和经验关系的另一个例子是空间上的语法表现形式。在美式英语里,如果要将东西放到更远的"那边"时,它的空间位置可以是"这儿"或"那儿"。在楚克语中,提到人与物体时须有一个"位置标示",这个标示指明他们相对于说者与听者的位置。比如,一支笔须被称为这支笔(离我近,但离你远),这支笔(在我们中间的位置),那支笔(离我们都远,但看得见),或那支笔(我们都看不见)。我们可以认为,生活在岛上的楚克人对空间有着比美国人更丰富的体验。美国人的语言中没有如此多的空间范围标示,因而

---

① Von Foerster, H. (1984). On constructing a reality. In P. Watzlawick (Ed.), *The invented reality: Contributions to constructivism* (pp. 41—61). New York: Norton.

对他们来说，空间是更为抽象的概念。

语法同时也引导我们的社会实践。或许最简单、最众所周知的例子就是"身份提示"上的语言差异。泰语、日语和其他一些亚洲语言里都有提示说者与听者相对身份的第二人称（你）单数词细分体系。在泰语中，还有各种形式的第一人称（我）用来指示相对的身份。因此，我（相对较低身份）跟"你"（身份稍高一点儿）或"你"（身份高得多）交谈时，须用不同形式的"我"和"你"。很显然，比起美国文化中的美语仅有一种形式的"你"，那些语言中所有直接称谓须提示相对身份地位的文化促使人们对不同身份地位有更加敏锐的经验。欧洲大多数文化中的语言都有两种提示身份区别和熟悉程度的"你"，这些文化体现了中等程度的身份提示。虽然欧洲人比美国人更鲜明地留意身份差异，可比起亚洲人又逊色很多。

如何在更大或更小程度上区分不同类别的例子还有很多。比起外行人对葡萄酒只有两至三种的分类（红、白或玫瑰红），葡萄酒鉴赏家将其对葡萄酒的经验高度细化地分门别类。滑雪者比一般人能识别更多种雪。这些例子不胜枚举。即使是更感兴趣的事情，如果没有用来描述它的词汇，完整的体验似乎也就消失了。比如，虽然英语中有很多词汇用来描述厌倦和倦怠，但楚克人对这个概念完全没有任何了解。虽然我们无法确定，但语言的相关性提示我们，楚克人体验厌倦的方式与母语为英语的人有所不同，除非他们学习将其单独分出一个类别。

综上所述，在不同文化和语言中，类别的建构有所不同，并且，有了不同的建构，就有不同的物质和社会现实体验。这些特殊体验不是由语言决定的，也就是说，如果没有语言的支持，其他形式的体验依然有可能产生。从研究对颜色和其他现象的理解中，即使没有具体的"命名"，也可以辨别事物。[①] 语言相关性实际上主张的是，通过语言，我们有偏向地作出某种辨别——语言促进了感知的习惯性模式。

感性上的图形/背景区分须经过学习，并引导对现实的不同体验。这个观察结果不同于感知者与具体而客观的现实相对抗的传统看法。实际上，感知者对受文化影响的事件类别作出反应。正如语言相对论的观点，这种感知相对论成为跨文化交流的核心。没有相对性作为我们现实经验的基础，幼稚的跨文化关系实践者只能罗列不同的民俗，提供较小程度的行为调

---

① Berlin, B. & Kay, P. (1969). *Basic Color Terms: Their Universality and Evolution*. Berkeley: University of California Press.

整技巧。而老练的跨文化者能够认识到他们所面对的是不同现实间的撞击。文化适应要求从根本上理解那些不同经验。

文化人类学家爱德华·T.霍尔因主张从文化和语言相对论出发深入探讨跨文化交流而闻名于世。① 他认为可以根据观察者们出于比较目的而建立的"客位研究"(etic)分类进行文化比较。他尤其对创建交流类别感兴趣，这样人们就可以在类别之间进行比较，如"高语境"的间接方式与"低语境"的直接信息交流方式，然后调整自己的方式，使其在对方环境中的行为更有效。霍尔的研究非常牢固地以文化相对论为基础，但是他并不是靠通用原理才发现这个比较的方法。实际上，他是于1951—1955年在外事服务学院(FSI)任教期间被他的学生推到这条路上的。② 外事服务的工作人员对理论性的、人种志性质的人类学没有耐心，他们需要针对工作人员被派往工作的社会环境中如何进行交流的问题得到非常切实的建议。霍尔和语言学家乔治·特雷戈尔(George Trager)为此研发了实质上的跨文化交流培训。③

相对论或以系统理论为基础的文化世界观对跨文化交流的理解与异文化心理学意义上的跨文化交流有区别，包括跨文化交流在内的人类交流理论在相当大程度上以系统理论为基础。④ 以系统理论为基础的研究，不是找寻宇宙法则并以此预言人类行为，而是描述在复杂系统中各元素之间如何相互作用。⑤ 心理学领域倾向于实证主义的理论范式，其目的是发现并准确描述一个普遍通行的现实。正因如此，心理学家遵循传统的牛顿科学法则，探索着消除各种环境因素，发现人类行为中潜在的永恒的事实。正如跨文化者一样，异文化心理学家们擅长理解文化环境。然而，他们的目的是发现关于交叉文化中那些人类行为的事实。而跨文化者们的目的是理解意义是如何从不同的环境体验中被创造出来。

对跨文化交流来说，相对论基础上的系统理论的主要理论缺陷在于它

---

① Hall, E. (1959). *The silent language*. Garden City, NJ: Anchor; Hall, E. (1976). *Beyond Culture*, New York: Anchor Press, Doubleday.

② Rogers, E., Hart, W. & Miike, Y. (2002). Edward T. Hall and the history of intercultural communication: The United States and Japan. *Keio Communication Review*, 34, 2002.

③ Leeds-Hurwitz, W. (1990). Notes in the history of intercultural communication: The foreign service institute and the mandate for intercultural training. *Quarterly Journal of Speech*, v76 n3 pp. 262—81 Aug. 1990.

④ Littlejohn, S. W. (1983). *Theories of Human Communication*, 2nd edition, Belmont, Ca: Wadsworth.

⑤ Kuhn, A. (1974). *The Logic of Social Systems*. San Francisco: Jossey-Bass.

无法解释环境转换。① 相对论者认为,系统是由因及果的推理过程,系统不会存在于非系统环境之中。因此,一旦被系统所定义,各元素在系统中无法逃避他们的角色。例如,父母在家庭系统中无法逃避做父母的角色,无论实际做父母的人是否出现、参与或是否还活着。同样以这个观点来看,一旦一个人被定义为"中国人"(已经在一般的中国文化系统中被社会化),这个人就无法停止做中国人。如果这个中国人生活在其他国家的文化环境里,比如意大利,那么他或她在意大利还是中国人。除非在非常极端的完全被再度社会化(同化)的情况下,这个中国人才有可能在文化上转化成意大利人。

三、对跨文化实践的意义

跨文化关系的实践者们倾向于自然地运用相对论观点。他们惯于坚持诸如"没有好与坏,只有不同"的信念,意思是环境之外对现象无所判断是有可能的。当然,这对实证主义基础上的殖民主义掠夺是一个很好的保护,但其自身存在缺陷:如果不是唯我论,那么至少是过于单纯化。

对该理论范式运用自如的实践者们对"观点"的概念理解透彻,常用"有色眼镜"比喻文化对观点的浸染。对很多人来说,文化浸染了他们对别人和世界的看法是前所未闻的观点,它与实证主义思想如此不同,以致人们将它看成是革命性的。从跨文化观点来看,世界上有越来越多的人对"观点"有所了解的确是件好事。培训时采用的练习,如描述、解释和评价的方法,常用来引起人们对"观点"存在的注意。② 实践者们也用电影如《罗生门》③来说明这一点。

然而,观点一词充满了引发思想混淆的可能性。混淆之一是人们将"自己的眼镜抛在一边",因此往往展现的是各种文化扭曲变形下的真实世界。这让我们想起了柏力的观点:既存的普遍真理在不同文化环境中以不同方

---

① Bennett, M. (2005). Paradigmatic assumption of intercultural communication. Course handout retrieved from IDRInstitute www. idrinstitute. org.

② Bennett, M. & Bennett, J. (1988). The Description, interpretation, and evaluation exercise. In *ICW facilitators handbook*. Portland, OR: Portland State University.

③ Kurosawa, A. (1950). *Rashoman*. Tokyo: Daiei Motion Picture Company.

式呈现出来。① 当然,这是相对论掩盖下的实证主义观点,没有内在连续性。

另一个思想的混淆是以为对"观点"的了解等同于转换"观点"的能力。这个看法不仅一般来说并不是事实,而且在相对论思想范畴没有理论上的可能性。因此在使用和讲授文化"观点"时,培训师和教育家们无法前后衔接地从某个概念直接联系到"观点"转换,这就是文化适应方面的症结所在。当他们尝试这么做的时候,常引起典型的思想困惑,作出"啊?"的反应。讲授观点的概念其实没有错,但在实际环境与"观点"转变之前,方法上要加入一些建构主义思维。

相对论的这个局限对跨文化培训师和教育家们的实践意义在于,讲授一个不同的文化观念并不一定能使人们产生运用那个观念与目标文化中的人进行交流的能力。根据克拉克洪和斯特洛德柏克②,斯图亚特和贝内特③,霍夫斯泰德④等人的观点,教给人们文化差异并不能使他们在不同文化中成为有能力的交流者。

让我们沿用中国人在意大利的例子。我们假定这是一位来自中国的女交换生,在行前接受了关于意大利人一般世界观的信息。例如,她知道意大利人比中国人更倾向多元时间模式,即意大利人比中国人更习惯在同一时间做多件事。比如在意大利,开会的时候人们可以同时讨论几个不同话题,与其他人交谈的同时也接电话,在商店或饭馆买东西或点菜时没有排队意识。这位中国学生对意大利人的这些特点都很了解,不过,她是否能运用这些知识去解释实际生活中意大利人的行为呢?比如,当她排队等候点饮料时,一个站在她后面的意大利人大声叫嚷要点咖啡,她是否觉得该行为在那样的场合是适当的?更重要的是,她自己是否也能这么做?如果她也试着这样做,能以意大利人的方式去做吗?这个例子与在美国大学里所普遍观察到的现象类似,中国学生知道他们在上课时应该问问题,而且他们也这么

---

① Berry, J. (2004). Fundamental psychological processes in intercultural relations. In Landis, D., Bennett, J. & Bennett, M. (eds.) *Handbook of Intercultural Training*, Third Edition. Thousand Oaks, CA: Sage.

② Kluckhohn, F. R. & Strodbeck F. (1961). *Variations in Value Orientations*. New York: Row Peterson.

③ Stewart, E. & Bennett, M. (1991). *American cultural patterns: A cross-cultural approach*, Revised Edition. Yarmouth, ME: Intercultural Press.

④ Hofstede, G. & Hofstede, J. (2005). *Cultures and organizations: Software of the Mind*. New York: McGraw-Hill.

做了,可结果要么是提问的时间不对,要么就是话题不适当。同样,我的一些东亚朋友要求我别建议美国人在被介绍时向对方鞠躬。我问"为什么",得到的回答是,"因为有时看他们这么做感觉很不舒服"。这个建议显示美国人(和其他西方人)模仿的鞠躬行为不能恰当地表达出对对方身份的重视。

接下来的是关于跨文化能力的讨论,它与文化知识不同,并在教学和实践中需加进一些理论作支撑。

第三节 建构主义与跨文化适应

一、量子论理论范式

"理论范式"的真实概念存在于一个理论范式之中,这是既荒谬又必需的。托马斯·孔认为观察者、观察者的理论和研究仪器本身实质上都是观点的表达;因此,所有以这个观点得出的实验结果同样也是对该观点的表达。[1] 换句话说,我们的观点建构了我们所描述的现实世界。在此理论范式中,通过遵循他或她的观点组织现实,观察者与现实建立起互动的联系。这与相对论的观点相当不同,后者仅简单描述对现实的不同看法。

观察者与所观察事物的这种互动在量子物理学家那里得到了最显著的印证。比如沃纳·海森堡(Werner Heisenberg)在他"不定性原理"中敏锐地观察到,物体的性质既不能与其度量,也不能与操控测量仪的测量者相分离。[2] 在这个观点中,现实具有自我实现式的预见性质,这其中,我们的观点就是这个预见,我们的观点与一切所观察之物的必然互动就是预见实现的机制。

这种"量子观"的核心是被构建的边界概念。感知的基本行为就是形成差别。打个比方,建立差别的一个方法就是画一条边界线来区分一个事物与另一事物的不同。[3] 实际上,既然它们在划定边界之前并不是分开存

---

[1] Kuhn, T. (1967). *The structure of scientific revolutions*. Chicago: University of Chicago Press.

[2] Briggs, J. & Peat, F. (1984). *The looking glass universe: The emerging science of wholeness*. New York: Simon & Schuster.

[3] Brown, G. S. (1972). *Laws of form*. Toronto, Canada: Bantam.

的，因此边界造成了两个事物，它们可能是图形与背景的某种结构，如区别树林中的一棵树，或某种层次，如区别淡淡的颜色或声音变化等。不论何种情况，就是这个边界的建构创造了分离的事件。量子论的观察者构建出这些边界，用以观察事物。一旦被观察到，这个事物就在我们的经验存在论中呈现出一种存在——它显示了我们的感知，即预见的实现。

量子论的科学理论范式在社会科学领域里的应用诞生了建构主义的方法。"建筑论"一词虽然听上去与建构主义相似，但实际上它是近乎相对论的后结构主义，特别是关于写作方面。建构主义的观点更贴近量子论，即"现实世界是通过观察者/观察/观察物的互动所构成"。这个概念的现代沿袭可追溯到皮亚杰（Piaget）在发展心理学方面的研究[1]，乔治·凯利（George Kelly）的个人建构理论[2]，伯格与鲁克曼的社会学研究，格里高利·贝特森（Gregory Bateson）的人类学研究[3]，帕罗奥托（Palo Alto）心理学学派[4]，海因茨·冯·福尔斯特（Heinz Von Foerster）的神经心理学研究[5]，神经生物学家亨伯特·马特拉纳与佛朗西斯科·瓦雷拉的研究[6]，乔治·雷科夫和马克·约翰逊（George Lakeoff and Mark Johnson）的语言学研究[7]，以及我个人在发展跨文化敏感方面的研究[8]。以下是乔治·凯利的早期发现：

> 一个人可以是大量事件片段的目击者。但是，如果他无法不断地

---

[1] Allport, G. (1954). *The nature of prejudice*. New York: Addison-Wesley.

[2] Kelly, G. (1963). *A theory of personality*: The psychology of personal constructs. New York: Norton.

[3] Bateson, G. (1972). *Steps to an ecology of mind*: Collected essays in anthropology, psychiatry, evolution, and epistemology. San Francisco, CA: Chandler.

[4] Watzlawick, P. (Ed.). (1984). *The invented reality*: Contributions to constructivism. New York: Norton.

[5] Von Foerster, H. (1984). On constructing a reality. In P. Watzlawick (Ed.), *The invented reality*: Contributions to constructivism (pp. 41—61). New York: Norton.

[6] Maturana, H., & Varela, F. (1987). *The tree of knowledge*: The biological roots of human understanding (Rev. ed.). Boston, MA: Shambhala.

[7] Lakoff, G., & Johnson, M. (1999). *Philosophy in the flesh*: The embodied mind and its challenge to Western thought. New York: Basic Books.

[8] Bennett, M. (2004). Becoming interculturally competent. In J. S. Wurzel (Ed.) *Toward multiculturalism*: A reader in multicultural education. Newton, MA: Intercultural Resource; Bennett, M. & Castiglioni, I. (2004). Embodied ethnocentrism and the feeling of culture: A key to training for intercultural competence. In D. Landis, J. Bennett & M. Bennett (Eds.), *The handbook of intercultural training* (3rd ed, pp. 249—265). Thousand Oaks, CA: Sage.

跨文化交流的建构与实践

从事件中创造出一些意义,或一直被动地等到所有事件都已发生过才试图再解析它们,那么他在事件发生现场的体验中收获甚微。

这段引言包含了许多建构主义的核心概念。通过使用"片断"一词,凯利意指现象本身并没有内在的意义。人们需从事件中"创造出一些意义",也就是说,他们需要(也必须)与片断产生互动,使其变成有意义的事件。而且,凯利认为"经验"不仅发生在环境中,如相对论者所主张的,而且在未与现象接合的情况下,它可能完全不会发生。这是相当深刻的非实证主义观点,对跨文化研究的影响令人瞩目。

二、对跨文化理论的意义

无论是在客观意义的制度方面,还是在主观意义的世界观方面,建构主义的理论范式避免了文化被物化。从这点上说,"文化"就是我们行为模式的描述,这个行为模式是通过人类在某种边界环境内的互动所形成的。例如,"意大利文化"是关于在一个地理上单一民族国家群体的边界环境内,人们之间互动模式的描述(以及它们的产物,如各种制度)。又或者,"库尔德文化"是对一个地理政治学意义上的种族群体边界环境下人们互动的描述。当人们既描述一种文化,又认为自身参与其中的时候,"文化"一词也可指一种认同。

著名的建构主义者包括亨伯特·马特拉纳和佛朗西斯科·瓦雷拉[①]。更早我们注意到马特拉纳和瓦雷拉认为文化行为乃是现实组织的持续表现,它在一个社会环境内由互动维系着。该文化定义避免了实证主义的物化与相对论的刻板。马特拉纳将凯利对体验的看法延伸到下面的领域:

生活的实践,同样也是观察者的体验,就是那样发生了……正因如此,所有解释从根本上是多余的;作为观察者的我们是不需要它们的;但当我们解释的时候,事实证明由于观察者对其生活实践产生了解释,他或她的生活实践在语言和肉体之间就产生了变化。这就是为什么我们所说所想的一切都在我们的生活方式中产生结果。[②]

---

① Maturana, H., & Varela, F. (1987). *The tree of knowledge: The biological roots of human understanding* (Rev. ed.). Boston, MA: Shambhala.

② Maturana, H. (1988). Reality: The search for objectivity or the quest for a compelling argument. In Vincent Kenny (ed.) *The Irish Journal of Psychology*, Vol. 9, No. 1.

文化是参与社会活动的鲜活经验（实践）的结果。经验的一部分是"说语言"，包括述说我们的经验，从中产生我们称为"文化"的对鲜活经验的解释。换句话说，文化是一项建筑，但文化并不纯粹是认知上的发明创造。它既是解释，也是我们活生生社会经验的本质。我们的文化行为就是将集体经验付诸行动，并且通过这样的行动，变成更多经验。这就是文化认同的本质所在。①

依照该文化定义，人们没有世界观——而是他们不断处于以一种方式与世界互动的过程之中：这个方式既表达了他们互动的历史模式，也是对那些模式的贡献。② 因此，如果一个意大利人希望参与中国文化，她需停止用意大利人的方式，转而用更为中国化的方式看世界（当然，这只是理论上的理想，从没实现过）。"看"这个词，即"世界观"里的"观"的主动形式——在建构主义中应被理解为"解析"或"组织"。因此，以更中国化的方式看世界，意思是世界需以更中国化的方式被组织，形成更中国化的经验。如之前提到的，这个过程主要不是大脑行为过程，而是体验的过程。

认知类别和肉体之间的关系已被建构主义语言学家乔治·雷科夫（George Lakoff）和马克·约翰逊（Mark Johnson）深入探讨过。③ 他们在《我们赖以为生的比喻》（Metaphors We Live By）一书中奠定了其理论的基本框架。其中，他们认为我们比喻的世界很多是由同肉体经验有关的景象组成。雷科夫在《女人、火和其他危险物》（Women, Fire, and Other Dangerous Things）中继续这个话题，其中他作了如下描述：

> 认知模式直接或间接地通过与被体验的概念产生系统连接的方式表现出来。当概念内容或其他属性被肉体或社会经验驱动时，概念就被真实地体现出来。这并不一定意味着从经验中可以预知概念，而是说如果有相应的经验自然属性，概念内容（或其他属性）就有了意义。

---

① Bennett, M. & Castiglioni, I. (2004). Embodied ethnocentrism and the feeling of culture: A key to training for intercultural competence. In D. Landis, J. Bennett & M. Bennett (Eds.), *The handbook of intercultural training* (3rd ed, pp. 249—265). Thousand Oaks, CA: Sage.

② Berger, P., & Luckmann, T. (1967). *The social construction of reality: A treatise in the sociology of knowledge*. Garden City, NJ: Anchor.

③ Lakoff, G., & Johnson, M. (1980). *Metaphors we live by*. Chicago: University of Chicago Press.

跨文化交流的建构与实践

因此,体验在认知与经验之间提供了顺理成章的连接。①

在他们的最新研究《人体内的哲学:体验的思想及其对西方思潮的挑战》中,雷科夫和约翰逊将历史上对体验研究的众多主题作了归纳:

因此,归类是我们如何体验的必然结果。我们已经进化到可以去归类……我们归类是因为我们有大脑和肉体,也因为我们以自己的方式在世间交往互动……(而且)归类的形式和使用就是经验本身的东西。②

雷科夫和约翰逊的跨文化理论揭示出,跨文化交流不是封闭的,甚至或许不是主要的认知活动。对其他观点的认识并不是跨文化交流的终点,而是将我们对世界的经验向另一个文化转变的开始。这个转变从根本上须出自我们的肉体。

体验的建构主义基础是体验式建构主义。③ 除了上述的语言学家④,体验式建构主义学家还包括人类学家格里高利·贝特森⑤,生物学家亨伯特·马特拉纳和佛朗西斯科·瓦雷拉⑥,心理语言学家爱德华·萨皮尔和本杰明·李·沃尔夫⑦以及神经解剖学家安东尼奥·达马肖⑧,音乐传播学家迪

---

① Lakoff, G. (1987). *Women, fire, and other dangerous things: What categories reveal about the mind* (p. 154). Chicago: University of Chicago Press.

② Lakoff, G., & Johnson, M. (1999). *Philosophy in the flesh: The embodied mind and its challenge to Western thought* (pp. 18—19). New York: Basic Books.

③ Bennett, M. & Castiglioni, I. (2004). Embodied ethnocentrism and the feeling of culture: A key to training for intercultural competence. In D. Landis, J. Bennett & M. Bennett (Eds.), *The handbook of intercultural training* (3rd ed, pp. 249—265). Thousand Oaks, CA: Sage.

④ Lakoff, G. (1987). *Women, fire, and other dangerous things: What categories reveal about the mind*. Chicago: University of Chicago Press; Lakoff, G., & Johnson, M. (1980). *Metaphors we live by*. Chicago: University of Chicago Press.

⑤ Bateson, G. (1972). *Steps to an ecology of mind: Collected essays in anthropology, psychiatry, evolution, and epistemology*. San Francisco, CA: Chandler; Bateson, G. (1979). *Mind and nature: A necessary unity*. New York: Dutton.

⑥ Maturana, H., & Varela, F. (1987). *The tree of knowledge: The biological roots of human understanding* (Rev. ed.). Boston, MA: Shambhala; Varela, F. J., Thompson, E., & Rosch, E. (1991). *The embodied mind: Cognitive science and human experience*. Cambridge, MA: MIT Press.

⑦ Whorf, B. (1956). Science and Linguistics. In J. B. Carroll (ed.), *Language, Thought and reality: Selected Writings of Benjamin Lee Whorf*. New York: John Wiley.

⑧ Damasio, A. (1999). *The feeling of what happens: Body and emotion in the making of consciousness*. New York: Harcourt Brace.

恩·巴郎德①，以及我个人的研究②。所有这些建构主义理论学家都阐明了如何通过我们的身体、语言和情绪与自然界和人类环境（包括概念上的）产生互动，进而"共同创造"我们的经验。这些观点对跨文化理论具有深刻意义。

例如，马特拉纳和瓦雷拉把文化定义为"在社会环境的交流动态中已经获得个体发展的、并经过数代人已稳定下来的行为模式……"。③ 马特拉纳的"个体发展"含意是，模式靠着一个他称为"同构渐变"的过程形成于我们的"肉体"内。④ 在进化的术语中，个体发展的模式表现为生物体与其环境（包括其他生物体）之间的交互作用。通过该"自创生（生命的自我产生）"的过程，生物体既是自主的，也与它所赖以形成的网络有关联："自创生系统最显著的特征是通过生物个体努力将自身立起，并通过自身动态使其有别于所在环境，两者以这样的方式不可分离。"

由于生物体变得越发自主（如发展神经系统），它们于是产生了反馈于网络的（肉体）行为。在"二阶联结"的层次，自主生物体的自发行为变成了环境与其他生物体交互作用的一部分。人类进化的特征就是这些联结不断向更复杂的系统转化。

马特拉纳将文化定义成"三阶联结"，其中，"二阶联结"的循环模式成为它的一部分。当这些模式依次被组织（通过自创生），就产生了相对稳定的我们所提到的"文化"模式。该定义的重要之处在于，本质上所有生命系统所特有的物质适应无法与文化适应区分开。由于这样的适应发生在自主的生物体内，文化适应也因而是由肉体体验的。

---

① Barnlund, D. (1998). Communication in a global village. In M. J. Bennett (Ed.), *Basic concepts of intercultural communication: A reader* (pp. 35—51). Yarmouth, ME: Intercultural Press.

② Bennett, M. & Castiglioni, I. (2004). Embodied ethnocentrism and the feeling of culture: A key to training for intercultural competence. In D. Landis, J. Bennett & M. Bennett (Eds.), *The handbook of intercultural training* (3rd ed, pp. 249—265). Thousand Oaks, CA: Sage.

③ Maturana, H., & Varela, F. (1987). *The tree of knowledge: The biological roots of human understanding* (Rev. ed.). Boston, MA: Shambhala.

④ Maturana, H. (1988). Reality: The search for objectivity or the quest for a compelling argument. In Vincent Kenny (ed.) *The Irish Journal of Psychology*, Vol. 9, No. 1.

三、对跨文化实践的意义

对跨文化关系的实践而言,至少在概念上要运用自我反省式的文化定义。这是因为两方面的原因。其一,定义文化本身就是文化的一个产物。对文化的任何定义都需要考虑到它是在定义人类作定义的行为。如果我们能认识到这点,就会将更多时间用在评估对我们的目的有用的定义上,而非争论什么是文化的最佳定义。

其二,运用自我反省式的文化定义直接与我们的目的相关。当我们鼓励跨文化学习时,就是在要求人们进行一个自我反省的行为,尤其是在要求他们运用定义文化的过程(其自身文化),以非自身文化的方式对文化进行再定义。既然我们不同的经验对以不同方式组织现实产生作用,人们能学习不同文化经验的唯一方式就是更多地以那个文化的方式组织现实。实证主义者和相对论者都认为这是不可能的。建构主义者也许只说难以做到。但如果我们用物化的文化定义,即使建构主义者也会认为完全不可能。以自我反省式的文化定义,我们可以进一步以连贯的思维方式探讨文化经验的本质,即不再费尽心思地尝试以建构主义的观点如"重构文化体验"来连接实证主义的比喻如"文化冰山",而是合理地认为,动态性质的文化组织取决于我们同是动态的个人意识。

恰当的建构主义文化定义和意识也使跨文化移情的适应策略成为可能。[①] 移情是在一个陌生经验中的想象式参与过程。在跨文化移情中,陌生经验发生在异域文化。为了想象地参与到那个文化经验,我们必须首先以这种"陌生"方式构建世界。然后,通过让我们的经验融入那个组织,我们学到了对那个经验的复制。然而,跨文化移情有两方面需注意。其一,因为很难达到二元文化的境界,我们从来不会完全停止按照我们自身的文化构建世界。其二,出于同样原因,我们不会完全理解一个不同的文化现实。因此,我们的文化经验一定是有些概括性的;我们终究是通过普遍化的方法接触其他文化世界观的。然而,在那个文化中我们实际接触并产生移情的人越多,我们的经验就会变得越详细和准确(见图3)。

[①] Miltion J. Bennett, *Basic Concepts of Intercultural Communication*. Boston:Intercultural Press,1998.

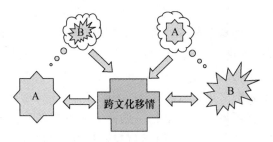

图 3　跨文化移情

正因个人对世界的经验是被肉体体验的,我们对他人的移情经验也如此。在最简单层面,当我们非常熟练地骑马或开车时,就好像我们生活在马或汽车的经验里(汽车确实有经验——一个机械经验)。用量子论的观点术语来说,我们延伸了身体的边界去接纳外界物体,因此它们的经验与我们自身的经验融为一体。对物体产生的这种移情相当普遍,使我们能通过这些物体,如汽车、滑雪板、刀剑、乐器等表达意图。爱德华·T. 霍尔称这个能力为"外延"。① 之后,马歇尔·麦克卢汉(Marshall McLuhan)将机械外延的概念引申到神经系统外延至电子媒介。②

最困难的是将自己的边界延伸至其他人类的世界。根据马特拉纳和瓦雷拉的观点③,这是因为人类是在三阶结构联结层面上相互交换情感。人类通过交流创造了他们的世界。盖利姆波提认为,交流的第一步发生在情感世界。④ 情感是我们对世界景象的第一反应。例如,模仿者展现了不同的情感,它超出解剖学意义上的肢体,成为一个富有表达力的"情感的肢体"。但是要弄懂这个表达,必须要模仿者生活在表达者的世界里。我们的肢体动作和言谈的意义并不是被给予的,而是被理解或领会的;这意思是说,当旁观者了解了一个人的情感时,意义就产生了。摩尔-蓬蒂认为,只有当"一切都好像你中有我,我中有你的时候,交流才是有可能的"。⑤

---

① Hall, E. (1959). *The silent language*. Garden City, NJ: Anchor.
② McLuhan, M. (1964). *Understanding media: The extensions of man*. New York: McGraw Hill.
③ Maturana, H., & Varela, F. (1987). *The tree of knowledge: The biological roots of human understanding* (Rev. ed.). Boston, MA: Shambhala.
④ Galimberti, U. (1983). *Il corpo* [*The body*]. Milano: Feltrinelli.
⑤ Merleau-Ponti, M. (1962). *Phenomenology of perception*. (Translated from the French: Phénoménologie de la perception.) London, UK: Routledge & Kegan Paul.

跨文化交流的建构与实践

对移情的一般理解是,了解别人按他们自己的看法希望被如何对待,承认差异的存在并试图尊重他人的人性平等(但不同的)。然而,为了做到移情,我们须建设性地进入到这个过程里;按建构主义思想去做的时候,我们需形成一个包括了他人经验在内的自我边界。

跨文化移情是跨文化交流最普遍的实践目标设定:克服民族中心主义,并能够在多元文化环境中成功交往。建构主义思想使我们看到,民族中心主义无法体验不同现实,这与我们当初被教导的不同。这种思想使我们能够思考不同的现实,想象在那些现实里经验是怎样的不同,进而在某种程度上去理解那种陌生的经验。这就是交流的关键所在:一种能力,它使我们超越自己有限的经验,并想象他人所体验的世界。

第三章 文化环境与互动

第一节 文化环境意识

一、文化边界

跨文化交流最重要的原理之一是"文化"的定义。在这方面我们已经花时间介绍了伯格与鲁克曼关于主观文化概念的辩证思想[1],以及抽象层面的分类,即更集中的大型群体如部落群体,和更复杂多变的小型群体如国家内部的地区族群。根据那些定义,我们可以说跨文化的焦点是在变化中的抽象层面上的主观文化。

这种"文化"观的建构主义基础重回到感知区别。根据建构主义观点,感知产生了一种边界,它使一个事物与另一个有所不同,形成了图形与背景。[2] 通过在一张白纸上简单画一个圆圈,我们可以作这样的区别。现在那个线条将一个事物(圆圈)与另一个事物(纸)区分开。然后,观察者关注的可以是圆圈,纸因此成了背景,反之亦然。这与我们认识文化的过程是相似的。实质上,我们在图形(一种文化)与不是那种文化的一切事物(如可以作为背景的人类行为)之间勾画一个边界将两者区分开。

我们勾画感知边界之处确定了文化的抽象层面。比如,如果我们在东西方或南北方之间加以区分,就能产生地缘政治性的文化群体。如果我们按国家的政治边界划分文化边界,就产生国家文化。一旦文化边界被划定,我们就能够辨别那个边界内不同于边界外的模式。当我们用客位类别,如

---

[1] Berger, P., & Luckmann, T. (1967). *The social construction of reality: A treatise in the sociology of knowledge*. Garden City, NJ: Anchor.

[2] Brown, G. S. (1972). *Laws of form*. Toronto, Canada: Bantam.

跨文化交流的建构与实践

霍尔用来描述这些模式的低语境/高语境类别①,我们就能将一个群体的模式与另一个群体进行比较,这是进行文化比较的基本过程。

建构主义对文化的定义方法对跨文化交流有以下几方面意义。

其一,我们已经提到,文化不单独存在于我们对它的持续识别之外。当我们想象外星人观察世间万物的行为时,就很容易理解这点。假如和外星生物的硅基生命形式及其群落相比较,我们的碳基生命有机形式或许看上去相当一致。在人类与外星人更大范围的对比中,人类的小差异或许既不明显,也与交流不相干。同理,在更小的仅是人类的范围内,来自一个国家文化内某个地区或种族的人与来自另一国家文化的人相遇时也会发生同样的情形。国家文化边界内相当重要的差异性在跨国交往中有所减弱。例如,一个美国人不会注意或关心一个中国人是否来自北京或上海,而一个中国人也不会在乎一个美国人是否来自德克萨斯或纽约,虽然这些差异都是各自国家群体的重要文化元素。

其二,建构主义的文化观认为,为了现时的目的,只有作为观察者的我们才有责任选择一个适当的文化边界。如果我们试图理解一个国家文化内部不同民族的状况,最好将种族文化世界观作为意义产生的可能因素加以辨别。如果研究男人和女人的问题,我们就应该考虑把性别文化差异作为可能因素。即使这个问题是跨国界的,如意大利和中国人之间,我们也需了解这个意大利人认为自己主要是欧洲人还是意大利人,这个中国人觉得自己更像中华人民共和国的公民还是一般意义上的中国人。作为观察者的我们需要调整我们的感知,确定那就是我们所感知的对象,从而针对具体情况作出有效的跨文化分析。

最后,以建构主义思维方式定义的文化不包含文化绝对性,即没有普遍通用的文化比较标准。我们比较文化的任何标准都是为那个目的而建构的。因此,作为观察者的我们应该清楚那些标准的适当性。在这里我们需特别注意所建构的客位类别的中性化问题。高语境/低语境类型就是中性类别的一个很好例子。虽然一种类型可能比另一种类型更受偏好,但每个类型都没有内在的好与坏之分,而且在不同情形里各类型的好处都很容易看到。个人主义和集体主义同样是中性的,虽然向集体主义文化的人们解释个人主义的好处常是件困难的事,反之亦然。但是,如"公平"这样的类别,文化比较用的是普遍的"公平"标准。例如,如果"平等主义与非平等主义"的对比与"公平"挂上

---

① Hall, E. (1959). *The silent language*. Garden City, NJ: Anchor.

钩,那些男女不平等的文化不仅与男女平等社会有所不同,而且还是"不公平的"。如果将积极或负面的评价与类别结合使用,文化比较很容易变成文化评价。如何以最大化地促进交流为目的进行文化比较,并减少绝对论者的道德评判所引发的争端,这是观察者本人需要决定的。

对我们自己和学生尤其重要的一点是,建构主义观点并不排除对文化作出判断。实际上,用建构主义比用相对论的思维方式更容易判断。在纯粹的文化相对论看来,不存在任何普遍标准,也没有创造此标准的机制。而在建构主义中,虽然还是没有普遍标准,但有这样的机制,即创建类别或范畴,它可以建构可供人类普遍应用的评价标准。观察者的技能就是为了达到理解文化差异的目的而建构中性标准,然后运用评价标准对行为进行判断。这个话题将在开发跨文化敏感的部分做更全面的探讨。

二、普遍性与刻板印象

几乎所有可能发生的行为总是在所有文化中有所表现,不过每个文化会特别倾向某些行为,而不鼓励其他。当我们运用跨文化分析层面时,必须归纳出对某种行为的倾向。普遍性是指群体中产生并鼓励某种特殊行为的主流倾向。此"种"行为属客位类别。因此,比方说,我们可以建立个人主义/集体主义的客位类别来观察与社会关系相关联的行为。在这个类别中,我们看到美国人倾向"个人主义"——他们强调的是个人的自立,而中国人则倾向"集体主义",既重视家庭和其他群体之间相互依赖的关系。

群体偏好的普遍性必然来自于对大型群体的研究,因为它是关于群体的,而非个人。当然,在任何文化中我们都可以看到与不同文化的行为近似的个人。不过这样的人并不多见,他们不代表与其群体的"中心倾向"更接近的主流人群。一个具体的例子是(见图4),我们注意到尽管对"德国人更个人化、中国人更集体化"的文化普遍性定义得十分准确,但有些德国人却像中国人一样更倾向集体主义,有些中国人也像德国人一样更倾向个人主义。这些相对占少数的人群更接近他们各自文化的边缘地带,我们用中性的社会学术语将其称为"另类"。

跨文化交流的建构与实践

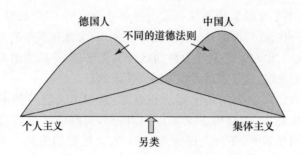

图 4　文化普遍性：倾向分布

不论何时讨论文化差异，常常会引发刻板印象的问题。例如，如果比较男女的文化模式，有人就认为她是女人，所以不会那样做。于是这个女人觉得自己被刻板印象化了，也就是说，人们以为关于男女文化差别的普遍性一定适用于所有女人。当文化普遍性被用在群体中的个人时，就成了刻板印象，将人群标签化的刻板分类。对群体成员的任何方面都可能产生刻板印象，如人种、宗教、民族、年龄、性别，以及国家文化。刻板印象可褒可贬，如"所有美国人都是自私的"或"所有中国人的数学都非常好"。这两种情况都是在建构的类别内将文化分类的复杂性降低到简单化地给群体的每个成员贴上绝对的标签。并且，刻板印象可能建立在准确的普遍性上，如中国学生的数学考试成绩比美国学生的好，或不准确的普遍性上，如美国人比其他人更加吝啬。这两种情况都是把对群体的看法推论到群体内所有个人身上。

认为个人可以是所有群体成员的代表，这是用归纳法产生的刻板印象。例如，我们仅基于对一个或几个墨西哥人的了解，就不恰当地得出关于墨西哥文化的笼统看法。这样做十分有害，因为我们在跨文化交往中最初接触的人常常是对方文化中的"另类"。而"典型"的文化成员与其文化同胞的联系要紧密得多，因而他们总是典型的。在跨文化交往中从个人行为（包括你自己的）推断出文化模式的做法既有刻板印象倾向，同时也不准确。

另一种形式的刻板印象来自卡洛斯·科蒂斯（Carlos E. Cortés）所称的"社会课堂"。[①] 他注意到美国学生对吉普赛人十分了解，尽管他们当中很少有人曾接触过吉普赛人。根据科蒂斯的研究，这些知识来自于早期的恐怖

---

① Cortés, C. (1992). Pride, prejudice and power: The mass media as societal educator on diversity. In J. Lynch, C. Modigil, & S. Modigil (Eds), *Prejudice, Polemic or Progress?* (*pp.* 367—381). London: Falmer Press.

电影,由于某种原因这些电影中常有吉普赛人出现。通过各种媒介,我们被各种"文化"行为所包围:居住在贫穷落后地区或经营稀奇古怪组织的非洲人;采摘玉米或表演医学奇观的南美人;焚烧十字架或救济无家可归者的美国人;等等。当我们对任何这样的图像进行普遍化时,我们或许就是在制造刻板印象。媒体选择的图像并非为了表现典型性,而是不寻常之处。因此,当我们在进行最初的异文化接触时,须透过当时的表面现象看到其文化模式,知识只有通过研究方可获得。

  刻板印象同时也表现了思维方式的混淆。普遍性是可能性分布,即群体的"核心倾向",它来自于建构主义思维方式。当个人被刻板印象化,就意味着根据某种分类法,他们被分门别类了。分类学是基于实证主义的僵化分类思维。所以,"对普遍性的僵化应用"滋生了刻板印象,这是建构主义方法(即普遍性)与实证主义结果(即刻板印象)的混淆。混淆的结果导致缺乏连续性和效果的实践。

  在更深层次上,刻板印象是将两个分析层面混为一谈的荒谬结果。一般来说,自相矛盾是自我否定的条件,比如,一个关于真实性的表述,"我总是说谎"。如果我的确总是说谎,那么"我总是说谎"的表述本身就是一个谎言,其实我不总是说谎。从逻辑上讲,自相矛盾发生在一组事件(所有谎言)被当成自身的一分子(所有谎言都是谎言)。[①] 类似问题也发生在关于表述的表述(重叠表述)被当成与所指的表述相一致。比如,当某人听到一个重叠表述"你的说法是有偏见的",他回应道:"你认为我有偏见,这本身就是对我的偏见。"他们用自相矛盾的说法试图否定对方的批评。

  当来自群体分析层面的描述,即普遍性,被看成其自身就是所描述模式的一部分时,就产生了类似的自相矛盾。普遍性是指群体中的行为模式(普遍信息)。相比之下,个人分析层面的描述是关于具体的个人行为或性格特征(具体信息)。当普遍信息与具体信息发生混淆时,结果就是自我否定:个人的具体行为被描述成模式,因此否定了它的具体性。人们发现,这种对个人经验的自相矛盾式的否定给我们带来内心深处的困扰。

  尽管出现普遍性被当做刻板印象来应用的问题,在跨文化交流上仍然有必要进行普遍化。对跨文化情境中遇到的文化差异如果没有任何推测或假设,我们就会陷入幼稚的个人主义,认为每个人都以独特的方式行动。或者,过分依赖"常识"来指导我们的交流行为。当然,常识只对某一文化来说

---

① Russell, B. (1948). *Human knowledge: Its scope and limits*. London: Routledge.

是共同的。当用来解释个人行为时,文化普遍性应试验性地作为分析的起点来使用。这个方法有益于获得对文化模式的认识,而不致将其强加到个人身上。

在探讨任何文化差异之前,跨文化指导者应充分强调普遍性和刻板印象的问题。

三、文化自我意识与认同

我们特别需要了解自己的文化认同,包括从属的和被归类的。这是文化自我意识,是分析任何文化互动的必要起点。如果对自己的文化一无所知,就不知道如何区分自己和其他不同文化的感知类别。即使的确想了解别人,通过理解我们自己的文化,也可减少无意识的民族中心主义行为。

文化认同是指我们从属特定文化群体,或有时被归类到群体的方式。当我们从属于一个群体,感觉好像就属于它,我们能在相对无意识的状态下行动,并使之适合于那个群体。我们或多或少认同它的价值观与信仰,也许在群体内外我们也能认识到该群体对我们行为的影响。我们可以从属一个以上的群体,比如,我更从属于男性群体,而非女性群体,更从属于受过良好教育的而非未受过教育的群体。

一个人也可以是群体的归类成员,但或许感觉并不从属于它。例如,我可以是"退休年龄阶段人群"的群体成员,但我并不(尚未)感觉与这个群体有任何关系。尽管如此,对我来说,了解被那样归类的可能性其实很重要,因为它让我感到这是需要我面对的。更重要的是,我被归类为美国文化的一般成员,不论地区或政治从属有何不同。了解这点对我尤其重要,因为我的行为一定体现了那个框架的特点。

在建构主义思维方式中,文化认同是被自我和/或被他人所构造的。正如文化,文化认同并不独立存在于我们对它的创造之外。这给了我们些许自由,如我们有能力同时在多个文化层面上定义自己(如中国人、中国的汉族人、中国南方人),或在同一层面上的文化的各种组合(如中国人/马来西亚人/法国人)。但是自由也伴随责任,因为正是我们,在观察着我们自己和别人,并据此构建认同。

至少,我们的责任是在同样的抽象层面上定义自己和那些交流对象。若在不同层面上定义自己,就会产生比他人更多的具体特征,这是滋生不健康的权利差距和有失尊重的刻板印象的条件。例如,如果一个人将自己定义为德克萨斯人(美国的地方群体),另一个人定义自己为欧洲人(跨国地缘政治的群体),德克萨斯人赋予了自己更具体的特征(如"我与其他美国人不同"),而那个欧洲人强调了与其他欧洲人的共性(如"我来自法国,但与其他欧洲人很相似")。相较于更宽泛的欧洲世界观,这样的对比本身会导致德克萨斯人更相信自己相对狭隘而精确的世界观,这助长了民族中心主义式的优越感。并且,德克萨斯人可以用大范围的刻板印象来概括欧洲,而欧洲人对德克萨斯这个更具体的地区产生的刻板印象是相对有限的。同样,在美国的德国后裔将自己看做德裔美国人,而另一个人的祖先来自前殖民地的非洲某地区,因而定义自己为非裔美国人。德国后裔(国家的)比非洲后裔(跨国的地域)的表述更具体,在一方或双方眼中德裔美国人的优越感遂树立起来。

我们能够也应该将用来理解他人文化的手段和方法同样用在了解自己的文化上。换句话说,我们需要首先在群体分析层面上了解自己的文化环境,然后在个人分析层面了解个人世界观。人们常以为他们理解自己的文化,只因他们在其中积累了一生的经验。但正如我们所看到的,这种个人经验并不能立即反映出群体层面的普遍性,它甚至可能导致一种"个人的刻板印象",我们错误地以为我们就是群体的代表。

第二节 互动分析

文化差异的复杂性似乎令人无法抵挡。例如,全球经理人、多文化学校的教师,或工作在多样化人群中的医务工作者们,时常抱怨不可能面面俱到地了解下属雇员、学生或病人所代表的各种文化。他们是对的。在多元文化的工作团队、课堂和医疗机构中,要成为一个文化方面的专家的确是不可能的。即使人类学家,除了自身文化外,一般也只对一两个文化有深入了解,而且这是他们毕生的工作。所以我们怎么可能在没有特殊文化专业知识的情况下具备跨文化能力呢?跨文化关系的强项之一就在于它阐述了这个问题。关键是运用总体文化框架。这个框架源自文化人类学,交流学和其他领域的研究,它提供了可用于大文化的总体文化对比。建构起来的客位类别以强调文化差异为目的,组成了总体文化对比,这些差异对跨文化交流十分重要。

通过识别个人自身文化和某个特定文化在对照轴线中所处的位置,使用者可以描绘出那个特定文化的总体特征,并看到它与自身文化的不同。

相对来说,将这个框架应用到与个人所接触的所有文化并不复杂。在某些轻度接触的案例中,或许不需要文化具体信息;总体文化框架足够用来识别并分析相关差异。而在其他情况下,加入文化具体信息(主位类别)到一个或多个总体文化框架中就十分必要。

由于总体文化框架主张在第一次遇到另一个文化时,文化差异是需要人们注意并考虑的最重要问题,因此它被作为学习如何学习的技巧来使用[1]。通过对一般文化差异的最初识别,初来乍到的人可避免产生大的误解,并更迅速地学习相关文化具体类别。通过该途径,总体文化框架提供了通向文化具体知识的入口,这些具体知识的长期有效的运用十分重要。不过,仅仅知道文化一般或文化具体知识当然不够。文化知识最终变成通向对另一种文化具体体验的路径,使我们以类似于本民族文化中的"无意识自觉能力"对文化提示作出反应。

下面介绍的是最常用的总体文化框架之一。在各类对照中,特定的文化差异和跨文化互动仅作为例子使用。之后,我们进行互动分析,阐明文化差异怎样造成误解。请注意,这些分析用的是文化普遍性,因此不适用于文化群体的任何个人。

一、语言的运用

这种文化差异并不是关于不同语言的使用。人们说不同的语言是很显然的,也自然有必要会说至少一种通用语言。跨文化框架要确定的是语言的社会环境差异。该环境和语言本身比起来较不明显,但了解它甚至比了解语言更重要[2]。这些对比包括问候、告辞,以及其他社会规范如争论、协商、称赞或批评。

例如,言语表达的问候礼仪在时间长度(短暂或长时间)、一般内容(非个人或个人的)和形式(戏谑的或严肃的)都可以进行比对。欧裔美国男性

---

[1] Bateson, G. (1972). *Steps to an ecology of mind*: *Collected essays in anthropology*, *psychiatry*, *evolution*, *and epistemology*. San Francisco, CA: Chandler.

[2] Bennett, M. (1997). How not to be a fluent fool: Understanding the cultural dimension of language. In A. E. Fantini (Vol. Ed.) & J. C. Richards (Series Ed.). (1997). *New ways in teaching culture*, *New ways in TESOL series II*: *Innovative classroom techniques* (pp. 16—21). Alexandria, VA: TESOL. Originally published in *The language teacher*, Vol. XVII, No. 9 (1993), pp. 3—5, Japan Association of Language Teachers.

文化比起欧裔美国女性文化:前者倾向于短暂的口头问候,强调非个人的共同经验如体育赛事观赏,有时还采用玩笑形式;后者更喜欢时间较长的问候,强调个人相关经验,或许还包含对彼此穿着打扮的赞赏。

上述问候礼节的差异可能造成潜在的误解:女人或许认为男人比较无理或不友善,或因对方的"不怀好意"而对其心怀戒备。另一方面,男人则认为接受女人不经意透露的个人隐私或来自女人的赞赏是亲密或轻浮的举动。这些看法可能并不准确,但因为它们常常无意识地反映在语言使用上,往往就被认为是对方的特点或意图,而非文化差异。基于这些错误看法上的行为会使情形变得更糟。例如,男人或许觉得以挑逗的方式回应女人合情合理,而没想给对方"调情"感觉的女人对此感到惊讶或疑惑不解。

告辞礼节也有相似情况。如使用短暂告辞方式的挪威文化中,过长时间的告辞会引人不快。另一方面,偏好长时间告辞的群体(如意大利、日本)中,终止谈话的艺术相当发达。细致的礼节伴随着对以后会面的讨论,以及互致告辞。对这些文化的人们来说,生硬的告辞很无理,甚至是对彼此关系的轻视。

这个框架中用来对比的其他类别还包括赞赏和致歉。美国人常礼貌性地赞扬别人,英国人也如此,只是程度略低一些。"干得好"或"真聪明"是这些群体的人常说的,以鼓励对方的行为和自尊心。但是这样的赞扬流于形式,对方并不太当真。礼貌性的赞扬与正式的评价,如对雇员的评估,并不是一回事。在其他文化里,如欧洲大陆或中国文化中,人们并不轻易称赞对方。慎重使用称赞的人们会发现那些随便给予的赞扬虚假而不真实,而礼貌性称赞别人的人会觉得对方很木讷、冷漠,这导致了互动中误会的产生。

有关致歉的礼节也可作类似分析。例如,发生意外事故的情况下,在美国,保险卡制度使不管哪一方承担责任,事故的双方都不必致歉。在日本,外国人被告知发生事故后要遵循当地习俗,不管是哪方责任,都要表示足够的歉意。道歉的使用惯例在欧美人看来,意味着被动和缺乏解决办法,而不道歉在亚洲人看来是傲慢和麻木的表现。

对语言使用惯例的了解,归根结底是为了避免成为"流利的傻瓜"[①]。多

---

① Bennett, M. (1997). How not to be a fluent fool: Understanding the cultural dimension of language. In A. E. Fantini (Vol. Ed.) & J. C. Richards (Series Ed.). (1997). *New ways in teaching culture*, *New ways in TESOL series II: Innovative classroom techniques* (pp. 16—21). Alexandria, VA: TESOL. Originally published in *The language teacher*, Vol. XVII, No. 9 (1993), pp. 3—5, Japan Association of Language Teachers.

少会说一点外语,反而更有可能发生对口头表达的误解。假如我们了解词意,但对使用那些词汇的社会环境不感兴趣,我们就更可能误译,进而发生不恰当的行为。如果非要选择的话,先学习社会礼仪,而后再学语言应该是比较明智的做法。在任何情况下,外语教师和学生应特别注意文化间有着怎样不同的语言使用惯例。

二、非言语交流行为

非言语交流行为通常是无意识的,并和语言同等重要。言语语言是数字式的,即词语象征现象的类别,这就像电脑用开关码象征数字和运行状态。反之,非言语行为是类推式的,它通过建立可以直接体验的环境来表示现象。例如,用语言说出"我爱你"是数字式的。用看和抚摸表达那种感情是类推式的。数字式的符号表现更能表达事件的复杂性("比起上星期,我现在加倍地爱你"),但是类推式表现更可信,因为它们通常不易被改变。①

某些语言更强调数字式表现的质量。例如英语的数字式特征很强,它将人类情感与思想割裂开来,形成分离而抽象的类别,创造出许多指示情感和认知状态的词汇。反之,中文是更类推式的语言。说话人须从相对模棱两可的表达中暗示其含义——讲话方式、谁说的、跟谁说、在哪儿、什么时候,说这句话前后的其他表达是什么,等等。②

强调类推式交流的文化,如日本文化,被指为"高语境"文化。创造这个词的爱德华·T.霍尔认为它是这样的一种交流:"了解的大部分信息中,只有很少一部分是外在的,被编码和传达的。"③强调数字式交流的文化,如美国文化,被称为"低语境"文化,其交流方式为"大量信息都储存于外在的编码中"。

在高/低语境文化中,面对面人际交流的所有言语表达信息都伴有非言语表达的动作,它为数字式的词语提供了类推式的背景。④ 语调、姿势、眼神

---

① Watzlawick, P., Beavin, J., & Jackson, D. (1967). *Pragmatics of Human Communication*. New York: Norton.

② Hayashi, K. (1990). *Intercultural Insights into Japanese Business Methods*. Course materials, Senior Executive Seminar, Pacific University, Forest Grove, Oregon, Nov. 1990.

③ Hall, E. (1959). *The silent language*. Garden City, NJ: Anchor.

④ Watzlawick, P., Beavin, J., & Jackson, D. (1967). *Pragmatics of Human Communication*. New York: Norton.

交流、空间位置以及触摸等动作都提供了直接的类推式情绪表达，修改（在低语境）或取代（在高语境）言语信息。甚至在低语境文化中，社会交流中的意义只有很小一部分是在语言表达基础上产生的，①因此，了解更为重要的非言语交流对完整地理解跨文化交流工作十分关键。

在低语境文化中，如美国文化，非言语表达被不经意地看成是对言语表达信息的注解，而非信息自身的一部分。这个倾向在语调的运用中尤其明显，如在挖苦嘲讽的交流中，"天哪，多好的一条领带"这句话可以用声调改为提醒听者"可别把这些话当真"。换句话说，非言语提示（在这个例子中是声调）确定了这句话应该解释成讽刺的含义。

非言语语言还包括说话时的语气、重音、音量和语速等很容易引起异文化方面的误解。误解产生的潜在可能始于感知。那么交流的产生是不是基于其他行为的产物？低语境的人有可能忽视那些在高语境的人看来富有意味的语调变化。但是人们也会察觉到那些非有意作的暗示。如美国英语在句尾使用降调。当说一个句子时，我们通常提高末尾音节旁边那个音节的语调，然后降低末尾音节的语调。音调下降的快慢可造成不同含义。甚至一个很短的表达如"请进"，中度的语调下降表示正常的交往。而突然且生硬的下降则表示愤怒、沮丧、焦虑或没有耐心。相反，拉长的语调下降通常表示友善或缓和，但在句末使用时提示了控制或误导的意图。母语是英语的人会立刻识别出这些暗示并作出反应。

母语非英语的人在语调变化方式上有所不同。例如，说广东话的人，语调变化用于词汇，而非句子。所以，第二外语是英语的广东人不会在句尾下降语调。另外，广东话听起来不甚连贯，而且在美国人听来，音量有点高。这些因素综合起来导致一些说英语的人认为中国人唐突、无礼。如果一个说母语的人说话声音太大、不流畅、语调无变化，的确显得无礼。但说广东话的人把英语说成那样，更可能只是因为他或她以广东话的发音习惯来讲英语。忽略有意的暗示，或仅基于自身文化对本不存在的暗示强加分辨，我们称之为"民族中心式的感知。"

最后，我们应该这样认为，非言语暗示是存在的，但常被误解。当我们以为（或许是无意识地）某个特定行为在所有文化中的含义都相同的时候，这种情况最有可能发生。例如，英国人和美国人都注意到某些英国人说话很简短。英国人认为这个非言语暗示体现了说话人的社会身份、居住地或

---

① Mehrabian, A. (2007). *Nonverbal Communication*. New Jersey: Transaction.

在哪儿受的教育。然而对美国人，说话过于简短是傲慢的表现。仅根据自身文化环境赋予事件意义，我们称之为"民族中心式的解释"。

众所周知的非言语交流形式是人的举止神态，或"身体语言"。形象地讲，在一个表现不同幅度身体动作的轴线上，部分亚洲人和美国印第安人微小的肢体语言与希腊和意大利人丰富的肢体语言形成鲜明对照。当这些人彼此接触时，处于不同位置的人可能陷入民族中心式的感知和解释。比如，处于轴线中间位置的人，如欧裔美国人，可能将亚洲人的保守视为"缺乏雄心和自尊"；而亚洲人从欧裔美国人的肢体语言中看到他们"进攻的，好斗的"一面；非裔美国人更偏向轴线右端，他们的身体语言被很多亚洲人（如韩国人）看成"有暴力倾向，捉摸不定"；而亚洲人的保守和拘谨在非洲人眼里是"不友善"（或许是种族歧视的原因）。这些例子清楚地告诉我们，对非言语语言的幼稚误解在教育体系和社会冲突中会造成惨痛失败。

非言语表达的民族中心式推论还包括目光接触和谈话的轮换。英裔美国人一般用中等长度的对视，然后将目光移开，只有在暗示对方说话时，才用长一些的目光凝视。德国人和荷兰人则常用更长、更直接的对视，目光移向别处暗示说话人的轮换。这个动作上的差异可能导致某些潜在误解的发生。许多美国人认为根据具体情况，咄咄逼人的目光对视意味着性挑逗或身体的进攻性。德国人把短促或较少的对视看成说话人对谈话没有兴趣或注意力不够，于是他们在谈话时为了让对方感到自己对谈话很关注，就特意加强目光交流，然而这往往使情况更糟。美国人则缩短目光对视，以减少给对方带来的威胁感。这样做更易造成混乱，因为美国人游移不定的目光让德国人误以为总是轮到自己说话，而德国人的凝视也让美国人感到不舒服。结果，这样的跨文化互动双方都感到对方有控制谈话的意思，于是不欢而散。

相比之下，某些亚洲文化中，交流双方一般不进行目光对视，并在轮换交谈时有片刻沉默。固守本民族这一行为特征的亚洲人，在强调目光交流的群体中永不会得到说话的机会。在这个轴线的另一端，非裔美国人、中东和地中海文化更倾向"接力赛"似的轮流说话。不管谁想成为下一个说话的人，他们随时都可张嘴就说，最终都会有说话的机会。亚洲人和北欧人都认为这是在打断别人说话。甚至在介绍这一跨文化特征时，指导小组讨论的简单工作遂变得十分复杂。

双方身体之间该保持多大距离（空间关系学）尤其会引发类推式交流。贸然进入某人的个人空间常引起对方本能的反应——后退，眼睛看别处（试图降低亲密感),并转入防卫的姿态。冒犯者于是应该表示歉意并作大幅度的退后。在要求较大个人空间的文化中,哪怕只是接近个人允许的空间,都要致歉。例如,在美国的超市里,人们在经过货架之间宽大的过道时都互致歉意。相反,除非胳膊肘或脚踩到别人引起疼痛,意大利人并不介意在拥挤的购物人群中挤来挤去。

三、交流形式

这方面有几种形式,其中很多是基于爱德华·T.霍尔对高语境和低语境文化的区分。[①] 高语境文化中,许多含意来自周遭情形而不是靠直白的表达。高语境文化的人有各种语言运用模式(如他们非常健谈或大多时候保持沉默),但他们都靠"读心术"交流真实的意思。反之,低语境的人直白表露所要表达的意思。他们同样或健谈或相对沉默,但往往根据对方说出来的话判断真实含义。在高/低语境的轴线上,欧洲血统的人倾向于低语境,而中国人和其他亚洲人更趋于高语境。

高/低语境轴线上产生的误解相当普遍。美国人通常在日本人明确告知其要求后才作回应,而日本人却暗自思忖为何美国人如此愚钝和麻木。另一方面,日本人因误读美国人的无意行为而造成困惑。面对困惑时,美国人可能会更直接,更直白,因而导致日本人更隐讳,更小心翼翼,结果更适得其反。

高/低语境最显著的表现之一是如何通过写作或口头表达来讨论一个问题。[②] 具体讲,欧裔美国人,特别是男性,多用线型方式,按照 a、b、c 的顺序陆续在各要点之间建立起连接,最后得出一个清晰的结论。如果某人不按这个顺序表达,可能就会听到这样的话,"我不太懂你说的是什么",或"能不能快点告诉我你到底想说什么",或"你的基本观点是什么"。在许多学校中,这个方式被作为评判是否具有条理清晰的批判性思维的唯一标准。但从文化角度讲,这并不是交谈常用的形式。

我们用国际学生与美国学生在小组讨论中使用不同交流方式作为例子。这个小组正在讨论有关求偶的问题。美国学生针对问题作了一些简练回答。但一个尼日利亚学生首先描述的是他生活的村庄,在横贯村子的小

---

① Hall, E. (1976). *Beyond Culture*, New York: Anchor Press, Doubleday.
② Kaplan, R. (1988). Cultural thought patterns. In J. Wurzel (Ed). *Toward Multiculturalism*. Yarmouth, ME: Intercultural Press.

跨文化交流的建构与实践

路上生长的一棵树,树下有一个讲故事的人和故事的开头部分。看到小组里美国学生对其叙述显示出不耐烦,老师于是问尼日利亚学生他在说什么,他回应道:"我在回答问题。"在被要求进行详细说明后,他补充说:"我在告诉你关于理解那个问题需要知道的一切。""好",其中一个美国学生说,"那么就趁我们还有耐心,请告诉我们你想说什么。""噢,不",他说道,"一旦我告诉了你理解那个问题需要知道的一切,你就会明白我的意思!"

这个学生是在用环型,或情境式的讨论形式。除了许多非洲人,拉丁美洲人、阿拉伯人和亚洲人尤其倾向于这种形式。甚至在欧裔美国人中,女性比男性更多地采用情境式方法。唯一普遍使用线型方式的文化是北欧和欧裔美国男性。当然,这种方式并不是不好,但需要考虑其他可以选择的更普遍形式。这个问题在有关性别差异的文章中有某种程度的阐述,[①]并在多文化课堂环境中受到越来越多的重视。

倾向情境式交流的人把线型交流形式解释成简单或傲慢(民族中心式的解释):简单是因为它缺乏建立情境所需的丰富细节,而傲慢是因为说者决定哪些要点是你该听到的,尔后你该从中得出怎样的结论!另一方面,线型交流的人认为环型交流者说话语意含混,模棱两可,没有逻辑性。有时,跨文化专家们认为这两种形式"各有利弊"。线型方式的长处在于效率高,完成任务迅速,但局限是不利于发展兼收并蓄的人际关系。反之,情境式交流的好处是有利于团队建设和团结一致的创造力,但弱点是缓慢。这方面的教育和培训目的除了了解并尊重不同的交流形式,也要注重发展线型与环型两方面都能运用自如的能力。

在面对冲突时,交流形式的差异也十分明显。欧裔和非裔美国人倾向于直接的方式,而许多亚洲人以及拉美和西班牙血统的美国人则多采用间接方式。倾向直接方式的人喜欢面对面地讨论问题,相对坦诚地表达感受,常以明确的"是"或"不是"回答问题。而以间接方式进行社会交往的人倾向借助第三方中间人来应付困难的讨论,提出建议而不是表达感受,以模棱两可的回答保全自己和他人的"面子"。[②]

一些北美人和来自某些欧洲文化的人,在知识和相关实践上的交流差

---

① Belenky, M. F. et al (1997). *Women's Ways of Knowing: The Development of Self, Voice, and Mind*. New York: HarperCollins.

② Ting-Toomey, S. & Oetzel, J. (2001). *Managing intercultural conflict effectively*. Thousand Oaks: Sage.

异容易造成彼此的误解。知识讨论和辩论被很多欧洲人用来"了解"他人，和表现人们的兴趣和承诺。美国人则不然，他们以公共活动或人际关系话题作为交流的开始。例如，比起美国学习者，当培训班结束后在晚餐时相遇，德国学习者有可能一见面就对美国人白天课上的讨论表达不同意见。美国学习者乍一见到这种情景，最初的反应是感到"被误解"，并本能地产生防卫心理。同样的情景如果发生在美国人身上，他们一般先称赞某人白天的表现，评论某些大家的共同之处，如来自同一个国家。谈话可能很快进入到表达个人对那个经验的感受。而德国人将过早的夸奖看成是虚情假意，而一开始就讨论个人的话题是不成熟的表现。

这些交流形式是我们前面曾提到过的直接或间接交流类别的具体表现。欧洲人对知识话题的交流很直接，但在人际关系问题上又相对间接。例如，比起美国人，北欧人更倾向说："那是我所听过的最愚蠢的主意。"但他们较少议论如何看待与讨论者的关系。与此相反，美国人在知识话题上较为迂回，常说"或许还有其他方式思考这个问题"或简单地说"啊，挺有意思"。但同样是他们，可能一见面就热议如何喜欢一个新朋友。所以美国人往往认为北欧人在交往时显得十分傲慢，而北欧人认为美国人知识浅薄。民族中心式的感知使美国人不愿意间接谈论人际关系，而北欧人同样也不习惯以间接方式谈论知识。另外，美国人从民族中心角度误以为绝大部分美国文化都把北欧人正常的知识争论看做是傲慢自大的表现，北欧人同样误以为许多欧洲文化都把美国人对人际关系的正常评论视为粗俗。

四、感知或认知方式

这个框架对比的是思维方式，或人们处理感知的方式。[①] 从具体思维方式，即人们大多用描述和物质比喻来捕捉感知，到抽象思维方式，即人们更偏向用理论和解释来组织感知，构成这个框架的基本轴线。在这条轴线上，许多亚洲文化倾向具体思维，强调准确描述和对事件的直接体验。相比之下，许多北欧文化倾向抽象思维，强调条理分明的解释和事件的历史氛围。美国人处于该轴线的中间位置，强调以行动为准则的程序，这是一个既不特别精确，也不特别连贯，但应该是实验性的程序。

[①] Stewart, E. & Bennett, M. (1991). *American cultural patterns: A cross-cultural approach*, Revised Edition. Yarmouth, ME: Intercultural Press.

跨文化交流的建构与实践

根据感官因素如颜色、形状、大小和位置,亚洲人多以物质比喻和形象划分来表现经验。含意直接附着在被感知的事件上,这在日本俳句中丰富的感官比喻和越南电影或中国京剧中得到了印证。在日常用法上,谁、什么和什么时候等具体描述是主要内容,但这些描述对西方人来说并不是"客观的"。西方人尝试将观察者(主体)与被观察的事物(客体)区分开来。而许多亚洲人将两者合并在一起:"内在的"事件如看法和直觉隐形于"外在的"事件如行为或情景中。因此对事件的描述必须包括描述者对事件的感受。

感知处理方式上的差异具有广泛意义。例如,它能预知不同文化的人一般对哪种信息感兴趣。亚洲人对任何预期的行为更侧重谁参与了,什么是他们真正想要的。北欧人更想知道为什么那个行为预计要发生,以前什么时候曾有人尝试做过。北美人几乎无一例外地关注这个行动将如何发生,成功几率大致是多少。南欧人(如西班牙和意大利人)以及受南欧影响的南美人倾向于把欧洲和亚洲特质结合起来。他们像亚洲人一样,想了解谁,也像北欧人一样,想了解为什么。不过一旦有了好的计划和信得过的带头人,他们就不再理会细节、历史或有计划地实施。

如果上述人群为了一个项目走到一起,在知识管理上出现问题是预料之中的事。亚洲人想了解对每个人都重要的关于项目和参与者的细节,而北美人只想马上行动起来,并在错误中学习。北欧人则唯恐犯错,坚持评估类似项目的历史纪录,而支持这个项目的南欧人觉得自己的可信度被质疑是奇耻大辱。同时,亚洲人对北美人不太信任,觉得他们所说的只有部分真实性(如像美国人说的"在概率以内"),而北欧人对南欧人的过于敏感不胜其烦。

为了避免过于草率地为上述混乱局面找一个"更好的团队领导方式",我们应该注意到认知方式框架也可预见不同文化对领导力概念的不同理解。例如,亚洲文化认为一个好的领导者应精于临场经验和对广泛人际关系网的"洞察力管理";许多北欧人视好的领导者为受过良好教育,并有能力根据丰富的信息进行战略性分析;南欧人对领导者的期待是能与其他领导者和机构共同创造并维持战略性的协作关系;而许多美国人认为成功的领导人应在信息有限的情况下也能采取有效行动。采用上述任何一种领导方式都有可能造成多文化团队在认知方式上的冲突。跨文化的机构合并,兼并和其他合资企业的情形就更不用说了。

北美人程序性的认知形式在教育和培训中表现得非常明显。比如,美国学习者喜欢参与讨论"突发事件",即对有问题的情况所作的简短叙述。相反,亚洲人和欧洲人常提问更多的相关细节:到底谁是"管理者",究竟"问题"在哪儿,问题什么时候发生的,等等。在选择饭店或饭馆的时候也有类似情况。西方人要么选择品牌(如"是海特饭店吗?很糟糕吧?"),要么看是哪个星级的("这是四星级的饭馆,一定不错")。亚洲人对准备去的地方通常要了解更具体的信息。亚洲人书店里有很多书籍都非常详细地列出宾馆房间里的家具设施,饭馆的各种细节,包括使用的餐具等。日本人和中国人书店也堆满了关于各自文化的书籍。它们几乎都是关于解释用词法和指导行为举止等方面的内容。亚洲人的文化书籍很少用系统模块或理论来描述文化现象。图解和举例比起法则或框架研究更受欢迎。

　　大多数亚洲人的学习途径是通过实践获得"对事物的感觉"。这是学习的直觉式方法。楷模法(效仿模范)、学徒法和重复法是该方法中常见的学习技巧。这些技巧使学习者能完整掌握一种形式(社会行为的、管理的、上茶的、插花的等等),以致他或她能够达到"气"的境界,即生命的灵魂,或基本的组织动态形式。只有当学习者触及到了这种精神,他们才可创造新的或修改旧的形式,它保持了行动基本的组织动态。对西方人来说,这种学习方法是死记硬背式的,毫无创造性可言。乍看起来它确实如此,但世界上最富创造性的艺术家当中一定有亚洲艺术大师和商务领域有重大发明创造的亚洲管理大师。

　　具体描述的效果之一是减少不确定性。这是许多亚洲文化里众所周知的价值观。[①] 上述例子中,了解信息的细节可减少旅行或就餐体验中"意外"发生的不确定性。学习的直觉式方法确保创新不过分依赖已有的方法和成果。

　　直觉式学习方法的社会学意义在于强调体验的重要性。直觉,或对事件的感受,随着对事件的反复体验而产生。比如,培训课上的亚洲学习者通常喜欢一遍又一遍地重复教材或课件。对他们来说,每一次重复都有助于更加清晰的理解。而北美人对重复毫无耐心,欧洲人更是难以忍受。他们认为问题不在于要发现学习之"气",而是获得知识或概念。在休闲旅游方面同样如此。比如,美国人希望以最有效率的方法到达目的地,这样他们就可以开始各种度假活动(滑雪、日光浴等)。反之,日本人把旅途中每个细节都当做很好的体验,细节越多越好。因此,为了增加意外插曲,旅程可能被突然改变。而且,以我的美国观点来看,日本巴士旅游的中途观景停留时间出奇的短暂。游客们从车中鱼贯而出,简单看看四周的景色,拍几张相片,然后返回车中。其重点

[①] Hofstede, G. & Hofstede, J. (2005). *Cultures and organizations: Software of the Mind*. New York: McGraw-Hill.

是曾去过此地,而不必在那里逗留。照片只是人们曾到此一游的富有细腻色彩的留念罢了,尤其是那些人与景合影的照片更是如此。

在人际关系方面,抽象程度较低的形式重在描述人和情形特征的细微而复杂的细节。如我们注意到的,亚洲人对那些细节有灵敏感受,这是高语境文化的特征之一。那种灵敏非常细腻,并被具体表现出来;人们依赖直接表现和唤起感受的手法来解释事物。西方人更数字化的形式使他们倾向在作出解释之前,首先将情景概念化或象征化。因此,西方人通常将事件置于抽象的环境里(如商务谈判、社会交往、人际网),然后根据行为在那个环境里的作用来理解行为。亚洲人认为这种方法过于机械和生硬,然而西方人认为亚洲人的直觉反应令人难以捉摸,且对微不足道的事情过于敏感。

这一点,以及其他唤起经验的形式,是亚洲人的逻辑核心,即倾向相关式,而非解析式。① 相关式的逻辑不会从一组数据中引出一个法则,也不会从先验的假定中演绎出一个应用模式,而是将两个或以上观点进行对比,由此引发出一个共同的感受。例如,亚洲人在外交活动中,在肯定友好关系的同时,又指出不友好的行为。这就是说,为了定义这个关系是"友好"的,就要将其与不友好的举动进行对比,由此引起对方对前后不一致的羞耻感。而美国或欧洲人的外交中,该行为本身并不受到特别指责。

五、文化假定与价值观

文化价值观是人们对处世所秉持的好恶观。例如,中国人普遍认同群体互助(即使他们常有个人主义行为),而美国人普遍认同自我独立(即使他们也经常相互依赖)。简单地说,相对于其他文化,中国人的普遍价值观是崇尚集体主义,美国人崇尚个人主义。中国人将许多个人主义表现视为不应有的自私自利,而美国人认为不少集体主义形式过于墨守成规。

文化假定与价值观有关联,但指的是现象的存在,而不是赋予它们价值观。在上述关于中国人与美国人的对比中,大多数美国人认定个人认同的存在,因为这对个人主义自我独立性的存在是必要的。另一方面,多数中国人认定集体主义意识的存在("我们中国人"),这对群体互助的发生是必要的。多数对情景的跨文化分析里,重要的是既要确定这个情景里的文化观

---

① Stewart, E. & Bennett, M. (1991). *American cultural patterns: A cross-cultural approach*, *Revised Edition*. Yarmouth, ME: Intercultural Press.

点是什么,也要看到这些观点所体现的价值观是什么。

从建构主义观点看,避免将文化价值观具体化十分重要。人类群体并没"有"价值观,他们集体指定人们处世的好恶标准。换句话说,我们应该用动词形式的"赋予价值",而用非静态的名词形式"价值观"。这与我们对文化的定义是一致的,即在一个已知人群中集体的意义协同。人们协同自己的办法之一是对一个或另一个处世方式赋予价值。而且,在建构主义方法论基础上,为了观察人们如何协调自己,我们的文化研究本身就是一个对观察方式的建构过程,即建立该总体文化框架的客位类别。

跨文化学家传统上用来分析文化价值观的体系是由佛罗伦萨·克拉克洪以及佛瑞德·斯特罗德拜克主持的哈佛价值观项目研发的。[①] 基于对若干文化的研究,该体系定义了人与环境、人与人、人与行动、人与时间以及人与人类本性的关系等五个客位类别。每个类别中以一条轴线描述人们对两者之间关系的不同看法。比如,人们或认为能够控制环境,并与之和谐相处,或认为应该屈从于它。克拉克洪与斯特罗德拜克解释说,轴线上的所有定位在所有文化中都有不同程度的表现,只不过某个定位代表了所偏向的价值观。就是这个普遍偏向构成了"价值观取向"——实际上是群体排列关系顺序的方式。例如,多数美国人认为控制自然比起与自然和谐相处和屈从自然来得更重要。当然在美国社会中还有其他关于人与自然关系的看法。但是连同某些例外,那些看法没有普遍性,因而目前我们不认为是普遍文化价值观。

美国人与许多其他文化之间在社会角色的价值取向方面存在普遍误解。美国人对角色和身份差距的过分强调并不喜欢,即使这些差异的确存在。具有讽刺意味的是,他们一般在称赞身份很高的人时,提及并贬损身份差异,如"她其实就是一个普通人"(虽然她地位很高),或"他不会控制你"(尽管他可以)。许多亚洲人、非洲人、南美洲人以及欧洲人(除了北美以外的所有人)则倾向频繁使用头衔称谓,说明他们认为了解身份差异是理所应当的。然而应注意的是,对身份差异的意识并不是说其他文化的人比美国人更喜欢实际存在的权力差异。例如,美国人错误地以为接受身份上的差异等于接受权力差异,因而当许多欧洲人(如法国人、德国人)拒绝接受经理或上司的控制时,美国人颇感惊讶。而另一方面,欧洲人以为美国人对身份差异的忽略是在提倡真正的平等主义,因而美国人很有身份意识的举动让

[①] Kluckhohn, F. R. & Strodbeck F. (1961). *Variations in Value Orientations*. New York: Row Peterson.

他们也很吃惊，或觉得可笑。

　　经多方修改之后的克拉克洪与斯特罗德拜克方法被证实对跨文化价值观分析很有用。在最早期的一本跨文化交流教材里，约翰·康登将原先的五个元素扩展成一个列表，应用到大范围的更具体的文化现象。① 罗伯特·柯斯也是如此。② 爱德华·斯图尔特以特别实用的方式重新定义了那些元素，在发展该方法的理论潜能上贡献最大。③

　　分析价值观的另一方法是由吉尔特·霍夫斯泰德研发的。④ 与克拉克洪与斯特罗德拜克的演绎法相反，霍夫斯泰德用归纳法，以问卷方式对来自不同国家文化的人群作了大规模的关于生活取向的调查。然后通过统计法进行元素分析，他分离出了四个收到大量不同回答的元素（后来又增加到五个）。他称这四个元素分别为权力距离，即对身份差异的假定；男子主义，指对性别差异的假定（在其他事物之中的）；个人主义，指对自我依靠的假定；规避不确定性，指不容忍模棱两可。在后期研究中，他加进了儒家动力论，或称为远期取向的元素，指强调未来的酬报。当回到从每个国家文化得出的数据时，他就可以根据每个元素排列出各文化的顺序。例如，在规避不确定性方面，日本在 50 个国家中列第 7 位，而美国列第 46 位；在个人主义方面，美国列第 1 位，日本列第 22 位。通过统计意义上的元素综合，霍夫斯泰德能够在几个元素中勾勒出文化的脉络。

　　目前，许多跨文化关系的研究都在使用，至少是部分使用霍夫斯泰德的文化元素。但在使用时出现了某些思想方式上的困惑。与其他文化价值观体系不同，霍夫斯泰德的元素不是作为客位类别建构起来的。他采用的是实证主义的方法，因此其研究结果，即五个文化元素，被认为具有客观存在性。虽然他的看法对复杂的文化排序目的而言十分有用，但对跨文化交流并无太大用处。越认为文化是一件"东西"，而非不断进行着的意义协同，人们就越无法看清自己在创造那个意义上的角色是什么，这限制了他们锻炼文化自我意识或对其他文化世界观"以对方角度理解"的能力。

---

　　① Condon, J. and Yousef, F. (1975). *An Introduction to Intercultural Communication*. New York: Macmillan.

　　② Kohls, R. (1988). *Values Americans Live By*. Duncanville, TX: Adult Learning Systems.

　　③ Stewart, E. & Bennett, M. (1991). *American cultural patterns: A cross-cultural approach*, Revised Edition. Yarmouth, ME: Intercultural Press.

　　④ Hofstede, G. & Hofstede, J. (2005). *Cultures and organizations: Software of the Mind*. New York: McGraw-Hill.

第四章 跨文化适应

时下，跨文化适应普遍被称为"跨文化能力"。[1] 然而，"能力"这个词至少可以针对两方面来定义：心理特征或有效行为。[2] 在跨文化领域，这个词并没有被指明它具有哪方面含义，因此在分析层面造成众多混淆。为了避免出现这类困惑，我们在这本书中使用传统的"适应"一词。

"适应"通常是指行为的修改。跨文化适应是指在一个文化环境中适用的行为经过修正后，使其与另一个文化环境相适应。举一个简单的例子，问候某人时热烈而有力的握手（如在德国）被改为在许多阿拉伯或土著文化中的柔和轻触，或在许多东亚文化中的完全不握手。从更广泛的角度看，适应是一个完整的过程，一个扩展到另一文化的行为方式在该过程中产生。

适应可以是"同化"的代名词。在同化的情形里，移民或长期旅居者及其他类似人群通过文化重新适应或简单模仿的方式接受并学习东道国文化行为。因为主动摒弃或长期不用导致退化，这些人的原文化世界观会丧失。反之，适应则是人们在具备另一文化的适当行为能力的同时，保留其原文化模式的行为能力。换句话说，同化的效果是替代，即原有世界观和相关行为被新的世界观所代替，而适应的效果是增添——旧世界观继续存在于一个扩展了的，含有适用于东道主国文化世界观的崭新行为方式。

当人们进入一个不同文化时，适应不会立刻发生。关于国际交换项目和企业外派雇员的一个荒谬看法是，在跨文化环境中，适应是自然发生的。事实上，在很长的发展顺序中，文化适应处于末端位置。那个顺序的模式可以用来判断一个人在跨文化情况中适应得如何，并指导提高适应的干预措施。

---

[1] Deardorff, D. (2009). *Handbook of intercultural competence*. Thousand Oaks: Sage.
[2] Kurtz, R. & Bartram, D. (2001). Competency and individual performance: Modeling the world of work. In Robertson, Ivan, Callinan, Militza, and Bartram, D. (2001). *Organizational effectiveness: The role of psychology*. New York: Wiley.

第一节　发展跨文化敏感

"跨文化敏感发展模式"（Developmental Model of Intercultural Sensitivity，DMIS）[①]是一个建构主义尝试，它描述了人们怎样才能强化自己的跨文化适应。它是在以建构主义理论诠释的实地观察基础上建立的理论。[②]与其他众多对跨文化行为的解释不同，该模式呈现了两个主要观点。第一，跨文化敏感发展模式不是跨文化心理学家们普遍做的实证主义假定，即人的行为由个性、知识、态度或技巧的组合而"导致"。从建构主义观点来看，衡量上述因素产生不出对下面这个问题的理解：一些人为什么或怎能比其他人在跨文化关系方面表现得更出色。第二，跨文化敏感发展模式对跨文化交流不做普遍的相对论假定，即对个人自身的和其他文化的不带偏见的理解可以自然而然地产生更好的跨文化关系。在这个意义上，跨文化敏感发展模式既不是情感也不是认知上的跨文化交流模式。

跨文化敏感发展模式的另一个独特之处是在群体或互动层面区分出个人文化差异体验的阶段。这似乎有些矛盾，有必要作进一步的解释。文化差异的个人体验并非产生于纯粹的内在建构；它是交往活动在个人身上的体现，即跨越文化的交流。因此，虽然下面的讨论涉及个人经验，但这种经验与组成它的交流活动是分不开的。在很多方面这似乎与跨文化交流如何表现个人文化十分类似。文化不是存在于个人，而是定义中所说的群体现象。但是个人通过他们的世界观呈现文化。同样，跨文化敏感并不存在于单个的个人，但个人可以通过其对文化差异的主导经验体现跨文化敏感。

此外，跨文化敏感由群体通过其组织文化表现出来。群体敏感性不是

[①] Bennett, M. (1986). A developmental approach to training intercultural sensitivity. In J. Martin (Guest Ed.), Special Issue on Intercultural Training, *International Journal of Intercultural Relations. Vol 10, No. 2.* 179—186; Bennett, M. (1993). Toward ethnorelativism: A developmental model of intercultural sensitivity. In R. M. Paige (Ed.), *Education for the intercultural experience* (pp. 21—71). Yarmouth, ME: Intercultural Press; Bennett, M. (2004). Becoming interculturally competent. In J. S. Wurzel (Ed.), *Toward multiculturalism: A reader in multicultural education*. Newton, MA: Intercultural Resource.

[②] Glaser, B., & Strauss, A. (1967). *The discovery of grounded theory*. Chicago, IL: Aldine; Applegate, J. & Sypher, H. E. (1988). Constructivist theory and intercultural communication research. In Y. Kim & W. Gudykunst (Eds.), *Theoretical perspectives in intercultural communication* (pp. 41—65). Beverly Hills, CA: Sage.

群体成员主导经验的简单相加；它是这个群体在文化差异方面如何与其他群体进行互动的系统体现。这个话题将在第五章作进一步探讨。

跨文化敏感发展模式认为，某些交流技能依赖于以较复杂的方式区分及整合概念，该看法与认知复杂性的理论近似。① 然而，当进一步深入到建构主义关于建构现实的基本概念时，跨文化敏感发展模式认为我们对现实本身的经验依赖于如何组织感知，亦即我们越敏感（如，更细致的或更复杂的区分）地感知事物，它们就变得越真实。② 该模式因而定义了一个次序，它使"文化差异"变得更真实，并产生出更复杂的跨文化经验，其各阶段依次表现出越来越明显的跨文化适应行为。

这个模式提出了对文化差异从简单理解和肤浅体验到更综合感知并进而深入体验的发展过程。在观察和分析的基础上，跨文化敏感发展模式辨别出分布在民族中心论和民族相对论连续发展过程中的六种不同经验。"民族中心论"是指个人的自身文化被作为"现实的中心"来体验。这即是说，人们从最初社会化中接受的信仰和行为无可置疑，因为"事情本来如此"，其他行为都是不真实的。与之相反的"民族相对论"则认为，组织现实的方式有很多种，个人自身信仰与行为只是其中之一。

一般来说，偏向民族中心论的那些经验体现了避免体验文化差异的方式：否认它的存在（否认），对它设防（防范），或将其重要性弱化（最小化）。偏向民族相对论的经验体现了追求文化差异体验的方式：接受其重要性（接受），适应并重视其观点（适应），或将其纳入个人或组织认同之中（整合）。这些经验的顺序成为跨文化敏感发展模式模式中各个不同阶段。

跨文化敏感发展模式模式中使用的"阶段"一词与其他阶段理论中该词的含义类似，比如埃里克森就持这种观点，即每个阶段都建立在前一阶段基础上，前一阶段中悬而未决的问题成为后续发展中的问题。③ 然而，一个"阶

---

① Delia, J. G., O'Keefe, B. J., & O'Keefe, D. J. (1982). The constructivist approach to communication. In F. E. X. Dance (Ed.), *Human communication theory: Comparative essays* (pp. 147—191). New York: Harper & Row; Applegate, J. & Sypher, H. E. (1988). Constructivist theory and intercultural communication research. In Y. Kim & W. Gudykunst (Eds.), *Theoretical perspectives in intercultural communication* (pp. 41—65). Beverly Hills, CA: Sage.

② Watzlawick, P. (Ed.). (1984). *The invented reality: Contributions to constructivism*. New York: Norton.

③ Erikson, E. H. (1959). *Identity and life style cycle*. New York, Ny: International Universities Press.

段"的概念永远不应被用做一个标签,如"他在防范阶段"。这样做是思想混乱的表现,因为阶段理论绝大部分来源于建构主义的基础,把阶段当做标签使用显然是实证主义。在该讨论中,"阶段"与"倾向"被用做同义词,指的是我们在建构一个描述,不是在使用一个分类系统。

这些倾向表现了概念和经验上的区别,并按着一个发展顺序而发生,[①] 这些经验程度不同地并存在我们所有人身上。因此,这个发展轴线上的某个位置指的是"主导经验"。例如,具有最小化主导经验的人却在某些场合有防范经验,在另一些场合也有接受经验。无论我们多么的"超前发展",所有人在没有能力体验另一文化事件时都可能保留着一点否认经验(如恐怖袭击),这在我们自己的文化中也会发生。发展的取得不是通过从一个阶段迈向另一个阶段,而是沿着发展顺序转换我们最强的主导经验。

主导倾向对所有文化差异的经验都适用。它不因文化不同而改变,如日本文化用否认经验,以色列文化用接受经验;而是人们对任何文化事件都运用相同的感知方法。某个人可能非常了解一个文化,但对其他文化一无所知,或喜欢一个文化,不喜欢另一个。但是这些知识或态度上的不同并不会改变体验文化差异的基本方式。

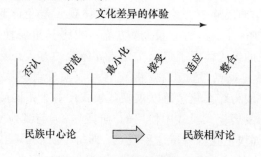

图 5　跨文化敏感发展模式模式

---

① Hammer, M. R., Bennett, M. J., & Wiseman, R. (2003). Measuring intercultural sensitivity: The Intercultural Development Inventory. In R. M. Paige (Guest Ed.). Special issue on the Intercultural Development. *International Journal of Intercultural Relations*, 27(4), 421—443; Hammer, M. (2009). Summary Statistics of the Development of the IDI. v. 3; 2007; 2009. Retrieved from www.hammerconsulting.org.

一、民族中心主义倾向

如图5所示,前三个跨文化敏感发展模式阶段更具民族中心论的倾向,即一个人的自身文化以某种方式被作为现实中心而体验。典型单一社会化的特征是否认文化差异。在此状态中,个人的自身文化作为唯一真实的文化被体验,也就是说,事件组织与文化意义无疑是真实的。其他文化要么被完全忽视,要么被含糊其辞地解释。其结果是,文化差异全然不予体验,或即使有体验,那些人也被当做无差别的别人,如被统称"外国人"或"侨民"。在极端案例中,文化内部成员被视做唯一真实的人类,其他人只是环境中的较简单形式,他们可以被容忍、剥削或如有必要予以铲除。

有否认主导经验的人虽然不惜以极端方式避免或消除冒犯他们的文化差异,但总的来说他对文化差异不感兴趣,即使这些差异就近在眼前。比如,所有社会中主流文化成员(如欧裔美国人或逊尼派伊拉克人)历史上都努力消除外来移民或居住在自己社区内的不同种族人群。这个经验也并不仅限于美国或其他社会中的主流社会成员。有否认主导经验的非主流群体成员即使因为经济需求被迫与主流文化交往,他们也认识不到与主流文化交往的文化元素。比如,像许多欧裔美国人一样,非裔美国人对彼此两个群体在交流方式和身体语言上的文化差别似乎颇感惊讶。这是因为两个群体的否认经验只能在他们所熟悉的"种族"范畴内,以及与种族相关的政治和经济权利方面的不公正问题上观察事物。用熟悉的但往往过分简单化或十分荒谬的种族范畴,这个倾向也是其他社会中主流和非主流交往的否认主要特征。

否认阶段的另一个表现是无法(和没兴趣)辨别不同国家的文化。例如,处于该阶段的美国人时常不了解中国和日本文化的差异,或无法区分海湾国家的阿拉伯人(如科威特人),中东地区的阿拉伯国家(如叙利亚人)以及波斯人(伊朗)。虽然受过教育的欧洲人或亚洲人总体上比美国人的地理知识更丰富,但在否认阶段他们也许忽视这些文化差异。举例来说,亚洲旅居者至少像美国人一样倾向保持群体的排他性,而许多欧洲人对作为政治差异基础的文化因素似乎并不在意。

防范文化差异是指一个人的自身文化(或采纳的文化)被当成唯一可行的文化,即"进化"最完善的文明形式,或至少是唯一好的生活方式。处于防范阶段的人更熟练地辨识差异,因而比起否认阶段的人,文化差异对他们来说更真实。但防范的认知结构对认识他人的平等"人类"经验仍不够综合。

跨文化交流的建构与实践

主导经验是防范的人所体验的文化差异是刻板印象式的，但是比否认阶段似乎更真实。正因如此，防范阶段的人更易感受到来自文化差异的威胁。世界被"我们和他们"的概念所组织，个人的自身文化高于一切，而其他文化处于次要地位。

主流文化的防范之道是攻击他人价值观（常被其他人看成是特权）。他们抱怨移民或其他少数族裔正"抢走我们的工作"。他们有太多关于"他们"负面的刻板印象，包括一箩筐强调其他文化弱点的笑话。若仁慈一点，防范是通过将非主流群体成员带进高尚的主流文化来"帮助"他们获得成功。企业的一些指导项目中对正确政治观点的描述带有防范色彩。若以更恶毒的方式，防范就是排斥文化差异，公然攻击其他文化群体。在美国，三Ｋ党及其效仿者就是明显例子。

非主流文化的防范之道是找到并巩固一个与主流群体相对立的单独文化认同。[1] 克劳斯（Cross）认为在发展非主流种族认同，以对抗主流群体将其文化强加于人的过程中，这个阶段是必需的。与这个阶段的主流群体相似的是，防范经验总是正面看自身文化，负面看其他文化。[2]

在国际领域，防范显然是"国家建设"的主导方向。这种类似文化指导的努力，其隐含（有时甚至是外露的）企图很可能是输出建设者优越的文化价值观。在诸如各类世界领导者发出的"你要么和我们站在一起，要么与我们对抗"的表述中，两极分化的世界观赫然显现。文化上两极分化的世界观还体现在旅行者抱怨不熟悉的食物和其他文化都跟我们不"相像"。

防范阶段的一个变异是"反向"，即被采纳的文化被视为高于一个人的初始文化（要么"本地化"，要么"消亡"）。反向与防范相似的是它保留了一个两极化的"我们和他们"的感知结构。与防范不一样的是它不认为其他文化构成威胁。反向在长期旅居者如和平队志愿者、传教士、企业外派雇员和交换学生中非常普遍。它可能被误以为是文化敏感，因为它体现了对不同文化的积极体验，并对自身文化似乎在作分析批判。然而，对其他文化的积极体验仅停留在幼稚的刻板印象层面，对自身文化的批判也往往是将他人

---

[1] Banks, J. A. (1988). The stages of ethnicity: Implications for curriculum reform. In J. A. Banks, *Multiethnic education: Theory and practice* (2nd ed., pp. 193—202). Boston, MA: Allyn & Bacon.

[2] Cross, W. E., Jr. (1995). The psychology of nigrescence: Revising the Cross model. In J. G. Ponterotto, J. M. Casas, L. A. Suzuki, & C. M. Alexander (Eds.), Handbook of multicultural counseling (pp. 93—121). Newbury Park, CA: Sage.

对自己的负面刻板印象内在化。

国内多元文化关系中的反向是一个非常有趣且复杂的现象。主流文化的一些成员对非主流文化的原因作刻板印象的解释。例如在美国，一个欧裔美国白人可能是非裔美国人问题的狂热支持者。虽然对某些人来说，认同历史上受压迫者的悲惨处境正说明她不是民族中心论者，但是在这个假定的情况中，这个欧裔美国人认为所有黑人都是圣洁的受难者，而所有白人（也包括转变以前的她自己）都是残忍的压迫者。仅仅简单改换对"我们"和"你们"的评价，这个人从本质上并没有改变她对文化差异的幼稚经验。

最小化经验是指自身文化世界观元素被看成是放之四海而皆准的。通过将文化差异纳入熟悉的范畴，它们所带来的威胁因而变得中性化。例如，文化差别被纳入无可否认的人类生物本性（人类相似性）。对自然的身体功能相似性的体验继而被归纳到其他自然现象中，如需求与动力。认为类型学（个性和学习方式等）在所有文化中都很适用即是一个最小化的例子。

在某些宗教、经济、政治或哲学概念（普世价值观）方面也存在相似性的经验。例如，人人都是上帝的孩子，或人人都有因果报应的宗教观点就是最小化的例子。有宗教信仰并不是民族中心主义；但是，认为其他文化的人都与你有（或如有可能他们就会）同样的信仰，或认为所有文化的人如果可能都愿意生活在民主社会（或仁慈的专制社会），这就是民族中心倾向。因为这些"普遍的绝对性"模糊了深层的文化差别，其他文化在最小化阶段被淡化或美化。

主导经验处于最小化阶段的人追求相似性，他们非常固执地修正他人的行为，以符合自己的期望。许多交换学生反映说，尽管接待他们的家庭非常友善、慷慨，对不同的习俗也充满真诚的好奇心，但是他们并不真正想让学生们有不同的世界观。他们热衷于向学生们介绍他们国家的生活方式，认为一旦学生们了解了那样的生活方式，他们自然就会喜欢。如果学生对此并不太欣赏，对最小化观点就构成了威胁，因为它以为人人都想与我们一样。当然，若全副武装的"国家建设者们"以武力强迫人们欣赏他们的生活方式，情况就危险得多。

最小化在主流文化人群的表现尤其是试图掩饰他们对自身文化（种族）的重视和赋予其成员在体制上的特权。最小化阶段的人由于不再以两极分化的方法体验他人，于是过高评价他们对人种和种族的欣赏。虽然他们相对来说有一定容忍度，但没有能力对文化差异有深度的体验，因为对自身文化没有清醒地认识。比如，如果人们认识不到他们的交流方式是一种文化模式，就会认为所有人都用（或如果他们能够的话就会用到）相同的方式交流。于是，他们

跨文化交流的建构与实践

把没有能力运用熟知方式的原因归结为缺乏社会技巧或智商。该判断所迷失的关键点在于,他人是在自然而然地运用不同的文化方式。

最小化有时以期待同化的政治诉求表现出来。通过缩小主流和非主流文化之间的文化差异,两个群体的人们或许以为这个相同的普遍标准(如大学的入学要求)对所有文化群体都适用,而不会有任何偏见。当这个普遍标准导致了群体差异时,两个群体内最小化成员就认为是群体之间在智力、技能或准备等方面存在差别。最小化经验认识不到,所有标准都离不开文化环境的影响。

跨文化发展问卷(Intercultural Development Inventory,IDI)是根据跨文化敏感发展模式进行文化差异体验评估的一个量表。目前用 IDI 所作的研究显示,最小化处于前面的民族中心主义倾向与后面的民族相对主义倾向之间的一个过渡阶段。[1] 不过,最小化经验理论上还是民族中心式的,因为它将个人的自身文化模式当做普遍现实的中心。或者说,它认为,以我自己的文化信仰解释,所有人在本质上都是相似的。不过,最小化经验也能够在较大程度上做到非刻板印象化地认识某些文化差异,认识到他人的基本人性。

二、民族相对主义倾向

跨文化敏感发展模式中的后三个发展阶段更倾向于民族相对主义,即在其他文化环境中体验个人的自身文化。对文化差异的接受阶段是指个人的自身文化被作为众多复杂世界观之一。通过辨别文化之间的差异(包括自身的)和建构自我反省式的观点,在处于这种倾向的人眼里,他人虽与我不同,但是平等的人类。他们也能建构起总体文化类别,在各文化之间进行文化相关对比。因此,虽然他们在一种或多种文化方面不必是专家(他们也可能是),但他们擅长在一个广泛的人类互动范围里识别文化差异。

在上述的最后一个方面,尤其重要的是应记住跨文化敏感发展模式不是一个关于知识、态度或技巧的模式。因此,个人对文化知识的掌握与民族相对倾向的接受体验没有必然联系。例如,一个非常了解日本人待客之道或德国人身份等级关系的芬兰人,仍然没有能力体验那些差别。我怀疑这

---

[1] Hammer, M. R., Bennett, M. J., & Wiseman, R. (2003). Measuring intercultural sensitivity: The Intercultural Development Inventory. In R. M. Paige (Guest Ed.). Special issue on the Intercultural Development. *International Journal of Intercultural Relations*, 27(4), 421—443.

是因为尽管有这些具体的知识,这个人还是无法体验包含那些行为在内的文化世界观。重要的是,除非先解决基本的最小化问题,否则,具体文化信息对民族相关倾向的体验起不到作用。在跨文化适应中人们才需要运用文化具体信息。

掌握另一种文化的语言知识或行为技巧的人也不一定知道如何以文化上适当的方式加以应用,我把这样的人称为"流利的傻瓜"[①]。或许人们可以从短期旅居国外或培训项目中获得这些技巧。在任何情况下,如知识一样,如果不具备民族相对经验,技巧同样没有用武之地。

除了知识与技巧的局限之外,人们虽然对其他文化持有积极的态度,却没有能力进行深度体验。这典型体现在努力实现世界主义或政治上的正确。然而,一个十分幼稚的看法是,跨文化敏感总是应该欣赏其他文化或赞同他们的价值观或生活方式。其实,对其他文化的一味褒扬更似民族中心倾向的反向状态,尤其是如果它伴随着对自身文化的批判。对某些文化差异可以作负面的判断,但是这个判断不是民族中心式的,除非它与简单化或否定人类平等的观点结合起来。

适应阶段是指对另一个文化的体验产生出适用于那个文化的思想和行为。在这个意义上,适应是对接受经验的体验。新的认知信息被组织成相当综合的概念,用来指导体验。

正如较早前我们谈到的,适应阶段的人能够进行文化移情,一种站在对方角度理解或转换观念到其他文化之中的能力。然而,跨文化移情不是发生在真空里。如我们在第三章里讨论过的,特定文化的转换须发生在先前建立起的总体文化框架之中。否则,移情就不能在分析和抽象的适当层面上建立不同的概念。因此,虽然我们对一个来自东道主国的人似乎直觉上产生了某种联系,但那种脱离文化环境的联系不太可能产生出对实践跨文化敏感最有用的概念。最有用的转换不仅是认知上的,还必须包括情感与行为在内的活生生的经验的改变。经验的转换使处于适应阶段的人能够表达文化上恰当的感情和行为。如果观念转换过程得到深化和常规化,就成为二元文化或多元文化的基础。

---

① Bennett, M. (1997). How not to be a fluent fool: Understanding the cultural dimension of language. In A. E. Fantini (Vol. Ed.) & J. C. Richards (Series Ed.). (1997). *New ways in teaching culture*, *New ways in TESOL series II: Innovative classroom techniques* (pp. 16—21). Alexandria, VA: TESOL. Originally published in *The language teacher*, Vol. XVII, No. 9 (1993), pp. 3—5, Japan Association of Language Teachers.

跨文化交流的建构与实践

　　适应的概念扎根于建构主义当中。它依赖这样的假定：不论以绝对或相对角度来看，现实并非一成不变。作为现实而体验到的大部分事物都体现了我们以特殊方式组织感知的意愿。我们对现实"自然"的体验，特别是社会现实，仅只对某一特定社会/文化环境而言是自然的。除非我们已接受了二元文化的社会化，对另一个现实的任何系统的体验都要求意识上的行动，即有意地对观念进行重组。因此，如果我们希望体验一种不同的文化，就需要有意地重组我们的观念，使之更接近于目标文化世界观。更进一步说，既然我们的自身文化经验被体验，[1]那么新的观念也必须要亲身体验，以产生出对目标文化适当的感觉。在这一点上，也只有到了那时候，我们才能够将那些感觉化为那种文化中的适当行为加以实践。

　　正如我们之前讨论过的，适应不是同化。适应的概念为同化提供了一种选择。适应包含了一个人信仰与行为的延伸，而不是取代。因此，人们在一个不同文化环境中有效运作的同时，不必失去原有的文化认同。

　　在国内的多元文化环境中，适应经验导致了一种相互调整：主流与非主流群体的人们都有意使自己的行为适用于对方。当然，主流群体有权力要求非主流群体单方作调整。但以更加民族相对主义方式体验文化差别的主流文化群体很少使用这个权力。他们对文化差异充满好奇，渴望体验其他文化。正因为那些原因，无需担心公正，他们自己就在寻求群体中的其他文化观念，并尝试学习如何在那些文化环境中行为得当。他们也重视公正，但不像有些人虽然真心信仰平等，却缺乏公正行动的能力；这些人的世界观结构支持真正履行公正的相互文化适应。

　　在国内与国际两种环境中，适应体现了运用自我反省意识来建构并体验其他文化。当两个人同时作自我反省，就产生了一个建构"第三文化"的互动空间。第三文化是看不见的，只有在那个特定的互动交往中才存在，当互动结束时，它也随之不复存在。无形的第三文化不是两个文化的简单混合，而是某种意义上的综合调整。在单一文化互动中，互动者（错误地，或正确地）认为他们分享着同一个文化；他们试图在共同的边界之内调整意义。而适应阶段的跨文化互动中，不存在共有文化边界；互动者必须协调文化环境及具体意义。综合层面调整的结果也许是一个令人惊讶的新结构。例

---

[1] Bennett, M. & Castiglioni, I. (2004). Embodied ethnocentrism and the feeling of culture: A key to training for intercultural competence. In D. Landis, J. Bennett & M. Bennett (Eds.), *The handbook of intercultural training* (3rd ed, pp. 249—265). Thousand Oaks, CA: Sage.

如,一个德国人将自己自然的推理风格修改为更倾向于美国人的归纳风格,这个美国人也同时向德国人的标准转换,于是产生了更有关联的、更本能的第三种类型,这个结果令双方都感到十分惊讶。

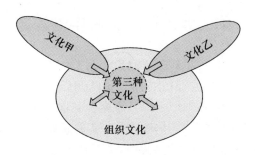

图 6 看不见的第三种文化

个人主导经验处于整合阶段时,自我被延伸到更广博的文化世界观当中。[①] 在许多方面,被延伸的跨文化技能简单来说就是环境转换的延伸,正如你与祖父母或配偶相互进行情感和交流的转换一样。文化环境转换与其基本相似,只不过它是发生在文化的而非个人的抽象层面。就像我们进出不同家庭环境一样,以整合为主导经验的人可以进出不同的文化世界观。两者的主要区别是学习转换家庭环境是我们最初被社会化的一部分,而跨文化转换通常是在后来的生活中有意识地获得,或许通过一个留学项目!虽然我们觉得根据家庭环境的不同而改变行为没有什么不真实,但有些人却把有意识的文化环境转换看做是虚假的,或至少是矛盾的。通过将跨文化能力与文化认同相结合,这种感受将得到改善,当人们在各方面有了环境转换的能力时,就能够自己去体验。

按照这个模式中所讨论的思想脉络,整合是有意识地运用建构主义观点定义个人的文化认同。该观点认为,认同是一个持续进行的过程,在该过程中,个人以能够产生"自我"经验的方式对事件进行解释。这个过程可能包括了与"自我"关联在一起的习以为常的感受的个人历史记述。[②] 处在整合阶段的人认为,他们经常处在这样一个过程:在各种文化环境中判断哪些事件能从

---

① Bennett, M. & Castiglioni, I. (2004). Embodied ethnocentrism and the feeling of culture: A key to training for intercultural competence. In D. Landis, J. Bennett & M. Bennett (Eds.), *The handbook of intercultural training* (3rd ed, pp. 249—265). Thousand Oaks, CA: Sage.

② Damasio, A. (1999). *The feeling of what happens: Body and emotion in the making of consciousness*. New York: Harcourt Brace.

本质上解释他们是谁。他们"在过程"中体验自己,而不是在一个已经定了型的认同中体验自己。然而,这种感觉不应被误解成完全没有世界观。对文化抱有崇拜或疏离感的人更可能是在体验反向状态,而非整合。[①]

第二节 解决发展中的问题

否认阶段需解决的主要问题是避免注意或面对文化差别的倾向。处在这个阶段的人须留意其他文化的存在,包括国际和国内的。而帮助进行这一初期识别的人(教师、培训师、朋友)需理解到这里所讲的否认并不是拒绝"面对事实",而是没有能力作认识文化事实的感知分辨。当辅导者不了解否认经验时,就很可能以过分复杂的方式罗列文化信息,对这个阶段的人的顽固无知表现出没有耐心。主导经验是"否认"的人很可能对不同文化中的音乐、习俗和食物感兴趣。这些因素可被用做"对差异的喜欢",既肯定了不同群体的存在,又不至于引起恐吓反应。对否认问题的解决建立起了特定文化的简单范畴,为之后的防范经验创造了条件。

防范问题的解决之道包括认识其他文化人群所共有的人性。具体说,"我们"与"你们"的两极化看法需做调节,使各自的差异在更广大的"人类"环境中共同存在。可以使用的技巧包括设计亲身体验课程,或其他独立于文化、性别或种族之外的,可产生相互依赖关系的体验活动,这些技巧对达到此目的很见效。不过在纠正学习者的刻板印象时要小心,否则很可能使他们再次落入两极化观点,这对多元文化社会或全球化十分不幸。建立共同点,而不是介绍对差别的更复杂理解,才是这个阶段所需要的。

为进入到民族相对主义倾向阶段,最小化阶段需解决的问题是文化自我意识。只有当人们认识到他们所有的信仰、行为和价值观都是受特定环境影响的,才能理解其他文化的存在。在此阶段的辅导者须在介绍其他文化的很多细节以前,首先强调与其他文化相对的文化自我意识的发展。此时应该介绍我们在第三章里讨论的跨文化交流的总体文化框架。在这个阶段,框架的焦点应放在自身文化与其他文化的对比上。

更概括一点,文化自我意识是环境意识能力的一个子能力。这就是在

---

① Hammer, M. R., Bennett, M. J., & Wiseman, R. (2003). Measuring intercultural sensitivity: The Intercultural Development Inventory. In R. M. Paige (Guest Ed.). Special issue on the Intercultural Development. *International Journal of Intercultural Relations*, 27(4), 421—443.

第二章里讨论过的作为跨文化交流建构主义观点一部分的"自我反省意识"。超越最小化阶段要求人们具备这样的意识。在这点上可以运用批判性思维的教育,如强调"领会"的精神或沉思训练。

最小化阶段的一个更深入话题是需要协调一致与多样性。个人和群体自然寻求目的一致性。个人将这样的一致性作为完整性进行体验,而群体是把它当做凝聚力。另一方面,个人和群体自然倾向于避免多样性,因为多样性对个人来说会产生目的上的模糊,对群体来说会产生分歧。但是从跨文化观点的角度看,我们认为多样性和一致性同等重要。如果我们只有一致性,个人生活便过于单一而变得毫无选择,变化就不会存在。过分一致的群体具有统一性——"群体思想"和集体行动。因此,发展的目标应放在调和一致性与多样性。做法是将两者置于辨证或动态的过程中进行观察。成功的结果是,一致性有利于集中,而多样性有利于创新。

接受阶段需要解决的主要问题是"价值观的相对性"。为了接受文化环境中价值观的相对性(以此获得体验由不同价值观组织起来的世界的潜能),个人须明确当面对这样的相对性时,如何保持对本民族的道德承诺。在进入接受阶段时常伴有二元论(绝对的正确和错误)观点,当它受到冲击时,许多人走向了威廉姆·派利所称的"多样论",[①]也就是"任何情况都可以"的思维,它与"没有好坏,只有不同"的看法相似。这是一种幼稚的道德伦理看法,不过常作为跨文化交流的目标。"多样论"应被当做发展中的过渡点,而不是目标。的确,一个人不应急于判断与己不同的价值观,先从欣赏角度出发,但不急于判断与完全搁置判断有所不同。

李·尼菲克姆为接受阶段定义了一个更恰当的道德定位,即"环境相对论"。[②] 我们每个人都需要对人类作价值判断,但是在早期发展阶段中作这样的判断时,用跨文化敏感发展模式的术语说,就是民族中心式的经验,它们明里或暗地在支持自我文化中心论。更民族相对主义式的判断是在一个同样复杂并或许是不错的文化环境之上对另一个文化环境有所承诺,这即是派利所称的"相对主义方式的承诺"。价值观相对性和承诺问题的解决之道使个人能以另一个文化的观点看问题,而不丢失他或她自己的观点。这

---

① Perry, W. B. (1970). *Forms of intellectual and ethical development in the college years: A scheme*. New York: Holt.

② Knefelkamp, L. (1999). Introduction to the revised edition in Perry, W., *Forms of intellectual and ethical development in the college years*. San Francisco: Jossey-Bass.

就是下一个阶段,即适应阶段的关键所在。

这里所定义的适应阶段很长时间以来一直是跨文化交流培训的目标。交换学生项目、员工及外派雇员培训及其他项目都强调对文化适当行为的学习。然而,正如我们所看到的,没有恰当的世界观架构作支撑,这样的行为只能是"鲁莽的"。跨文化敏感发展模式认为,在训练任何特定文化行为之前,要将大量注意力放在让学习者准备体验另一文化世界观上。

适应阶段需主要解决的问题是真实性。以不同的文化方式去想去做的同时,怎么可能依然保持"自我"?答案恐怕就是更广泛地定义自己,扩大你的感知与行为。因此,在交流方式上,除了自己原本的直率,一个欧裔美国男性可以使用德国人的批判、日本人的间接、意大利人的讽刺,以及非裔美国人的个性化等各种方式。每个方式都出自对不同文化的感受,它们都真实地成为他的一部分。[1]

从实证主义或相对论的观点理解整合将不可避免地产生思维方式的混淆。实证主义眼中的"自我"是一个物体,一个隐藏着的,或者可以通过像剥洋葱一样剥开意识表层展现永恒真我的方式而被发现的事物。当体验跨文化发展的人们带着这个实证主义观点进入到民族相对主义阶段时,他们的绝对自我感在环境和意识所定义的自我新感觉面前被击碎。表现之一就是在接受阶段产生的道德混淆,即"真我"的概念与文化环境相对性的道德定位发生冲突。另一个表现就是适应的真实性问题,即单一的真我不足以揭示生动的世界观转换。为了避免同样的思维方式混淆出现在整合阶段,我们不应描述一个"卡"在两个文化夹缝中间的客观自我,就像过去曾发生在我和其他人身上的那样。[2] 我们应该这样看主导经验为整合的人:他们很有意识地为自己建构起动态的文化认同,这个认同承认他们原有的社会化,但又将其延伸到其他不同的世界观以及文化之桥的建设上。

---

[1] Bennett, M. & Castiglioni, I. (2004). Embodied ethnocentrism and the feeling of culture: A key to training for intercultural competence. In D. Landis, J. Bennett & M. Bennett (Eds.), *The handbook of intercultural training* (3rd ed, pp. 249—265). Thousand Oaks, CA: Sage.

[2] Bennett, M. (1993). Toward ethnorelativism: A developmental model of intercultural sensitivity. In R. M. Paige (Ed.), *Education for the intercultural experience* (21—71). Yarmouth, ME: Intercultural Press; Bennett, J. (1993). Cultural marginality: Identity issues in intercultural training. In R. M. Paige (Ed.), *Education for the intercultural experience* (2nd ed., pp. 109—135). Yarmouth, ME: Intercultural Press.

第五章 跨文化实践

第一节 国际/多元文化教育

除了专业学习,高等教育向来承担着发展学生智能并使之成为道德公民的责任。然而,哪个社会的?几个社会的呢?如今的我们居住在地球村中,这是一个不同国家和种族相毗邻的现实而又看不见的环境。这种后现代社会是否要求我们具备新的智能与道德能力呢?假如是,为了培养那些能力,高等教育的责任和功能是什么?这一章将探讨如何以跨文化关系理论解释跨文化敏感,与跨文化和机构实践有关的社会公正等。另外,我们还将解释跨文化原则在课程上的广泛应用,如课堂教学运用跨文化交流观点,通过校园、社区、留学活动和教师发展等渠道鼓励跨文化学习等。

一、高等教育中跨文化交流的价值

跨文化交流对全球教育领域的贡献有三个方面。其中最有直接实用价值的是跨文化交流增强了课堂和校园的交流有效性。如今,大多数高等院校都呈现出多元文化的特征,学生和教师体现出国家、种族、宗教、社会阶层、性取向及其他方面的差异。既然教育是发生在高度文化环境下的过程,那么多元文化环境中的有效学习就取决于对文化差异的适应。来自非主流文化的学生尤其处于适应的前沿,他们试图通过自己的反复实践或从非正式渠道获得的信息,在主流文化中求生存。来自主流文化的教师也往往认同这种单向适应,认为外国或少数族裔的学生理所应当学会与他们融洽相处,反过来,他们却没有这个义务。

跨文化适应主张的是双向适应,主客双方、主流与非主流文化成员都有责任相互适应。有了这样的相互适应,教师才能面向更广泛的学生群体进行有效教学,学生们也能从各种教学方式和教育环境中学得更好。最理想的是,在课堂上形成无形的第三种文化,并使之成为提高学习创造力与创新的媒介。

跨文化交流的建构与实践

第二，跨文化能力既是一个课题，又是一种能力。作为大学课程的学术课题之一，人们对它做了大量理论研究。但是除此之外，培养跨文化交流能力对教师和学生来说很有价值。为了教授跨文化交流，教师既要有理论知识，也应具备实践能力。因此，教师发展项目既可将跨文化交流作为实用的课堂教学工具，也可当做教师讲授这个课题的必要准备。

第三，跨文化交流是社会公正的要素：平等人性。实践社会平等是基于这样一个观点：所有人类具有同等复杂性本质上各有不同经验。如果我们关注的是跨群体关系（与跨个人关系相反），那么根据广泛定义的群体（主观文化）来描述人们的标准行为，并让人们了解自己在一个或多个群体中的参与状态（文化自我意识）就十分重要。进而，通过改进跨文化交流（识别相关文化差异并预知潜在的误解），实践跨群体关系。另外，跨文化事件中的权力滥用问题可通过相互适应而有所减少。主流群体规定非主流群体，如访客、移民，甚至女性，要求其对适应负有完全责任，这既有失公允，也没有好处。相互适应肯定了我们共同的人性，并且形成推动创新的第三种文化。

二、跨文化能力与传统文科教育的结合

为了在跨文化交流中受益，高等院校需将教师和学生发展项目与文科院校的传统目标相联系。下面我们更详细地讨论这个过程。

高等教育之所以是"自由主义的"，是因为它允许有不同观点。与"非自由主义"教育不同，如正统派基督教或政治方面的培训，文科教育追求的是观点的不同与真理的相对性。在了解多样化观点的同时，学生个人应对其进行综合，以指导自我及专业学习。通过鼓励对真理的辩论，学生们更趋于批判性和自我反省，他们的意识与道德信念因此获得发展。

当然，完全实现理想的文科教育并不多见。虽然不断遭到正统派基督教，政治上极端主义倾向和其他狭隘观念等非自由主义势力的抨击，但牢记这个理想很重要。传统上，文科教育所追求的目标体现在以下几方面。

强调多学科的观点。作为本科教育的一部分，文科学生被鼓励探索各种不同学科。大多数课程有指定选修要求，确保学生至少涉猎一些自然科学、社会科学和人文学科。最理想的是，有了这些学科的观点，学生能以更多样和更综合的角度看世界。例如，能理解一起地震事件的地质概况，能理解对地震引起人口变化的研究，进而也能被事件中发生在个人身上的深刻故事所打动。最后，希望一个受过教育的人能在这些学科观点的基础上对

知识进行创造性的综合,使他或她自己成为一个富有创造力的世界公民。

跨文化思考和实践能力开发与跨学科能力开发同等重要。正如自由主义的思考方式要求学生超越单一学科观点的狭隘一样,跨文化思考要求学生超越单一文化观的民族中心主义思考模式。要成为一个好的世界公民,他们需认识到人类组织现实的多种不同方法,并欣赏这些世界观对人类(也包括他们自己)行为的影响。

强调批判性思维。文科教育的主要目标之一是毕业生应该能够批判性地思考问题。这即是说,学生应能识别事情发生的环境,如新闻报道、广告、影视、小说以及政治事件等事情。进而,他们应能识别自身的社会经济阶层和个性等环境,即自我意识。将自我意识与其他环境意识相结合,学生应能对一个要求的适当性作出批判性的判断。例如,如果学生被要求抗议一个政治观点,他们应能评价(1)谁在鼓动抗议?为什么这样做?(2)对抗议目标的观点是什么?(3)这个抗议诉求是否有个人偏见的成分?在这些问题和其他批判性观察的基础上,(最理想的是)这个学生在掌握大量信息的基础上能够对采取何种行动作出判断。

将"环境"的一般概念中注入文化世界观概念,跨文化敏感力开发与批判思维开发同等重要。由于意识到了自身文化和他人文化,一个人对为什么人们有如此行为方式的问题会理解得更透彻,也知道自己该怎样作最佳回应。例如,高度个人主义文化的人建议集体主义文化的人要"做他自己",为了实现个人目标可以牺牲群体目标。这个建议在多大程度上是适当的?建议者清楚她自己的文化环境吗?如果不清楚,她会是在宣扬一种文化帝国主义,即认为自己的为人方式比世界上其他方式更好吗?或者,建议者如果的确意识到了文化价值观的差别,她是否在对不同文化环境中该建议的效果作着明智的选择?同样,被建议者是否了解建议中体现的文化差别?她是否认为的确存在全面个人的普遍标准,但自己却不了解?如果她知道差别的存在,那又该如何回应,才能做到既欣赏建议者的文化环境,又不必认同其建议的适当性?

要做好的世界公民,大学毕业生们需能够批判性地思考文化,一如思考其他领域。

强调道德行为。文科教育主张具有多元观点和批判思维能力的学生应对自己的行为作出明智而道德的选择。在专业行为方面,文科教育为毕业生们不仅提供了追求事业的技术,还有道德上的倾向与能力。用威廉姆·派利的话说,文科教育训练毕业生们超越了二元论非对即错的绝对性,以及

"任何事情都不错"的多元论。他认为,学生们应能看到事件与环境之间的相对性,在这个基础上,做出有见地的行为承诺。[1]

跨文化交流是对文科思维的实践,尤其是强调道德行为。它主张不同的文化世界观是存在的,每个世界观都奉行其对现实和真理的自定义。为了理解这些相对差异,有能力的交流者须能够批判性地评价对事物的看法是怎样体现文化世界观的,为了一个特定的目的又如何作出选择或综合推理。这要求最成熟的道德伦理发展和移情能力。[2]

第二节 国际交换与海外留学

随着高等教育机构的不断国际化,交换学生和学者的数目持续增长。在2010—2011年间,有超过25万的美国高校学生留学海外,比2009—2010年增长了4%。2009年,欧洲的伊拉斯莫斯项目资助的学生人数有类似增长,达到18万人。不论在哪里留学,学生们显然把获得国际经验作为他们高等教育的一部分。学生和资助机构内在的,也常常是外在的期望是,留学海外能产生教育价值。但这是真的吗?还从来没有证据显示,在知识或概念的获得与理解上,留学海外比在本国学习更有优势。教育者们相信具有某种国际经验才算是"受过教育的人"。这种看法的核心是认为异文化接触产生"国际经验",它帮助学生们开拓以后的生活和事业。然而,不断有证据显示,单纯的异文化接触本身并不特别有价值。能产生教育价值的异文化接触必须以特殊方式准备、辅导和报告。这一节将概述在教育交换项目中引入干预手段对转变单纯异文化接触为跨文化学习的重要性。

一、从异文化接触转向跨文化学习

高等教育的国际交流活动已远远胜过昔日有闲阶级的"教育旅游"和更平民化的"大学三年级学生留学项目"。如今,海外留学项目形成了在美国、

---

[1] Perry, W. B. (1970). *Forms of intellectual and ethical development in the college years: A scheme*. New York: Holt.

[2] Bennett, M. & Castiglioni, I. (2004). Embodied ethnocentrism and the feeling of culture: A key to training for intercultural competence. In D. Landis, J. Bennett & M. Bennett (Eds.), *The handbook of intercultural training* (3rd ed, pp. 249—265). Thousand Oaks, CA: Sage.

欧盟和其他遍布世界的无数高校组织中大量的学生流动形势。不同时间长度、目的地和主题的各类项目包括了实习、学习服务和其他教育机会,远胜于传统意义上的学习。

然而,对国际教育交流与留学的基本观点并未改变。无论在什么层面,以什么形式或主题,那些项目还是认为教育上的异文化接触使学生产生跨文化能力,继而成为全球公民。那个公民身份无论以跨国界的欧洲人,国际意义上的美国人,还是世界公民的形式出现,都基于这样的观念:亲身经历文化差别可以使人大开眼界,因而是当代社会教育的合理方面。虽然这样的观点并不新,[①]但是面对迅速膨胀的留学态势,我们急需解答如下问题:到底"全球公民"或"跨文化能力"的含义是什么,如何在项目里以教学法诠释。一个相关问题是,政府和学校系统怎样从学生旅行者项目中区分出真正意义上的留学,怎样做才能提供教育项目恰当的支持?

异文化接触,至少包括某种文化沉浸,在深刻变化着。但是异文化接触并不自动转化为跨文化学习。换句话说,仅仅身处另一文化,甚至沉浸于其中,并不等于理解了那个文化的具体知识,或跨文化关系的转换原理。

接触的优势与局限。接触本身可减少刻板印象并增强容忍度,然而它也可加剧刻板印象和偏见。[②]关键在于"权力"是相对平等还是不平等。如果是后者,像游客、殖民者、外派经理人或移民与东道主国文化之间的接触,双方经常因对对方存有偏见而各行其道。这就是为什么邻国的人们之间交流不一定很好,当地人往往对外来移民的偏见最大。而在海外留学情形中,留学生们一般与身份类似的同学在一起,一些项目安排他们与当地家庭一

[①] Bennett, M. (2009). Defining, measuring, and facilitating intercultural learning: Introduction to the special issues. In M. Bennett (Guest Ed.), *State of the art research on intercultural learning in study abroad and best practice for intercultural learning in international youth exchange*. Special Double Issue of *Journal of Intercultural Education*. International Association of Intercultural Education, Volume 20, Supplement 1, January 2009; Vande Berg, M. (2009). Intervening in student learning abroad: A research-based inquiry. In M. Bennett (Guest Ed.) *Journal of Intercultural Education*. International Association of Intercultural Education, Volume 20, Supplement 1, January 2009.

[②] Allport, G. (1954). *The nature of prejudice*. New York: Addison-Wesley; Amir, Y. (1969). Contact hypothesis in ethnic relations, *Psychological Bulletin*, 1969, 71, 319—343; Pettigrew, T. F., & Tropp, L (2000). Does intergroup contact reduce racial and ethnic prejudice throughout the world? In S. Oskamp (Ed.), *Reducing prejudice and discrimination*. Mahwah, NJ: Lawrence Erlbaum.

起生活。因此,留学生活多少减低了对东道主国文化的刻板印象。

异文化接触也有两个主要局限。第一,刻板印象的减少只限于对目标文化。到访尼加拉瓜的古巴学生对尼加拉瓜的偏见的确有所减低,但这种容忍并不能扩展到其他南美洲文化,更不要说中国或非洲文化。第二,较少的偏见对跨文化交流并不特别有用。容忍可以消除对其他文化的仇恨,但如果个人不能正确认识文化差别,就谈不上理解。

如果异文化接触的时间够长,强度够大,会产生一定程度的同化现象。我所说的同化是相对无意识地学习另一个世界观的过程,一般指目标文化中的普遍态度和行为。同化的结果虽然可以改进与目标文化的交流,但这种改进同样只限对那个文化。如果一个外国留学生在意大利文化中沉浸长达一年,他或她可能学到意大利人的某些习惯。但是,那些习惯除了无助于学生对其他文化的适应,当其回国时,它们还导致更严重的"归国文化震惊"。

当异文化接触转变到跨文化学习,那么交换和留学项目将会产生更全面,更长远的好处。跨文化学习是指:增进对主观文化环境(世界观)的了解,包括个人自身的,并提升敏感而适当地进行跨文化环境交往的能力。这是国际交换的短期与长期效果。[①]

交换学生和留学项目策划通常不把主观文化的学习作为课程的一部分加以强调。在给学生作临行前介绍时顶多加入目标国家主观文化特点的一些信息,或如果在非西方国家里留学,会提供一门文化人类学课程。课程设置上重视大文化(客观文化)而忽视小文化(主观文化)的文化失衡很有讽刺意味,因为留学目标是学习主观文化,而非客观文化。如果留学,比如说,是为了"学习土耳其的历史、政治和文学",那么如今的学生和资助人对留学土耳其的必要性不以为然,因为有关这些学科的信息通过自学就很容易获得,没有必要出国学习。出国学习语言的好处通常是可以身临其境,与当地人交朋友,而且能接触到另一个世界观。换句话说,海外留学的优势在于能置身在一个不同的主观文化环境。

国际交换项目中最受关注的主观文化方面是自我意识。文化自我意识是跨文化学习的前提条件,因为它包含了对文化差异的理解。如果学生对

---

① Bennett, M. (2009). Defining, measuring, and facilitating intercultural learning: Introduction to the special issues. In M. Bennett (Guest Ed.), *State of the art research on intercultural learning in study abroad and best practice for intercultural learning in international youth exchange*. Special Double Issue of *Journal of Intercultural Education*. International Association of Intercultural Education, Volume 20, Supplement 1, January 2009.

自身文化没有基本认识,那么在认识和运用文化差异上会感到困难。他们虽然学了关于目标文化的一些皮毛,但那种文化学习与跨文化学习不同。文化学习一般指学习某个外国文化的知识,甚至包括行为技巧。具体文化知识与一般跨文化能力没有必然联系,正如对一门外语的知识跟语言学习能力没有必然联系一样。为了获得跨文化能力,个人首先需要学习总体文化知识,以此识别和应付大范围的文化差异。

跨文化学习的后半部分定义涉及将文化意识的发展融入到跨文化敏感与能力。我在跨文化敏感发展模式中使用过这些术语,①即"敏感"是指对文化差异的综合理解,"能力"是指在另一个文化环境中以文化的敏锐感觉做出恰当有效的行为。② 根据跨文化敏感发展模式依据的理论,基于这些发展原理的跨文化学习可以用在其他文化环境,因而,一个学生在法国的一个交换项目中学到的跨文化敏感能力可以用在韩国或尼日利亚,或国内不同的种族群体。当然,这个学生可能对法国文化的了解比对韩国的多,那么他或她在法国文化上可以从更多角度体现自己的能力。但是既然跨文化学习包含了怎样学习文化,那么具有这种跨文化敏感能力的人到一个新文化环境的人可以相对快地学到知识,并将敏感转化为能力。

跨文化学习是交换项目的短期和长期效果。短期效果的跨文化学习包括了学习跨文化敏感和在交换文化中锻炼跨文化能力的一种潜能。作为中期效果,将跨文化敏感和潜能从交换的目标文化转换到其他文化环境。长期效果包括全球公民的发展,以及/或者稳固提高了的意识和对文化差异的正确评价。这些效果是可以衡量出来的。

二、衡量跨文化学习

遵循普遍认为是行之有效的传统途径,评估侧重在相对容易衡量的方

---

① Bennett, M. (1993). Toward ethnorelativism: A developmental model of intercultural sensitivity. In R. M. Paige (Ed.), *Education for the intercultural experience* (pp. 21—71). Yarmouth, ME: Intercultural Press; Bennett, M. (2004). Becoming interculturally competent. In J. S. Wurzel (Ed.), *Toward multiculturalism: A reader in multicultural education*. Newton, MA: Intercultural Resource.

② Bennett, M. & Castiglioni, I. (2004). Embodied ethnocentrism and the feeling of culture: A key to training for intercultural competence. In D. Landis, J. Bennett & M. Bennett (Eds.), *The handbook of intercultural training* (3rd ed, pp. 249—265). Thousand Oaks, CA: Sage.

面。例如,以传统的学习成绩衡量法对客观文化学习进行评估,导致对学习成绩的关注大于对留学目标的阐述和保证。同样,语言学习相对来说容易衡量,因此常被作为语言学习本身以外总体学习成就的标准。甚至对个人的衡量也陷入这种综合征,人们更重视"你对这个项目的满意度如何?"这样简单问题的回答,而忽视研究学生们为何满意及其含混不清的学习理由。

最新描述性经验研究对这个问题从概念和长期的角度作了进一步延伸。例如,佩奇等人发表了题为"短期影响之外:为了参与世界而留学(SAGE)"的研究报告。[1] 这项研究针对如何看待大学期间留学海外与履行公民义务承诺之间的关系问题作了广泛调查。公民义务包括,例如参与地方组织活动、创建社会性的事业或组织、生产知识产品、支持慈善事业和参与志愿者行动等。从问卷中得出的定量研究结果和从开放式问题和面谈得出的定性研究数据显示,参与者认为留学对大多数此类的参与世界活动大多具有强大影响力。

以这些自行报告的方法和类似的描述性研究,他们不可能得出留学海外项目"造成"了参与者转变的结论。既然声称这是跨文化学习,那么研究该学习所产生的长期影响就得借助一种相反的推论,即个人自行报告其参与义务的和机构组织的活动越多,越说明跨文化学习已经发生。这或许是有道理的,因为很难想象,长期生活在各种环境中能够不断反思其经验的人从没经历过跨文化学习。然而尽管如此,认为留学一定产生跨文化学习,特别是认为某种情形或多或少具有影响力,这更像是实验研究法。

最近,一项将跨文化学习的定性指标转变为有效而可靠的定量数据的技术被开发出来,即跨文化发展问卷(IDI)。正如在跨文化敏感发展模式中所解释的,它以愈加综合的方式评估感知并组织文化差异的能力。[2] 它显示出跨文化敏感与其他跨文化学习指标有密切联系,如"世界思想"。跨文化发展问卷在评估留学生参与当地家庭生活上也具有肯定的有效性(Hansel, 2005)。使用跨文化发展问卷的优势在于通过使用研究前/后/对照研究等

---

[1] Paige, R. M., Fry, G., Stallman, E., Josić, J., & Jae-Eun, J. (2009). Study abroad for global engagements: The long-term impact of mobility experiences. In M. Bennett (Guest Ed.), *Journal of Intercultural Education*. International Association of Intercultural Education, Volume 20, Supplement 1, January 2009.

[2] Hammer, M. R., Bennett, M. J., & Wiseman, R. (2003). Measuring intercultural sensitivity: The Intercultural Development Inventory. In R. M. Paige (Guest Ed.). Special issue on the Intercultural Development. *International Journal of Intercultural Relations*, 27(4), 421—443.

方法评估项目或项目中特定因素的有效性。因为跨文化发展问卷是观察个人与群体的比较(IDI的"发展程度分数"),因而,它对群体的变化十分敏感,比如对项目的效度研究中被衡量的那些变量因素。由于它与推论统计法标准相吻合,因此可以直接评估导致那些变量的因果关系。

在富有挑战性的"乔治敦研究"采用的众多手段中,IDI问卷是其中之一。[1] 这项研究在多长时间范围,多少干预,以及实施哪种干预可以带来改变的难题上找到了解决方法。研究结果在时间长度的重要性上提供了某种客观(虽然统计上的意义还不十分明显)支持。研究数据显示出,最短期的项目(13—18个星期)在跨文化敏感方面有轻微丧失,而时间较长的项目(19—25个星期,或25个星期—1年)可产生较大收获。

描述性与推论性研究之间的相似之处在于,参与当地家庭生活是跨文化学习的一个重要因素。"乔治敦研究"为观察那些活动提供了某些额外的统计细节,证明仅与当地家庭住在一起还不够,还要花时间与他们互动,这点与跨文化学习的联系最紧密(跨文化敏感度的增加可提示这点)。该发现与跨文化敏感的建构主义基础观点是一致的,[2]尤其在乔治·凯利的观察中,他发现:"我们在事件发生时即便就在附近也不会有任何经验;经验是在我们诠释那些事件时才或多或少地产生。"[3]留学生们客居当地家庭的事实并不一定使他们有"客居的经验"。他们如何解释那个经历,特别是通过与那个家庭的互动和交流,才可能产生经验。

"乔治敦研究"的主要贡献是,学习过程中实施干预比完全没有干预更有成效。研究发现已清楚地证实了这一点,即在跨文化敏感方面有明显改善的学生是那些在目的地获得了大量辅导,与客居的当地家庭交往更多,以及与留学所在国和自己本国都有接触的学生。范德·伯格认为,干预(非项目设计)才是跨文化学习的关键所在。他指出,体验活动,如客居当地家庭或实习等,其本身与可衡量的跨文化学习并无关联;而干预会帮助学生解释

---

[1] Vande Berg, M., Balkcum, A., Scheid, M., & Whalen, B. (2004). A Report at the half-way mark: The Georgetown Consortium project. In Vande Berg, M. (Guest Ed.), Special Issue of *Frontiers: The Interdisciplinary Journal of Study Abroad*, X, 101—116.

[2] Bennett, M. (2004). Becoming interculturally competent. In J. S. Wurzel (Ed.) *Toward multiculturalism: A reader in multicultural education*. Newton, MA: Intercultural Resource.

[3] Kelly, G. (1963). *A theory of personality: The psychology of personal constructs*. New York: Norton.

事件,使之成为跨文化学习经验。①

三、 跨文化教育

重视跨文化学习的一个方法是,把解释主观文化差异所需的理论框架,及提供探索那些差异的机会作为项目规划的一部分。传统的干预方式是出国前进行文化介绍,其中包括文化自我意识练习,有关文化差异的信息资料,以及一些跨文化交流技巧等。如果执行得好,这些介绍会相当奏效。②这个行前介绍越像一个真实的跨文化交流培训,学生们对跨文化敏感的收获就越大,较之仅得到一般性介绍的学生,从后续项目中得到的跨文化学习也愈加丰富。

如今,另一个被接受的(但未必实践过的)观点是,跨文化学习的有效辅导应包括实地的和归国的项目规划。实地项目规划的目的是鼓励反思,并指导分析。经指导的反思对产生自我意识很重要,有助于跨文化学习的文化——一种文化层面的而非个人的反思。同样,归国项目规划要求高度技巧性的干预,如项目所设想的,最终获得对跨文化能力的具体应用。比如,应对从国际到国内多元文化情形的综合能力,或超越单纯"容忍"之上的公民参与。

沃特斯、加利和沃特斯阐述了国际经验如何有助于教师的发展。③ 他们认为,从正确看待国际上的文化差异到尊重国内文化多样性似乎存在着一个交汇点。当国际经验被引导到跨文化学习时会给国内工作带来诸多益处。拥有国际学习或教学经验的教师具有充分准备去应用以减少偏见的能力和更成熟的跨文化学习成果,这就是对文化差异的全面尊重和适应差异的能力。在多文化课堂上,这些能力随之转化为更好的管理与教学技巧。这些大学教师普遍可以应用的经验使他们在国际和国内环境中能更好地辅

---

① Vande Berg, M. (2009) Intervening in student learning abroad: A research—based inquiry. In M. Bennett (Guest Ed.) *Journal of Intercultural Education*. International Association of Intercultural Education, Volume 20, Supplement 1, January 2009, pages.

② Jackson, J. (2009). Intercultural learning on short-term sojourns. In M. Bennett (Guest Ed.), *Journal of Intercultural Education*. International Association of Intercultural Education, Volume 20, Supplement 1, January 2009.

③ Walters, L., Garli, B., & Walters, T. (2009). Learning globally, teaching locally: Incorporating international exchange and intercultural learning into pre-service teacher training. In M. Bennett (Guest Ed.), *Journal of Intercultural Education*. International Association of Intercultural Education, Volume 20, Supplement 1, January 2009.

导跨文化学习。

　　根据跨文化敏感发展模式,对理解跨文化项目中出现的抵触心理有一些系统方法,这些方法还可解决文化环境交换中一系列的发展问题。

　　否认。在海外留学的问题上,否认可导致"无休止的后勤"综合征,学生们对文化的话题有抵触,认为它与留学"不相干"或"很显然",他们只关心已熟知的方面,如货币、安全、运输和开派对。解决否认现象的方法是让学生罗列某些特定文化的简单方面,以此建立起进入防范经验的条件。在留学方面,如果否认的问题在至少是一个行前项目中得到解决,那么学生就能以防范为主导经验进入跨文化环境。这种情形可能会给学生带来过多压力和客居当地家庭的问题,以及造成项目主管人员大量的时间花费。更可能发生的是,否认的问题只在逗留国外初期得到解决,学生以防范的主导经验返回国内,这肯定是与留学目标相悖的结果。

　　防范。在留学期间,防范是学生排外行为的驱动器。当他们完全与本国人相处,就是在防范东道主国文化带来的威胁。这些排外群体往往贬低东道主国文化,而抬高自己国家的文化。旅行者们对不熟悉的食物,及其他文化不"像我们"的抱怨也十分明显地表现出文化上的两极分化世界观。

　　最小化。海外留学的跨文化标准已足够帮助学生从防范转换到最小化阶段。有丰富证据显示,在权力相对平等的国际学习环境中,异文化接触本身足以减少刻板印象,并提高容忍度。[①] 然而,如果项目的目标在跨文化学习中更倾向获得民族相对主义的经验,那么在项目开始之前或期间应做一些努力,以解决最小化的问题。辅导者们在介绍有关其他文化的太多细节之前,须强调在与其他文化对比中的文化自我意识发展。在留学的行前项目中,这样的努力包括,在建立足够的文化自我意识之前不要介绍有关目的地的具体文化信息。对发生在目的地的项目来说,这意味着对东道主国文化的学习应不断与对自身文化的学习相结合。这种结合是在东道主国文化与自身文化之间转换的自然结果,因而它解释了更高程度的跨文化学习,

---

　　① Allport, G. (1954). *The nature of prejudice*. New York: Addison-Wesley; Amir, Y. (1969). Contact hypothesis in ethnic relations, *Psychological Bulletin*, 1969, 71, 319—343; Pettigrew, T. F., & Tropp, L (2000). Does intergroup contact reduce racial and ethnic prejudice throughout the world? In S. Oskamp (Ed.), *Reducing prejudice and discrimination*. Mahwah, NJ: Lawrence Erlbaum.

部分地,而非全部,得自于海外学习项目。①

接受。为阐明接受的主要问题,一个道德伦理发展模式应该在留学行前通过课程作业或辅导项目建立起来。它向学生们提供获得其海外经验的思维方式。以建构主义观点来看,如果没有思维方式,任何经验都不可能产生。因此,问题不在于是否要指导学生的海外经验;而是他们应该以什么样的思维方式组织自己的观点。如果缺乏其他选择,学生们要么用来自本民族文化的,要么或许用在国外环境中偶然产生的思维方式。如果一个海外留学项目声称以跨文化学习为目的,那么它需要为那个经验的产生提供条理分明、连贯一致的跨文化学习思维方式。并且,这些思维方式须在跨文化项目实施之前介绍给学生,并在项目期间运用。如果在项目结束后如归国阶段介绍,那么就太迟了;学生们可能无法在项目初期就获得跨文化经验。

适应。"对另一个文化的经验"长久以来一直是海外学习项目的目标之一。然而,是什么组成了这样的经验?关于这个问题的定义向来植根于实证主义或相对论的思想。以实证主义的观点看,经验被认为是在事件发生时,人们身处发生现场的必然结果;所有需要体验另一个文化的信息都在那里。根据实证主义的这个标准,为了跨文化经验的出现,海外学习项目只需让学生亲身处在另一文化环境中即可。而从相对论的角度,也只不过在要求上再添加一条,即学生们应了解自己的观点与东道主国文化有怎样的不同,至多也是仅用到跨文化敏感发展模式模式中的接受阶段概念。为了达到以适应阶段为主导经验,否认、防范和最小化等民族中心主义问题都必须先得到充分解决,识别文化差异所需的思想框架必须已经充分建立起来,道德伦理问题也必须已阐述清楚。这些元素在这样一个顺序中很少偶然发生,因此它们对"干预者们"来说具有重要性。

整合。长期的留学项目带给学生压力和成长的双重机会。拥有最小化经验足以减轻大部分的压力,但是对跨文化能力的增强并无太多帮助。接受和适应的经验更可能使学生通过留学而长期获益,因为他们至少有一些可转换使用的跨文化交流技巧。但是,长期成长的关键是整合。在国际交换和留学方面,整合从本质上体现了一个人所有活动中对跨文化观点的运用。至少,这意味着留学归来的学生都有"归国后的故事",可以使他们将自

---

① Vande Berg, M. (2009). Intervening in student learning abroad: A research-based inquiry. In M. Bennett (Guest Ed.), *Journal of Intercultural Education*. International Association of Intercultural Education, Volume 20, Supplement 1, January 2009.

己的跨文化学习运用到其他课程任务和以后的工作活动中。但是更深远一点看,整合体现了一个人作为"跨文化人"的自我经验。这或许意味着这个人具有双重或多重文化认同,但那并不是整合的绝对标准。实际上,一个人可能有"未发展的"双重文化认同,而完全谈不上跨文化敏感性。[1] 无论人们认为自己是否属于双重文化,整合的关键是个人在什么程度上以跨文化概念解析每日生活中发生的事件。如果一个人生活中的所有交流事件都可用跨文化概念来解释,例如与老师和主管人员之间的互动,与配偶和孩子之间的讨论,参加机构和组织的活动等,那么跨文化敏感就与那个人的认同整合到了一起。

第三节　全球商务管理与领导力

经过25年的发展,跨文化关系领域在跨文化交流能力开发方面已经研究出了一些比较成熟的方法。海外工作仅靠"沉浮自主"的情景早已一去不复返。那些仍坚持认为"不论在哪儿,我们的办事方法都一样"的机构或组织正迅速地消失。如今,全球经理人和领导者有机会在新的跨文化环境中准备学习如何学习,以加快他们的适应力,并改进其生产力。对那些有经验的人来说,新方法使他们能与下一代全球领导者们更有效地分享自己的经验。

新方法也为学习机构的课程增添了跨文化策略与技巧。真正的全球性组织已经走出了"思考全球化,行动地方化"的模式。他们已经掌握了从国际环境中不断学习的能力,并支持多文化交流所必需的第三种文化。

我们已经看到,异文化接触本身对跨文化能力发展往往毫无用处,甚至在某种情形下具有破坏性。[2] 如果能力仅通过接触就可获得,那么邻国之间的交流应该非常顺畅,一个国家的民众应该善于理解那些到他们国家来的移民。但我们所看到的实际情况常常相反。相邻国家更可能彼此仇视,移民往往成为最被误解的群体。出于同样原因,国际企业的商务往来本身也

---

[1] Bennett, J. (1993). Cultural marginality: Identity issues in intercultural training. In R. M. Paige (Ed.), *Education for the intercultural experience* (2nd ed., pp. 109—135). Yarmouth, ME: Intercultural Press.

[2] Allport, G. (1954). *The nature of prejudice*. New York: Addison-Wesley; Pettigrew, T. F., & Tropp, L (2000). Does intergroup contact reduce racial and ethnic prejudice throughout the world? In S. Oskamp (Ed.), *Reducing prejudice and discrimination*. Mahwah, NJ: Lawrence Erlbaum.

跨文化交流的建构与实践

不会造就跨文化能力。

为了使异文化接触更具建设性，必须具备某些条件。第一个条件是认识文化差异对商务活动的价值，以及帮助获得那些有价值的跨文化能力，这就是跨文化思维方式。同样重要的还包括运用"学习如何学习"的能力识别误解产生的潜在根源，并恰当地选择行为。第二个条件是跨文化技巧。第三个条件是用成熟的方法体验文化差别的能力，即跨文化敏感。目前的研究显示，锻炼跨文化能力的潜能与感知的各个发展阶段都有关系。

以上三个条件，跨文化思维方式、技巧和敏感水平，可通过培训和其他教育形式获得系统开发。下面将分别探讨这些因素的要点。或许这个简短的讨论能激励未来的全球领导者们进一步探寻跨文化关系更深远的课题。为此，我们应明确以下两点：跨文化交流能力的发展是企业的合理目标；达到那个目标需要时间和资源的极大投入。

一、跨文化思维方式

投资跨文化交流。对改进跨文化交流最明显的回报大概是它在客户关系方面所产生的效果。在企业或其他组织规划国际市场运作时，他们知道，顾客和客户是有文化多样性的。他们是否接受同样的产品或服务？回答当然是"不"；而了解他们想要什么，怎样以文化的恰当方式提供这些服务则是接下来面临的挑战。具备跨文化观点的领导者很少这样想——一个号码适合所有人。这涉及一个可以减少开支，使企业获利的策略性商业思考。

战略上讲，富有经验的领导者更善于发掘来自不同文化的雇员，因为他们可以联系文化上广泛不同的顾客群。国际企业潜在的巨大优势之一是他们可以找到这样的多文化工作团队。哈佛商学院的罗萨贝斯·莫斯肯特写道："21世纪的竞争优势不单纯来自技术垄断；能够有效地进行全球人力资源配置的企业和组织具备很强的竞争力。"[①]管理这样的工作团队要求跨文化交流的技巧性运用。

在全球组织内部，项目团队常常由不同文化人群组成。不论是可见的还是看不见的，这些多文化团队既存在障碍，也带来机遇。马吉尔大学商学院的南希·阿德勒注意到多文化团队比单一文化团队要么更有效率，要么

---

① Moss Kanter, R. (1995). *World Class: Thriving locally in the global economy*. New York: Touchstone.

效率更低。① 如果日常工作在一起的多文化团队很少关注文化上的差别,其效率比单一文化团队更低。而拥有一个具备跨文化能力的领导者,且负责更具创造性工作的多文化团队,其效率比单一文化团队更高。没有任何企业主管希望失去项目团队的创造性。在一个全球企业和组织里,唯一可选择的方法是增强团队和领导者的跨文化交流能力。

处处是罗马。有经验的国际经理人常说的一个谚语是:"在罗马时,做罗马人。"这个谚语或许比那个更幼稚的说法更好些:"不是所有人都(像我一样)这么做吗?"不过,它仍然缺失了这样一个概念:在一个国际组织里,处处是罗马。如果文化多样性的确被用做资源,那么在世界上每个地方的每一间公司中的每一支团队都是多文化的。令人费解的是,一个包括了德国人、尼日利亚人、巴西人、苏格兰人和美国人在内的团队碰巧在德国一起开会,所有成员都应该"按德国人的方式"进行工作交流。同样令人不解的是,虽说基本的企业价值观必须受到尊重,但一个特定的企业文化竟然在这些会议中成为主流。正确做法应该是,每个人都应该努力适应其他人。其结果是避免了混乱。更理想的是形成一个"看不见的第三种文化",它应成为那个特定群体在工作中起支配作用的文化。具有跨文化思维方式的领导者认识到,一个有竞争力的国际组织必须能够有意造就并管理这些第三种文化。

国际企业的多文化团队不仅包括了国际文化差异。文化多样性还包括国内种族或民族传统、性别、年龄、体能、性取向以及专业群体等。成功地引进新成员,维护并管理这样的多样化团队需要跨越国内和国际的边界。当然,国内和国际关系中存在着不同历史和政治因素。例如,奴隶史影响欧裔美国人与非洲人后裔的关系,但它与意识形态差别更突出的中美关系没有多大关联;反之,目前在美国国内关系方面,共产主义不是主要话题。然而,应对不同文化所需要的基本交流能力同样是这些因素的基础。本节中介绍的新方法适用于所有国内和国际跨文化关系。

组织的目标是创造尊重多样性的气候。正是这样的气候吸引了雇员,保留住了他们,并形成提高生产力的条件。全球领导者有责任了解如何培养这样的气候。

---

① Adler, N. (2001). *International Dimensions of Organizational Behavior*, 4th Edition. Cincinnati, OH: South-Western College Press.

二、跨文化技巧

专注于世界观的体验。我们在这本书里始终强调知识不等于能力。跨文化交流涉及不同文化群体的世界观差异,正是有了这样的认识才可转化为更有效的管理。领导者们欣赏雇员们在节日习俗、饮食传统、艺术表达形式以及其他客观文化上的差异,这在一定程度上或许十分重要,但这仅是最好的表面姿态。最糟的是他们对少数群体示以居高临下般的怜悯与同情。形成尊重多样性氛围的关键在于支持不同主观文化的信仰、行为和价值观。正是这些文化方面产生出富于创造性的观点,并由此产生有竞争力的优势。

跨文化交流对主观文化的关注是理解国际与国内文化差异相通的关键。虽然有些人有着比别人更悠久的历史,有些人背负着压迫或特权的不平等负担,但他们在其文化世界观的复杂性上都是平等的(但是不同的)。正是这个"差别中的相似"让我们可以超越种族,权力和压迫的政治与历史问题,探究我们认识论的多样性。虽然承认政治与历史的不平等事实,但我们同时也能尊重观点上平等的复杂性和潜在用处。从商务角度看,承认与尊重的结合是避免跨文化问题和产生跨文化优势的最佳选择。

运用文化普遍性,避免文化刻板印象。有时,组织内的人之所以对文化世界观的概念有抗拒心理,是因为它似乎像一个"标签"。他们在试图避免形成文化刻板印象,这不无道理。不过,他们时常"把每个人作为个人看待"。这是一种文化沙文主义形式,即把西方个人主义观念强加在所有情形中。但更重要的是,这个对民族中心主义的回归阻碍了跨文化敏感的获得。以准确的文化普遍性避免文化刻板印象是一个行之有效的做法。

我们较早前已看到,好的文化普遍性以系统的跨文化研究为基础。文化普遍性是指一个群体内起支配作用的趋向,而不是个人的标签。在一个人身上,这个群体主流倾向可能有不同程度的体现:很多、一点儿,或完全没有。因此,应用在个人身上的文化普遍性须是试验性的,有待确定的假设。对一个好的全球经理人来说,运用文化普遍性是将跨文化知识与开放对待个人差异结合在一起的最好方法。这种知识与开放态度的结合转化成尊重多样化的强烈氛围,进而成为富有竞争力的优势。

以总体文化框架促进学习。实践跨文化交流的关键是运用总体文化框架识别相关文化差异,并预见对这些差异可能产生的误解。在第三章里讨论的理论架构可以让全球经理人在不熟悉和缺乏经验的跨文化情境中"旗开得胜"。即使在熟悉的文化中,总体文化框架关注的也是把文化作为动力、合作、冲突管理和其他管理层面的重要因素。但最重要的是,总体文化框架让管理者(和整体组织)把有限的知识转化为最大优势。无论从他们个人角度考虑还是为学习更具体的文化知识,这个框架都是全球型企业不得不掌握的工具。

开发相互适应的策略。那么,全球经理人和领导者们将这些文化互动分析付诸于怎样的行动?要一些简单的指导,即"应做和不应做"的须知清单吗?这是比较没有耐心(或幼稚)的做法。虽然对经理人来说,要求顾问专家们提供一些窍门是个十分诱人的主意,但可惜它往往不是好办法。其中一个原因是,人们根本不用这些清单。一个经理人曾经说:"我开始按照他们(某些顾问)给我的指导手册上说的去做,可是接待我的主人告诉我,这儿的人事实上并不是那样的,所以我把它们扔掉了。"在另一个文化中首先遇到的人可能最不像那个文化的典型成员,因此,他们的行为也最不像须知上说的那样让你可以预料。实际上,目标文化中的人们或许出于安抚外来者的目的,努力使他确信那些道听途说的所谓文化差别肯定都不是真实的,即便是真的,也没人指望一个外国人会按着这些规矩做。每个文化中的人各不相同,没有任何一个须知清单可以囊括那些差别。

更成熟老练的经理人倾向于运用文化普遍性审慎评估每一种跨文化情况。需要适应的范围取决于几个因素。这个关系是倾向客方的吗?如果是,那么主方可适应客方多一些,如果他或她对客方的文化比较熟悉。如果不是,客方则多适应向主方。这类情况的一般原则是"了解对方文化较多的一方,应做更多的适应"。这个原则似乎比"有权力把自身文化强加给别人的一方,就去做吧"更好一些。虽然后者对忙碌的主管们来说短期内好像足够了,但最终它会导致对抗。最普遍的异文化接触发生在不同文化的人在同一个项目团队、管理层工作组,或生产组里工作的情况。这里没有角色关系可以指导谁来适应谁(处处是罗马)。处于这种情况下的每个人都需要肩负起适应的同等责任。如之前我们提到过的,团队领导者需要锻炼跨文化能力,成为适应行为的典范。相互适应的结果使文化差异从根本上成为团结协作的机会,而不是提高生产力的障碍。整个组织由此形成了看不见的第三种文化。

三、发展跨文化敏感

获得跨文化交流能力的第三个因素,即跨文化敏感最重要。虽然思维方式和技巧两个因素是必需的,但没有跨文化敏感,还是不足以形成能力。

跨文化交流的建构与实践

这种敏感并非单纯是对文化差异或与人和睦相处的积极态度,而是体验文化差异的能力。如在第四章里讨论过的,跨文化敏感发展模式为我们解释了人们如何开发分析和体验文化差异的能力。

跨文化敏感发展模式涉及体验文化差异的不同主导经验。对差异的体验越成熟(综合),一个人的文化敏感和实践跨文化能力的潜能就越大。当获得这个更加成熟的经验之后,基于这个经验的感知策略于是被应用到符合"文化"类别的任何现象中。换句话说,每个阶段的技巧可以运用到任何一种文化差别。再进一步,无论什么文化,人们对文化差异都保持着同一个总体方向。

跨文化敏感发展模式对组织机构来讲有两个层面上的应用。其一是"聚合个人"层面,即某种观点和行动更有可能是因为群体或部门中许多人对文化差别有一个特别的经验。但是另一个应用层面是"系统性的",即组织机构自身在书面或非书面章程和程序中体现出的一种文化差异经验。这些应用将按照下面的各个不同阶段进行探讨。

否认。在大多数情形中,否认的表述"我活着,也让别人活"虽然显得十分轻率,但并无害处。处于这个阶段的经理人可能极其幼稚地认为"只要我们都说同样的语言,就不会有问题",或者"我从来没经历过文化震惊"。(如果和这个人旅行,同伴们会说,"可是他周围的人经历过"。)处在这个阶段的人较难区分文化的不同,这导致他们把所有亚洲人,或所有穆斯林都看成是一样的。并且,他们对自己的文化很不了解,对自身文化如何影响感知的问题也倍感困惑。主导经验处在否认阶段的经理人一般对文化概念不感兴趣,并忽视它在组织事务中的作用。

一个具有否认特征的组织,即便其专业技术十分成熟,但基本上他们不重视文化问题。如果一定要作异文化接触的准备,也只是基本的语言培训。这样的组织对陷入种族、性别和移民问题毫无察觉,直到引起政治或法律上的纠纷。他们或许也没有一个系统的多元团队招聘计划,任何文化多样性的存在对他们来说都是"问题"。毋庸置疑,这种组织不论在国际或国内都没能将文化差异作为资源加以利用。

防范。主导经验处在防范阶段的雇员和经理人趋向将有关文化差异的讨论两极化。他们将文化进行对比时并不作评价,防范性的表述如"你不喜欢这个国家的哪些方面"。拿其他文化和民族弱点作笑柄被他们认为是"正常的",而对不同文化群体的相关智力或能力状况却给予较大关注。他们常常毫无根据地认为自己的技术和经商之道是最好的,并相信其他文化若按他们自己的方式根本无法获得成功。

具有防范特征的组织往往过于自信或傲慢,导致在产品设计和市场运作方面出现失误。文化的不同被看做是应该避开的绊脚石,然而这样的好斗行为会伤及有价值的国际合作关系。

最小化。处于最小化阶段的经理人常有这样的看法:"我们都在一个太阳下","我们有同样的使命"。这即是在说,同一个组织的共同经验足以保证良好的交流和行动上的协调。他们有心将其他文化的人融入到企业活动中。不过,他们无法真正了解为什么那些人不想参与。这个阶段与各种"大熔锅"看法有联系,即非常强调同化进东道主国文化。这个阶段中有政治倾向的人会倡导普遍的人权或世界资本主义,而不管其他人是否把这种倡导看做文化帝国主义的一种形式。来自主流民族文化群体的人认为所有人都有"平等机会",而并没有意识到这个在他们自己文化中盛行的制度和理念给他们以优势,但阻碍了文化上不同的其他人取得成就。

有最小化特征的组织过于夸大其对多样性问题的敏感,提倡"忍让"和"色盲"。这不利于保持文化多样性,因为非主流文化群体的人们常认为这样的倡导不足信。对企业文化的极力强调造成文化一致性的强大压力,结果导致企业文化与地方文化不调和的国际对抗。

接受。主导经验处于接受阶段的经理人和雇员能看到文化环境中的自身行为。因此,他们用自我参照式的描述,如"作为有德国背景的人,我倾向于相信……"或"这可能主要是美国人的倾向,但是……"或"由于我来自这家公司的'管理文化',我想……"。他们可能对文化差异很好奇,搜集有关其他群体主观文化行为和价值观的信息,并主动与自己的文化进行对照。在这个阶段的早期形式里,管理者们会过分修正他们先前的民族中心主义观点,而变成过度容忍所有"文化"行为,甚至包括他们自身文化环境中那些没有多少意义或另类的行为。

有接受特征的组织认识到多样化的价值,并努力招聘和保持一个多样化团队。在市场运作和培训方面承认地区文化环境,但是尚不清楚采取何种适当的行动。经理人们被鼓励认识文化差别,但他们没有受到跨文化技巧方面的训练。

适应。具有适应阶段特征的人能够从多种文化视角解释和评价事态。他们可能会这样思考:"我认为日本人对这个情况的看法会是……"或"让我们想象穆斯林人如何反应……"。这个阶段的经理人往往是这么一群人:寻找接触文化差异的机会,并善于在不同文化环境中改变自己的行为。举个例子来说,在典型的德国环境中,一个经理人的行为可能更趋向客观的,感

跨文化交流的建构与实践

觉上游离于那个环境之外,但是在典型的拉美文化环境中,他的行为却是更主观的,感觉上与那个环境相濡以沫。经理人也是他们所熟知的两个文化群体之间的文化纽带,被看做同时属于两个群体,往往起着积极的作用。但是,缺乏跨文化敏感的人将双重文化认同视为"不忠实"。

具有适应阶段特征的组织鼓励行政人员和经理们在跨文化能力的思维方式和技巧两方面接受教育培训。充分尊重多样性的氛围保持了工作团队的高度多样性特征。国内和国际的文化差异被多元文化团队作为日常工作中加以利用的资源,并高度重视第三种文化的价值。

整合。这种经验是对大批非主流少数群体成员、长期外派雇员、"环游世界者"及其他视自己为"世界公民"的人所特有的。这些人的共同特征是,具有对各种跨文化活动的积极态度,在跨文化道德规范上发展成熟,善于作深入的跨文化解释,具有跨文化调停技巧。有了对文化差异的如此经验,人们能够综合地建构文化差异和定义自我。对这种人来说,"你是谁"的问题或可引出一个很长的故事,其中充满了异常丰富的跨文化经验事例。

具有整合特征的组织是真正全球性的。每个政策、问题和行动的优点和局限性都在其文化环境中被检验和评估。虽然认识到了组织的文化根基与影响,但对其国家的民族认同不作重点强调。在这种组织里看不见的第三种文化被作为创造力的源泉而被不断追求。

四、结论

从这个讨论中我们应该清楚地看到,从旧日的"沉浮自主"以来,全球领导者的跨文化交流问题已经走过了一段漫长的道路。如今的焦点放在了学习如何学习和相互适应策略,这两方面构成了个人与组织的跨文化能力。个人和群体的跨文化敏感水平也可以确知,干预可以根据需要解决的具体问题而量身订制。目标设定在个人和群体发展的项目现在能以定量衡量的方法进行严格评估。

总之,现在可以肯定,机构组织用在跨文化教育方面的投资会有回报。然而,跨文化交流项目仍然需要审慎选择和调整,以确保它们的价值。例如,项目应按照总体文化信息介绍先于具体文化信息介绍的顺序进行设计。跨文化思维方式须在技巧学习之前建立起来。所有项目需考虑学习者所处的发展阶段。最重要的是,跨文化能力发展是一项综合任务,它要求大量的时间和资源投入。发展模式和方法现在已经有了,但它们需由具备专业知识的专业人员来执行。

第二部分

名作选读

本部分 8 篇文章的作者都是美国人。这反映了一个事实：跨文化交流是这个国家众所周知的多元文化社会、浓厚的人类学传统，以及对人类交流过程投以广泛学术关注的产物。但是，一种思想的诞生地并不妨碍它与许多其他文化环境的关联性和适用性，要么相似，要么需加以修正。的确，跨文化交流的研究与实践如今已远远超越了其最初的框架。例如，美国跨文化实践者的专业组织——"跨文化教育、培训与研究协会（SIETAR）"的分支机构已遍布北美、南美、欧洲和亚洲的 17 个国家和地区。

本部分这些文章是按照从理论到实践，再到行动这样一个发展顺序编排的。前三篇文章涉及跨文化理论的阐释，介绍了该领域的关键概念，区分了什么是（或不是）跨文化交流的某些重要界定。

1. 本杰明·L. 沃尔夫是以文化相对论解释语言相对论的重要人物。在爱德华·萨皮尔的指导下，沃尔夫阐述了世界观与交流的联系——即著名的"沃尔夫－萨皮尔假说"。这个假说认为，一个人的世界观可能受其语言影响，反之亦然。这在 20 世纪 40 年代是相当激进的看法，因而招致了心理学和语言学领域的实证主义者的猛烈攻击。语言相对论被当做"语言决定论"消失了很多年——其"语言产生思想"的说法很快被否定掉了。实际上，沃尔夫从未做过如此结论，而是说，我们的思想常习惯性地被语言所引导。这一建构主义观点如今被认为是跨文化交流领域的主流；在语言学和其他领域，"沃尔夫－萨皮尔假说"重新获得青睐。《科学与语言学》这篇文章正是沃尔夫对语言相对论的经典阐述。

2. 爱德华·T. 霍尔被普遍视为"跨文化交流学之父"。他以相对论的人类学观点对跨文化实践的方法所作的阐释，至今仍然是跨文化实践者们遵循的样板。在 1959 年出版的基础著作《无声的语言》里，他创建了"隐含的文化"（tacit culture）是交流的主要因素的理论，并形成了"客位法的文化分类"（etic categories），如高语境/低环境的区别使人们可以对不同文化进行比较，从而达到配合交流的目的。正如沃尔夫和萨皮尔的遭遇一样，霍尔也受到人类学同行们的激烈批评，他们认为这是对唯一引导跨文化调整的文化个别性人种学的背弃。但是他坚持自己的观点，定义了至今成为跨文化理论、研究和培训核心的文化比较方法。之后，他写的《隐蔽差异的力量》表现了他关于语言，文化和意识的深刻思考，这为他在该领域作出的杰出贡献奠定了基础。

3. 在《感知视角中的文化》中，马萨尔·R. 辛格阐述了跨文化交流领域的前沿论题。他将已有的文化相对论观点延伸至个人经验范畴，并在组织

跨文化交流的建构与实践

和个人分析层面之间建立起重要连接。这篇文章最初作为首部跨文化理论概略的文章之一发表,并成为随后两本教科书的基础——其中一本与这篇文章的标题基本一致《感知视角中的跨文化交流》(*Intercultural Communication: a Perceptual Approach*),另一本为其修订版名为《跨文化交流的感知与认同》(*Perception and Identity in Intercultural Communication*)。虽然这些书的出版获得普遍好评,但是并未被广泛引用,其感知相对性的观点还没有成为该领域的权威观点。我(编著者)认为其原因是辛格在书中独特的建构主义视角难以被相对主义主流观点所理解。

以下三篇文章着重跨文化交流的实践功能,它们将概念延伸并应用到交流和跨文化培训的实践领域。

4. 米尔顿·J.贝内特(本书编著者)以文化自我意识为起点,阐述了我们如何理解来自不同文化的人。在其1979年发表的《超越黄金法则:同情与移情》一文中,他追溯了文化相似性和差异性这两个截然相反的假定。相似性假定导致了"同情"的态度——倾向于通过将自我放在他人的境况中来理解他人。这个倾向,连同黄金法则,即以自己愿意被对待的方式去对待他人,都认为在一个真实的,或想象的情况里,个人的自我感受是理解他人的好向导。虽然意愿或出发点常常是好的,但相似性假定其实是一种文化中心主义。相反,文化差异性假定导致的是"移情"的态度——倾向于通过参与他们对世界不同的体验/经验来理解他人。这是跨文化交流建构主义角度的核心。

5. 拉雷·M.巴尔纳是跨文化交流学术界的早期实践家。她倡导将英语作为第二种语言的教学与跨文化教育结合起来,采用与那些在跨文化交流研习班中使用的类似技巧。她的《跨文化交流的障碍》一文是最早的,也仍然是最好的关于阻碍学生发展成功的跨文化关系因素的研究文献之一。她从建构主义角度阐述,认为相似性假定是最大的绊脚石,甚至比语言差异和刻板印象来得更糟糕。因此,她认为跨文化交流的主要问题首先是能够认识到文化的相对差异性。

6. 20世纪60年代末和70年代初,跨文化交流的概念被统一到更成熟的模式中。其中之一是为了满足美国军队的需求而产生,即改善美国军队在海外的"丑陋美国人"形象。爱德华·斯图尔特认为,改进跨文化交流的关键是文化自我意识,因此他和同事杰克·丹尼林和罗伯特·福斯特一道建立起美国文化及与其相反的文化的对比模式。在文化模拟练习中,表演者按照相反的价值观和假定来回应美国学员,以此训练美国人对他们自身文化的认识。《文化的基本假定与价值观》一文对这个模式的结构有具体阐述,它也因此成为在不同文化环境里获得自我认识的基础。1977 年,斯图尔特基于这个模式出版了颇具影响的书《美国文化模式:跨文化视野中的分析》。1991 年,他与米尔顿·J. 贝内特合著并出版了该书的修订版。

最后两篇文章着重在跨文化行动,即以何种途径更好地适应地球村和多元文化社会的生活。

7. 迪安·巴恩伦德是交流理学论领域的建构主义理论家和研究者,并在心理学和语言学方面有丰富经验。20 世纪 70 年代,他认识到了这些领域之间的联系,并开始在跨文化交流方面撰文,将语言学家本杰明·L. 沃尔夫、心理学家乔治·凯利,以及人类学/交流学家格利高里·贝特森等人的观点融合在一起,建立起跨文化交流实践性的建构主义方法。该方法延续至今。巴恩伦德也是一位教师,他主张跨文化交流应该成为高等院校和专科学校的一门学科。在《地球村中的交流》中,他以建构主义方法阐述了如何在多元文化社会和相互联系的世界中运用跨文化交流。

8. 在新兴的地球村中,个人的和文化的认同问题正变得愈加重要和复杂。这个趋势被彼得·S. 艾德勒早已预见到,他在 1977 年发表的《文化认同之外:对多元文化主义的思考》有所阐述。在综合个人和文化分析层面上,他与马萨尔·辛格有相似之处,但是他进一步以更全面的分析解释了多元文化认同的含义到底是什么。这是如今整个地球村中的新生代们共同关心的问题。艾德勒认为,从长远发展的角度来看,我们每一个人在新的互联世界中的生存与发展都需具有更强的多元文化性。

科学与语言学①

本杰明·L. 沃尔夫(Benjamin Lee Whorf)

世界上每个正常人自幼年开始就能够说话,并且一直在说话。出于这一原因,无论是否生活于文明社会,每个人都存有一些关于说话及其与思维之关系的观念——这些观念相当幼稚,但却根深蒂固,伴随人的一生。这些观念与机械的、无意识的语言习惯紧密相连,所以很难被反对意见动摇。它们绝非完全个人的、偶然的,而是有自己系统的基础。所以,我们完全有理由称它们为"自然逻辑"的体系。过去我们常用"常识"来指称这些概念,在我看来,"自然逻辑"这个术语比"常识"更合适一些。

根据自然逻辑,每个人自幼年起便能够流利讲话这一事实,使每个人在组织语言并与他人交流的过程中成为自己的主宰。在此过程中,他只需参考一下众所周知的逻辑或推理原则。自然逻辑认为,说话只是伴随交流而出现的过程,与观念形成无关。说话,或者语言的使用,只是为了"表达"已经以非语言方式基本形成了的东西。观念的形成是一个独立的过程,称为思想或思维,这一过程在很大程度上被认为与具体语言的特征无关。虽然人们认为,语言有语法规则,语法仅是习俗和社会规范,但是在主导语言使用方面,正确、理性或充满智慧的"思维"要胜过语法。

根据这种观点,思想并非取决于语法,而是取决于逻辑或推理的法则,而这些法则对宇宙的所有观察者来说应该是一致的——它们代表了宇宙中可以被所有聪明的观察者独立"发现"的原则,无论他们讲的是汉语还是美国印第安乔克托语。在我们自己的文化中,人们普遍认为公式化的数学和形式逻辑可以处理这类事情:处理纯粹思维的范畴和法则。自然逻辑认为,不同的语言用基本一致的方法表达这一完全相同的思维理性。语言确有不同,但这种不同实际上并不重要;它们显得重要,是由于我们将视线集中于

---

① 本文的翻译参阅了王志欣译文,见高一虹等翻译:《论语言、思维和现实 沃尔夫文集》(Language, Thought, and Reality)本杰明·李·沃尔夫著,湖南教育出版社,第205—218页,特此致谢。

一个狭小的范围。

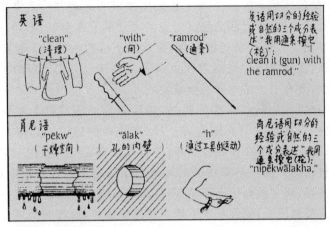

图1 语言切分自然的方法不尽相同。英语和肖尼语在描述用通条擦枪这件事时,使用了不同的意义(想法)成分。代词"我"(I)和"它"(it)没有用符号表示出来,因为在两种语言中它们的意思都一样。在肖尼语中,ni-相当于英语的"I",-a 相当于英语的"it"。

我们都熟悉这样一句格言:"例外证明了规律包含大量的智慧。"尽管从形式逻辑的角度来看,一旦"证明"(prove)不再表示"考验"(put on trial)的意思,这句话就会变得很荒谬。当古老的格言在逻辑中不再有地位时,它就变成了深奥的心理学。今天它给我们的启示是,如果一条规律绝对没有例外的话,它就不会被当成规律或其他什么;它就成了我们依然没有意识到的经验的一部分。如果从来没有经历过与规律形成对比的东西,我们就不可能将它分离出来,概括成规律;只有随着经验的丰富和参照系的扩大,当我们体验了规律性被打破之后,才能将规律分离、概括出来。这种情形有点类似于人们在井干之后才会想起水,感到窒息时才会意识到空气。

比如,如果某个种族的人有生理缺陷,只能看见蓝色,那么他们很难概括出自己只能看见蓝色这一规律。"蓝色"这个词对他们来说没有任何意义,他们的语言会缺乏表示颜色的语汇。他们表达对蓝色的不同感觉的词,可能相当于我们的"深、浅、黑、白"等,而不是我们的"蓝"。要得出"只能看见蓝色"这一规律或概念,他们需要经历某些例外——某些能够看见其他颜色的时刻。万有引力现象是一条没有例外的规律;毋庸多言,没有受过教育的人完全意识不到任何与引力有关的法则,因为他从来不会设想这样一个宇宙,其中的物体运动方式不同于在地球表面的运动方式。像蓝色对于我们假设的种族一样,引力法则是这个人的背景的一部分,而不是从背景中分离出来的东西。人们有幸获得机会,将总是下落的物体置于更广阔的天文世界中观察,在那里物体是沿着轨道绕行或以其他方式运行的。如果没有这样的机会,万有引力法则就不会被发现。

同样,每当我们转动头部的时候,周围景物的图像就会在视网膜上闪过,就像这些景物在我们周围旋转一样,但是我们意识不到这是背景的效果;我们没有看见屋子在围着我们转,而是仅仅意识到我们在一间静止的屋子里转动自己的头部。如果我们在转动头部或眼睛的时候仔细观察一下,我们就会发现,确实没有任何移动,但在两个清晰的景物之间有一个模糊的图像。在一般情况下,我们意识不到这种连续的模糊,我们似乎是在环视一个没有任何模糊的东西的世界。每当我们走过一棵树或一幢房子的时候,它们的图像在视网膜上不断变化,就像这棵树或这幢房子在一根轴上转动一样;但是当我们以正常速度行走的时候,我们是看不见树或房子的转动的。当我们四下环顾时,有时不合适的眼镜会让我们看到周围景物的奇怪运动;但通常情况下当我们自己运动时,我们看不到环境的相对运动;我们的心理结构使我们适应了忽略熟视无睹而又无处不在的现象。

自然逻辑有两个谬误。第一,它没有认识到,语言现象对于讲这种语言的人带有很大程度的背景性质,它不受自然逻辑阐释者那种审慎的意识和控制之影响。由此,当自然逻辑学家在表达推理、逻辑以及正确思考的准则时,往往只是固守纯粹语法事实之陈规,而这种语法事实打上了自己的母语或语系的背景烙印,绝非普遍适用于所有语言,也根本不能成为推理的一般原则。第二,自然逻辑把通过运用语言达成的关于某个问题的共识,混同于有关达成这一共识的语言过程的知识:即混同于被轻视的(并认为其想法实属多余的)语法学家的研究领域。比方说,两个能讲一口流利英语的人很快能就他们讲话的主题达成了一致意见;对他们的语言所指的东西,两个人的理解是一致的。甲所发出的指令可以由乙去执行,并能做得完全令甲满意。由于他们可以充分地理解彼此的意图,作为自然逻辑学家的甲和乙便假定,他们肯定了解这一过程是如何完成的。例如,他们认为,这个问题不过是如何选择合适的词句来表述自己的想法。如果你请甲解释一下他如何这么快就得到乙的赞同的话,他只会向你重复一下他对乙所说过的话,也许多少有点儿增减。他对达成一致意见所涉及的过程毫无概念。这种甲和乙在适应彼此的谈话前就共有的、非常复杂的语言模式和分类之体系,对他们来说完全是一种背景知识。

这些背景现象属于语法学家或语言学家的研究范畴,也许我们可以给他们一个更现代的称呼——科学家。按照普通的、尤其是报纸上的说法,"语言学家"有完全不同的意思:一个能够很快与讲不同语言者就某个主题达成一致意见的人。我们最好称这样的人为"使用多种语言的人"或"操多语者"。科学的语言学家早就意识到,能够流利地讲一种语言不一定意味着具有关于该语言的语言学知识,即理解它的背景现象和它的系统的过程与结构。这就像台球打得好并不意味着或并不要求游戏者掌握支配台球运动的力学法则知识。

语言学的这种状况与其他科学领域的情况并无二致。所有真正的科学家都首先将目光集中于那些看起来对日常生活影响极小的背景现象上,例如把冰切成小块的问题。但是,他们的研究能够将在这些为人们熟视无睹的事实与备受关注的活动(如运输货物、准备食物、治疗病人、种植马铃薯)紧密地联系起来,后者可能随时间推移有较大改变。不过,纯粹的科学探索与这些无理性的事实本身并不相干。语言学的情形与此十分相似:它所研究的背景现象包含在谈话、达成一致意见等前景活动中,也包含在所有案例的推理和论证中,和所有的法律、裁决、调解、合同、和约、公众意见以及科学理论的评价、科学结果的公式化过程中。每当人们形成了某种一致意见或协议,无论这一过程中是否使用了数学或其他的专门符号,这种一致都只可能是通过语言过程达成的。

如上所述,为了达到意见的统一,我们不一定要具备有关这一语言过程的知识,但这种知识对意见的统一并无妨碍;问题越复杂越困难,它的帮助作用就越明显;直至可能达到这样一个点——这种知识不仅起帮助作用,而且是一种必需。我想,现代社会正在向这一点迈进。这一情形和航海有点类似。每条航行的船都受行星运动的影响;虽然一个孩子可以在没有任何天文、地理、数学或国际政治知识的情况下,划着小船在港湾中穿来穿去,但是对于一艘远洋客轮的船长来说,这些方面的知识却是必备的。

当语言学家能够用一种批评的、科学的态度去检验许多模式差别很大的语言的时候,他们的参照基础便得到了扩展;在此以前被认为具有普遍性的现象,其普遍性已被打破;一种全新的意义秩序进入了他们的视野。我们已经发现,各语言的背景性语言系统(或者说语法)不仅是一种表达思想的再生工具,而且它本身也在塑造我们的思想,规划和引导个人的心理活动,对头脑中的印象进行分析,对其储存的信息进行综合。想法的形成不是一个独立的、像过去被认为的那样非常理性的过程,而是特定语法的一部分,在不同的语法中或多或少有所不同。我们用自己的本族语所划的线去切分自然。我们从现象世界中分离出范畴和种类,并不是因为它们客观地呈现于每一个观察者面前;相反,呈现在我们面前的世界是千变万化的印象流,它们是通过我们的大脑组织起来的——在很大程度上是用我们大脑中的语言体系组织起来的。我们将自然进行切分,用各种概念将它组织起来,并赋予这些概念不同的意义。这种切分和组织在很大程度上取决于一个契约,即我们所在的整个语言共同体约定以这种方式组织自然,并将它编码固定于我们的语言模式之中。当然,这一契约是隐性的,并无明文规定,但它的条款却有着绝对的约束力;如果我们不遵守它所规定语料的编排和分类方式,就根本无法开口讲话。

这一事实对现代科学来说意义重大,因为它意味着没有人能够自由地对自然进行绝对公正的描述,即使在他认为自己最为自由的时候,他也受到了某些阐释方式的限制。在这些方面最接近自由的人,应是对差异极大的各种语言系统都很熟悉的语言学家。目前还没有一位这样的语言学家。由此,呈现在我们面前的是一种新的相对论原理。该原理认为,同样的物质现象并不能使所有观察者对世界产生同样的认识,除非他们的语言背景相似,或是可以通过某种方式得到校正。

假如我们只运用得当的方法比较现代欧洲语言,或者再加上拉丁语和希腊语,这一令人惊讶的结论并不明显。这些语言的基本模式带有一致性,而这种一致性初看起来似乎证明了自然逻辑。但这种一致性的存在仅仅出于以下原因:这些语言是同属印欧语系的同源语,其基本轮廓大致相同,从历史角度看是从很久以前的同一个言语共同体传承而来;这些同源语近代以来分担了形成一种共同文化的任务;这种共同文化中较为理性的许多成分,源于拉丁语和希腊语的语言背景。所以,这组语言是满足了上一段末尾"除非"从句的条件,是语言相对论原则中的一个特例。现代科学家们对描述世界的一致性正是建立在这一条件上的。但我必须强调,"所有讲印欧语言的观察者"并不等于"所有的观察者"。现代中国或土耳其的科学家们在对世界进行描述时,使用了和西方科学家们一样的术语。这一事实只说明他们全盘套用了西方的理性体系,而不意味着他们立足于本族语观察角度证实了这一体系。

当我们将自己的语言与闪族语、汉语或非洲语言进行对比的时候,分析世界的差异就变得较为明显。我们不妨再看看美洲原住民语言,它们在几千年的发展中彼此独立,并独立于欧洲之外。这样,不同语言以不同方式切分自然这一事实就显而易见。所有的概念体系,包括我们的在内,其相对性及其对语言的依赖性就显现出来。只讲自己母语的美洲印第安人从未被邀做科学观察者,这对说明问题是不明智的。如果排斥这些语言为人类大脑功能的研究提供的证据,那就好比让植物学家只研究可以吃的植物和暖房里的玫瑰花,却期待他们告诉我们整个植物世界是什么样子!

让我们来看几个例子。在英语中,我们把大多数词分为两类,各自有其语法和逻辑特性。第一类我们称之为名词,如"房子"(house)、"男人"(man)等;第二类是动词,如"击打"(hit)、"跑"(run)等。一类词当中的许多也可以辅助性地用做另一类,如"一次击打"(a hit)、"一次奔跑"(a run)等,又如"(为一艘船)配备人员"[to man (the boat)]等;但是,在基础层面这两类词的划分是绝对的。所以我们的语言给予我们的是对自然的两极划分,但自然本身却不是两极化的。假如说将"撞击"(strike)、"转"(turn)、"跑"(run)划为动词,是因为它们表示短暂的或暂时的事件(event)即动作(action),那么为什么"握拳"(fist)是个名词?它也是短时事件。为什么"闪电、火花、波浪、旋涡、搏动、火焰、暴风雨、阶段、循环、痉挛、噪音、情感"是名词?它们是短时事件。如果"男人"和"房子"是名词是因为它们表示长久、稳定的事件,即东西(thing)的话,那么,"保持、附着、延伸、规划、继续、坚持、生长、居住"等在动词中做什么呢?如果有人提出,"占有"和"附着"是动词,是因为它们表示稳定的关系而非稳定的知觉表象,那么为什么"平衡、压力、电流、和平、小组、国家、社会、部落、姐妹"或任何表示亲戚关系的词都被划归名词呢?我们会发现,"事件"对我们来说意味着"我们的语言将其划分为动词的东西",或由此类推而来的东西。我们还会发现,从自然中无法找到"事件、东西、物体、关系"等词的定义;要定义这些词,总是要间接地回到定义者所用语言的语法范畴。

在霍皮语中,"闪电、波浪、火焰、流星、一口烟、搏动"等词是动词——以短时延续为必要条件的事件只能是动词,不可能是其他词。"云"和"暴风雨"大概处于名词之延续的较低限度上。那么你看,霍皮语实际上是以延续来为事件(或者说独立语言单位,linguistic isolates)分类的。用我们的思维方式来看,这颇有些奇怪。另一方面,在加拿大温哥华岛的努特卡语中,所有的词在我们看来似乎都是动词,但确实没有词类 I 名词和词类 II 动词的区别;我们似乎在用一种哲学一元论的眼光看自然,这种眼光使我们在描述

跨文化交流的建构与实践

各种事件时只能用一类词。"房子"(house)的表达方式是"出现了一间房子"(a house occurs)或"它能住人"(it houses),正如"出现了火焰"(a flame occurs)或"它在燃烧"(it burns)一样。我们觉得这些词像动词,是因为它们依据延续性和时间性的细微差别形成不同的屈折变化。由此,表示房子事件(house event)的词,依后缀的不同有不同的意义——长久的房子、暂时的房子、将来的房子、过去的房子、开始时是房子的东西,等等。

在霍皮语中,有一个名词表示除了鸟之外的任何可以飞的东西或生命。鸟类是由另外一个词表示的。我们可以说,这个名词表示"飞行类减去鸟"的意思。在霍皮语中,昆虫、飞机以及飞行员实际上都用这个词,并没有什么不便。当然在这种情况下,像"飞行类减去鸟"这样的宏大类别中,差别很大的个体之间可能会出现混淆。在我们看来,这个类别太大,包容的东西太多了。但是对因纽特人来说,我们的"雪"也正是如此。我们用同一个词来描述各种不同的情形——正在下着的雪、地上的雪、压实如冰的雪、半融化的雪、被风吹起飘着的雪。对因纽特人来说,这样一个概括一切的词简直是无法想象的;他们会说,"正在下着的雪"和"半融化的雪"等在感觉和功能上是不同的,是需要应对的不同东西;他们用不同的词来表示这两种雪,其他种类的雪也各需其名。在相反的方向上,阿兹特克人比我们走得更远。在阿兹特克语中,"冷"、"冰"和"雪"都是由一个基本词来表达的,只是词尾有所不同:"冰"是名词形式,"冷"是形容词形式,而"雪"则是"冰雾"。

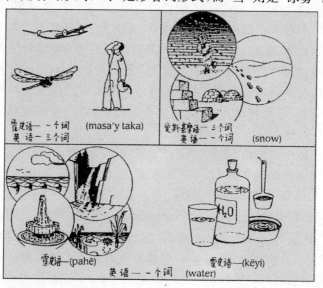

图2 语言对人类经验的各种成分分类的方法不同。在 A 语言中对应于一个词或一个概念的同一类经验,在 B 语言中可能对应于两个词两个概念,是两类不同的经验。

令大多数人惊讶的是,我们发现西方对事件所作出的许多总括性归纳,如时间、速度、物质等,对于构建一幅宇宙的连贯画面并非必不可少。当然,归纳在这些术语下的我们的心理体验并未受到破坏;只不过从其他体验中派生出来的范畴占领了宇宙哲学的上风,而且好像运行良好。霍皮语也许可称为没有时间性的语言。它所承认的心理时间很接近20世纪初法国哲学家柏格森(Bergson, Henri)的"延续"(duration),但这种"时间"与我们的物理学家所说的数学意义上的时间很不一样。霍皮语时间的奇特属性还包括,它随观察者的不同而不同,没有同时性(simultaneity),也没有持续的时间长度(zero dimensions);也就是说,它不能和一个大于1的数字连用。霍皮人不会说"我待了5天",他们说"我在第5天离开"。表示这类时间的词,如"天",是没有复数的。下面那幅谜语般的图画(图3)对每一个试图搞清霍皮语如何处理动词时态的人来说,都会是一种智力锻炼。在只有一个动词的句子中,英语时态唯一的实际作用就是区分图画中所表示出来的5种典型情况。在没有时间性的霍皮语中,动词并不区分事件本身的过去、现在和将来,但必须表明说话人希望这句话具有什么类型的效度:(1)事件的描述(图中的第1、2、3种情况),(2)对事件的期待(图中第4种情况),(3)对事件做出的概括或事件的规律(图中第5种情况)。在第1种情况下,说话人和听话人接触到的是同样的客观场景,但我们的语言把它划分为两种不同的情形,1a和1b,分别称为现在和过去。对于想告诉人们这一陈述是事实描述的语言来说,这种划分并无必要。

　　语言学对科学的一大重要贡献可能是视角意识的进一步发展。我们不会再把印欧语系的几种源语以及以之为基础发展出来的理性化方法看做人类心智进化的顶峰,也不会把它们目前的广泛传播看做是适者生存的结果,而只会把它看做是某些历史事件的结果——只有从受益方的狭隘观点来看,这些事件才可能被称为好事。我们不会再认为这些语言以及与之相伴的我们的思维过程囊括了全部理念和知识,而会认为它们只是浩瀚银河系中的一个星座。当我们充分地认识了全球语言系统惊人的多元性,我们就会不可避免地感到,人类的精神令人难以置信地古老;我们以文字记录的几千年历史,在衡量我们在这个星球以往经验的尺度上,不过是细细的一道铅笔痕;最近几千年内发生的事情,从进化的意义上看说明不了任何问题;人类没有任何突飞猛进的发展,在过去的几千年中未合成任何引人注目的新东西,只是与一些从无限久远的过去遗留下来的语言形式和自然观游戏了一番。然而,尽管有这种感觉,尽管我们意识到自己的知识危险地依赖于语

跨文化交流的建构与实践

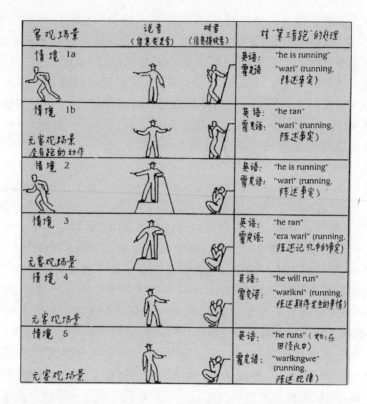

图3 "有时间性的"语言（英语）与"没有时间性的"语言（霍皮语）的对比。英语中的时间差异在霍皮语中是效度（validity）差异。

言工具，而我们对这一工具本身仍知之甚少，我们不必为科学感到悲观。相反，这种感觉应有助于培养与真正的科学精神相伴的谦卑，从而阻止有碍于科学探索欲和客观性的自大心理。

隐蔽差异的力量

爱德华·T. 霍尔(Edward T. Hall)

文化即交流

宇宙的星系由同一规律所支配,但对由人类创造的文化世界却不是这样,每个文化依照自己的内部原动力、原则以及成文和不成文的规律来运转,甚至时间和空间对各个文化都是独特的。① 然而,还是存在一些贯穿所有文化的共同的线,因为我们都共享同一基本的根。

从本质上,任何一种文化主要是一种创造、发送、储存及处理信息的系统。交流存在于一切事物之中。② 虽然我们倾向于把语言看做交流的主要渠道,但是符号语言学的专家们一致同意,在各个地方我们获取的80%～90%的信息不仅仅是非言语符号传递的,而且发生在我们的意识之外。

正是语言和非语言文化两个领域间的冲突,才在很大程度上解释了贝特森③的双重盲目理论,沙利文④的分离理论,荣格⑤的很多理论,解释了为

---

① 爱因斯坦说,时间就是时钟告诉我们的东西,任何事物都可以是个时钟:地球、月亮和其他有规律运动体的旋转。只要记住每一文化都有自己的时钟,使用爱因斯坦对时间的界定依然有效。

② 交流的领域可分成三个部分:言辞、物品和行为。言辞是商业、政治、外交的媒体,物品常是身份和权力的象征,行为提供了关于他人感受如何的反馈及包括避免冲突的技术。

③ Gregory Bateson, "The Message: This Is Play," in *Group Processes: Transactions of the Second Conference* (New York, Josiah Macy, Jr. Foundation Publication, 1956); Gregory Bateson, "Minimal Requirements for a Theory of Schizophrenia," In *AMA Archives General Psychiatry 2*, (1960):477—91.

④ Harry Stack Sullivan, *Conceptions of Modern Psychiatry*, 2nd ed. (Washington, DC: William Alanson White Psychiatric Foundation, 1947).

⑤ Carl G. Jung, *Memories, Dreams, Reflections*, rev. ed. (New York: Pantheon Books, 1973).

跨文化交流的建构与实践

什么西方人理解禅①是如此困难,解释了为什么美国的原住民像新墨西哥州特瓦人(在其语言中,学习和呼吸是一个词)在学校里从学习技能到学习知识的转变中有如此多的麻烦。人们需要进行深入广泛的研究以发现这些基本差异所影响生活的方方面面。

文化的那些后天习得不言而喻的方面与哲学家的高深思想有较大的距离,它包括以一般民众共享经验构成共同黏合剂为基础的实践和解决问题的方方面面。尽管它与学术有一段距离,但我已反复地观察到,如果人们不能注意这些基础的、未阐明的行为和沟通规则,那么要有把握地处理文化问题是不可能的。

"有把握地处理系统"要求注意人们为了在世上生存和发展,从生活中获得满足所做的一切事情。失败经常可以归结为以下原因之一。

1. 由于没有真正的掌握系统,遗漏了关键的步骤。
2. 无意识地将自己的规则运用到另一体系,这永远也不会奏效。
3. 想方设法反对成文的或不成文的规则,并试图将自己的规则强加于另一系统。
4. 在政治动荡、经济崩溃、战争和革命时期,该体系发生了改变或垮掉。

文化的沟通比说或写一种语言更深刻更复杂。跨越文化沟通的本质更多的是与释放反应而不是发送信息相关。"释放正确的反应"比"发送正确的信息"更为重要。

我们人类受两种信息所指导,以两种决然不同的方式存取:甲型——显而易见的文化——通过从词汇和数字学来的文化;乙型——心照不宣获取的文化——它不是言语的,而是高度依赖环境的,根据特定规则运转的,这些特定规则是意识不到的,不是通常意义上课堂中学得的,而是在成长过程中获得的,或是只存在于不同的环境中。人类心照不宣获得的文化由数百或数千个微小事件构成,包含日常周期活动的全部内容,是我们占据的空间、与他人相处的方法,换句话说,即我们每天生活经验的大部分。这种心照不宣的想当然的文化成分,生活中的自然的一部分,正是我过去45年研究中所依赖的基础。

我的关于心照不宣获取的文化的研究工作源自对两种文化结合部处理

---

① Erich Fromm, Daisetz T. Suzuki, et al., *Zen Buddhism and Psychoanalysis* (New York: Harper & Brothers, 1960); Eugen Herrigel, *Zen in the Art of Archery*, translated by Richard Francis Carrington Hull (New York: Vintage Books, 1971).

的研究。① 两个系统间结合部的研究不同于两个系统的单独研究。就我要达到的目的来说,关于结合部的研究工作被证明是富有成果的,因为对照中有差异的和有冲突的部分被揭示出来。这种研究表明的心照不宣获取的文化与表明的显而易见的文化一样多。而且据我所知,这种研究经常是获取生活中关于无意识的、事实上自动的、心照不宣获得的那些方面的有效文化数据的唯一办法。

当我们谈话时却不知道我们所谈论的东西

　　经常出现以下情况,当人们正在做某件事情的时候,却没有意识到他们正在做着什么。事实上,分析精神病治疗的实践就是围绕着这个过程建构的。然而,尽管心理分析学者和文化人类学者奉献了成千上万个小时,去研究从知晓(awareness)层次到知晓已经改变的事实的知晓这一层次的变化,但是关于在巨大的文化变化发生时,例如,人类首次知道了语言和谈话是一种特殊的事时,我们头脑内部发生了什么,科学家们所知甚少。每次达到知晓状态时,伴随着这种知晓而来的是对自我和将来可能性的更加欣赏。这两种欣赏的结合似乎足以推动人们作出巨大努力以解决他们面前的大量问题。

　　由于我们现在对语言知道了很多,而且很多现象被认为是理所当然,所以很难想象,当人们站在认识语言是一种千百年来发展演变而来的系统时会是什么情景。更困难的是想象认识到这种新知识新分析的后果。想象沟通技巧似乎只是新知识和新分析的一种初始的形式。在多次这样的时刻,一切情况都开始变化。各个部分轮流转换,正如重点的聚焦点轮流转换,聚光灯的焦点从我们曾认为是重要的一点转移开来,转到突然出现的形式上。这有点像从童年到青年转变时发生的事情,但变化的级别却更为重大。世界打开了,伴随它的打开是新的责任。对我来讲,很显然的是"世界目前正处于认知(awareness)领域众多重大转变之中"。我认为,如果我们知道更多的我们周围的程序被解开的知识,我们就会有所收获。

　　为了看清现在什么情况正在发生,我必须回顾我们过去的一些类似的界线被跨越时的历史小片段。我的目的是,当新的认知在一系列革命中显

---

① 结合部可以是人际间的、个人头脑内部的或跨文化的。

跨文化交流的建构与实践

露出来时,用我们西方世界观为读者提供一种对发现进程的感觉。①

革命之一:语言的进化

第一场伟大的革命发生在我们祖先从心理上和神经逻辑上能够谈话,这发生在 10 万年以前。② 随着正式语言的开始使用,在区分学习获得的信息(甲类)和直接感受获得的信息(乙类)的基础得以形成。在这之前,我们为了生存所了解的绝大部分知识是通过直接感受的过程获得的。直接感受发生时,无须直接意识到,也没有办法能使它停止,除非断绝了所有通过感官输入的信息。年幼的哺乳动物通过直接感受掌握了它们出生地的环境。儿童还通过直接感受掌握了语言以及自己文化的未言明的行为模式。甚至对聋哑儿童也是如此,如果这两步没有发生,剩余的通过语言学习的过程就不能进行。通过直接感受获得信息不只限于生命的早期,而且要延续到人的一生。

革命之二:语言之语言的发现(语言分析用的语言)

根据我的构想,大约 9 万年之后,当时语言和文化已从原来的最初阶段进化成高度复杂的不同层次的沟通系统,有一些人相当聪明,但是还没有聪明到能适应那些不同类型的人,能成为喜欢观察事物和询问问题的人,这些聪明人当时认识到,谈话中有一些不同寻常的东西。语言是个完全的工作体系,正如长时间躺在泉边沙中的一颗珠宝,它被发现了。谈话与人类做的其他任何事情都不一样。实际上,谈话是件很不平凡的事情。在那之前,谈话一直被认为是与生俱来的,是生命的天赋的一部分,并非有什么格外的特别,在谈话本身的过程之外不具备潜在东西,不值得深究或研究。谈话只是被人们使用的一个工具。如果我们的祖先有点像其久经世故的子孙后代(这些后代不一定比祖先更有才智)那样,他们会问这样的问题:"为什么要研究这种人与人之间发生的从人们口中发出的喧闹声?"正如我们将在下文

---

① 在世界其他地方,在意识领域里的革命是以不同形式展现的。例如在日本和中国,世界被尊崇的方式与我们不同,其结果是在那里存在一个完全不同的思想倾向。

② See Philip Lieberman's detailed and original work, *The Biology and Evolution of Language* (Cambridge: Harvard university Press, 1984); Philip Lieberman, "On Human Speech, Syntax, and language", *Human Evolution* 3, nos. 1—2 (1988): 3—18.

"革命之五:言语被用来精心制造思想"所看到的,当被问及这类问题时,奇怪的事情发生了,即新的语言的精心制造。的确,要应付这种洞察力,就必须发明一种新的语言,语言分析用的语言——谈及语言的语言,它包括一套词汇以区分语言活动,这类词汇包括字词和记号。所有这一切花费了很长时间——4000 到 7000 年。这个过程不如从前言语时期转变到完全成熟的语言时期那样花费那么长时间。

革命之三:记录言语

在第三场革命发生之前,根本没有准确的时间。必须有一种方法明了语言的复杂性,否则的话,那些聪明人得花费更多的精力一遍一遍地做重复的事情。书写系统发展起来。这是一场何等的革命呀!从那时起,一切都成为可能。字词穿越了时空。

革命之四:记录语言成为一种工具

在西方过去的希腊罗马时代,梭伦(公元前 7 世纪雅典人)是一位非常有见地的立法家,他认识到人们呈现给他的各种案子可以分门别类,他作的判决远非随意的事情,于是他开始对自己的判决进行归类,把这作为帮助他人的一种方法。当时他制定的法律就像英国的习惯法,植根于当时直接通过感受获得的文化的土壤。梭伦是首位文化人类学家。实际上,从古到今世界上所有"立法者"都可以被看做是实践的文化人类学者。

革命之五:言语被用来精心制造思想

今天我打算提出一个令人难以接受的看法:古希腊的哲学家们(从苏格拉底和柏拉图的以字词为中心的范式的苦心经营开始)不是扩大我们的视野,反而可能是在事实上盖了一堵墙,把我们与自己一部分重要的东西分隔开来。在这一过程中,他们在文化的无意识(类型乙)和言语的显现文化之间,建造了不可逾越的鸿沟。由于这种做法,他们从意向上建立了一种攻击身份的真正基础的程序。

柏拉图认为,辩证法和其逻辑的结果表现了绝对与唯一的真实,它把平民百姓的所作所为(一些活动、行为和思维方式,这些似乎是生命自然而然的一部分,柏拉图称之为 doxa)与辩证法逻辑的硬规则区分开来。只有在哲学家头脑中的以"恰当建构"的陈述表达出来的思想,才被认为与指导公民相关。这种看法从意向上设立了一个以一个概念为结束的程序。

这个概念就是:只有那些以语言形式表述的完美构思的思想才是真实的,而平民百姓和他们的所作所为被当做基本不值得注意的东西被摈弃了。①

从那时起,这种分离就一直伴随着我们,甚至在文化人类学这门学科中也毫不例外,文化人类学是基于我们通过语言来教授的东西,而相当少的是基于人们做了什么和被认为是想当然的东西。只有在爱德华·萨皮尔的描述性语言学那里和后来的社会语言学领域,我们才发现直接检验语言数据而不参考预想的观点或假设。当然,阿尔弗雷德·科日布斯基以他在普通语义学的研究作出了大胆的探索,他提出的观点是,在分离言语或符号与事实之间存在一条不可逾越的鸿沟,语言是地图而不是实际地形。②

革命之六:无意识的发现

弗洛伊德、荣格、沙利文和其他心理学家离我们这么近又众所周知,以至于我们不需要对他们打开的新世界的内容或结构进行详细的介绍,这个新世界已然展现在我们眼前。

文化的发现

正如无意识的发现那样,对文化的发现也是新近的事情。1877 年路易斯·H. 摩尔根最早对文化进行了描述,然后 1881 年爱德华·B. 泰勒③也进行了描述。文化的概念只是近些年来才开始被专业人士小圈子之外的人们所知晓。文化是由具有人的特征的人发展出来的媒介,同时它又是将一种社会群体与另一社会群体区别开来的媒介。20 世纪 30 年代,外显文化(overt culture)和体现文化(manifest culture)的区分很时髦,然而把整个文化

---

① Isidor F. Stone, *The Trail of Socrates* (Boston: Little Brown, 1988)

② Alfred Korzybski, *Science and Sanity: An Introduction to Non-Aristotelian Systems and General Semantics*, 3d ed. (Lakeville, CT: International Non-Aristotelian Library Publishing, 1948).

③ Edward B. Tyler, *Primitive Culture*, (New York: Brentano, 1924)

作为交流体系的解释的系统文化理论以出版物的形式出现是在1953年。①对通过学习获得的文化与通过直接经验得到的文化加以区别是最近才提出来的。我在13本著作中在冠以非言语交流的概念下，对通过直接经验获得的各种文化成分进行了开拓性的探讨。

为达到这一点，我集中围绕着以言语和书写形式进行的传播过程（在我们头脑中如何进行状况的记录），已经审视了我们人类这一物种关于延伸的发现（不是物质的延伸②而基本是中枢神经系统的延伸）。我希望现在转到人类才刚刚意识到的文化的非言语表达（占我们沟通行为的80%～90%）。这些沟通行为对人们之间相互理解中最严重的失真负有责任，失真可以起源于重要的具有实质意义的行为被读成了对自己文化的反对而不是另一种文化的表达。

如果我有一条想要传达的信息，必须还要考虑存在着意识不到的沟通特点。当人们彼此互相交流时，永远不要设想他们已全部意识到了沟通活动中的所有含义。这是因为人们在相互交流时，不仅语境的因素很少被注意，而且还有其他的信息含义被扭曲的原因，即文化的和心理的因素。

不幸的是，得以理解他人和察觉到他人头脑中的思考过程要比政治家们所喜欢承认的困难得多，这种局面也要比政治家们喜欢承认的严峻得多。当前的世界形势危险性成倍增长的原因就是部分领导者未能考虑更深层次的文化差异，及其对不同文化的人们看待世界的影响。

文化中隐藏的成分要大大多于显露的成分，奇怪的是它隐藏的是极有效地隐瞒了实践者的那些东西。多年的研究使我坚信，研究文化的最终目的不是要像使自己的文化清楚明白地显示出来那样去理解外国文化。文化

---

① Edward T. Hall, *The Analysis of Culture* (Washington, DC: American Council of Learned Societies, 1953); Edward T. Hall, *The Hidden Dimension* (1966, reprint, New York: Anchor/Doubleday, 1982); Edward T. Hall, *Beyond Culture* (1976, reprint, New York: Anchor/Doubleday, 1981); Edward T. Hall, *The Dance of Life: The other Dimension of Time* (New York: Anchor/Doubleday, 1983); Edward T. Hall, *The Salient Language* (1959, reprint, New York: Anchor/Doubleday, 1981).

② "延伸"很是恰当。当一个生命体使用本身以外的东西，去补充曾只能由自己身体才能做的事情时，这就是延伸。例如蜘蛛结的网、鸟的巢、刀（牙的延伸）、电话（听力的延伸）、语言（思维一些方面的延伸）、公共机构和文化。一旦一个生命体由延伸得以进化发展，其进化的速度就加快了。

人类及其各种延伸不是分离，而是组成了一个相互关联的系统。当延伸被认做一种扩展了并变得僵硬的程序时，伴随着人的延伸出现了一些困难。例如，当书写语言被认为是主要的，口头语言被认为是一种"次等的版本"，第二代的扩张（书写语言）已经把主次弄混了，口头语言才真正是最主要的延伸。在这种情况下，曾经作为一种工具的书写，已经取代了曾被设想的帮助口头语言的真正功能。

跨文化交流的建构与实践

有一个特点,文化是不可知的,由此带来的结果是不可分析的。我喜欢用参考的默认框架(tacit frames),即生存的规则,这些规则在各个文化中是不同的,这些规则可以追溯到从直接经验获得的文化。

不言自明的是,人际关系或跨文化关系中的不和谐不可避免地追溯到感知沟通过程的混乱,即对一方或双方文化的默认或明显层次上的沟通过程的混乱。我第一次意识到文化的这一维度是我在国务院工作的时候,那是在一次访问拉丁美洲和中东的旅程中。在各种各样的场合与自己同胞的争吵中,我开始意识到,对活动的计划和时间安排不是简单的人为活动,时间要被读做一种语言。我进一步假定,这种时间的语言是普世的,它对南美人和北美人一样重要。最关键的最引人注目的情形是围绕着当有了约会之后,在办公室里的等待时间,甚至大使们也要一直等待。似乎身份地位、公务的重要性,甚至侮辱都可以由等待的时间长短传递出来。很显然,不仅拉丁美洲的外交官不如北美人所期待的那么准时,而且他们的整个时间体系与我们的也不同。进一步的研究显示,不同的时间系统最终会渗透到或影响到生活的各个层面(揭示他们的另一特点是对空间的把握)。我从南美人那儿学习到的东西,与后来在世界的其他地方其他文化中发现的模式相一致。虽然此时难以对此给予全面的论述,但是时间的两个基本类型与这方面的讨论相关。

单向与多向时间

尽管世界上有很多类型的时间系统,但是我认为主要有两种时间系统:单向时间与多向时间。单向时间指在一段时间只关注和做好一件事,多向时间指一段时间做多种事情。正像油和水,两种时间系统难以融合。

单向时间文化起始于工业革命时期的英格兰,时间是直线式的,可以比成一条从过去向将来伸展的大路。单向时间被很自然地分割成各个片段,时间被编成进度表,被一段一段地加以划分,使得一个人有可能一段时间专心致志地做一件事。在单向时间体系中,进度表要优于其他一切,它被当做是神圣的不容改变的。

在单向时间文化中,时间被感觉到几乎是一种实实在在的东西:人们谈论时间时,似乎时间就是金钱,就像一些东西,可以"消耗"、"节省"、"浪费"和"丢失"。时间也可以被当做安排生活调整先后的分类系统,如"我没有时间去看他"。由于单向时间是在一段时间专注一件事,受到时间管制的人们不喜欢自己正干的事被中断。因此,单向时间把人们彼此封锁起来,造成的结果是,加强了一些关系,怠慢了其他关系。时间成为一个房间,一些人被允许进入,而其他人则被排斥在外。

在某些情况下,空间与时间密切相关,在另一些情况下则不是这样。与时间类似,空间可分成许多种不同的位置。今天我准备谈其中之一:个人空间。

个人的空间

北美人使用的个人空间是一种移动的领地。每个人在自己的周围都有一个看不见的空间气球,球的大小取决于多种因素:与邻近人的关系、个人的经济地位或文化背景,以及要表演的活动。很少有人会被允许进入这个移动领地中,或只是允许进入很短一段时间。移动领地被缩小了四分之一或者空间拥挤都会使得人们感到不舒服或受到了入侵。在北欧,这个领地相当大,人们都保持彼此的距离。在南部的法国、意大利、希腊和西班牙,这块领地变得越来越小。这样一来,在北欧被感知为亲密的距离正好与南欧的正常谈话的距离相同。这意味着,对于德国人、斯堪的纳维亚人、英格兰人以及北欧后裔的美国人来说,地中海地区的欧洲人之间的距离太近了。在北欧,人们在不触摸他人的情况下,甚至只是擦碰了他人外套的袖子也要道声歉。

语 境

比时间和空间更为抽象的是语境(context)对意义的影响。语境的含义有些捉摸不定,但却是个非常重要的话题,它已困惑社会科学工作者和语言学者多年了。我没有采用传统的方法通过情境去界定语境,而是采取了另一种办法,这种方法基于对跨越文化多个层面的人际交流的观察,思考信息如何被处理。其结果是形成一个以高语境交流为一边,低语境交流为另一边的标尺。

高语境的交流或信息是一种大多数的信息由人来体现的交流或信息,很少是以清晰的、编码的传递部分来体现的。低语境交流恰恰相反,即大量的信息是由清晰的编码赋予的。高语境的例子是一对一起长大的双胞胎,比起法院开庭时双方律师、给电脑编程的数学家、起草法案的政治家、两位撰写条例的管理人员,他们的沟通更简洁。总之,高语境的交流更多地依赖感觉和暗示,而低语境的更少依赖个人的感觉,倾向于使用左脑进行思维。从高向低语境偏离时是人际关系变冷的信号,从低向高语境偏离时是增进熟悉,通常是人

跨文化交流的建构与实践

际关系升温的信号。例如,称呼的形式会从"教授"或"博士"到直呼其名。

从对行为者的观察所概括出来的语境,得到了证实,很快地被作为广义文化中的一个模式得到了承认。例如,大体上可以说德国人和北欧人要比日本人和美国新墨西哥州的特瓦人运用的语境要低。

应该提及的是,在这里表述的思想相对比较简单,我曾做过的详细论述文化间的差异并非不足挂齿,这种差异正如言语和数字间的差异一样,在日常生活的情景中都可以发现。我的一位异常敏感的朋友是双文化的人(北美文化和拉美文化),他解决了在纽约公司总部和南美分部之间的各种大的冲突。他分出两类传播渠道,这样当纽约总部需要分部信息的时候,那些需要数字说话的人获得了数字,那些需要用文字说话的人获得了用文字表达的信息。在他之前,人们没有得到他们所需要的信息。

交流作为信息

现在我想进一步阐述关于交流即信息的观点。信息为生活的组织提供了基本的模式,这可能意味着生活即信息和信息即生活。我们知道,细胞里的非组织状态是癌症。当人们彼此不能取得联系那会发生什么?我们把这称之为"理解"他人。当我们意识到出现了交流方面的阻塞时,这就是个信号:我们走到尽头了,留下来的选择只有暴力、撤出、逃亡或放弃。事实上,交流上的阻塞是发生战争的主要原因之一。然而,不管谁"获胜",战争从来不是一种解决问题的方法。虽然有大量的交流失败的案例,可以从中吸取教训,但我认为从成功地克服交流障碍中能学到更多的东西。

思考一下海伦·凯勒的情形,由于她是失明的聋人,失去了聋子可以获得知识的一般资质,其结果是她经常做出令人失望的、像发狂动物的举动,直到她的老师利用语言作为工具,找到了给她的体能下达指令的方法。我的一位同事,威廉姆·C. 斯托科(William C. Stokoe)多年从事分析研究聋人沟通系统的工作,直到他创造出第一本美国符号(*American Sign Dictionary*)的字典,[①]聋人研究工作才得以突飞猛进的发展,展示出聋人的行为并

---

① William C. Stokoe, "Sign Language Structure: An outline of Visual Communication Systems of the American Deaf", *Studies in Linguistics*, Occasional Paper 8 (Buffalo, NY: University of Buffalo, 1960); William C. Stokoe, Dorothy Casterline, and Carl Croneberg, *A Dictionary of American Sign Language on Linguistic Principles* (Washington, DC: Gallaudet College Press, 1965).

非混乱无序,而是一种围绕着自己沟通系统而构建的组织完美的文化。在斯托科研究突破前,聋人文化是一种未知的默示文化的同义词。

现在世界处于与海伦·凯勒首次把水和词汇"水"之间加以戏剧性连接时有些相似的情形,这种连接为她提供需要去整合一种语言的线索,该语言正在那里等着她。

无意识的文化

虽然现在已经有了关于甲型文化(语言文化)的大量研究,但我们需要更多了解的正是没有意识到的乙型文化。人们正在日益认识到,我们正处在人类首次意识到语言的位置上。而我们还没有符号的系统,根据这种符号为文化通过直接经验获得的非言语的部分去构建一部词典,①不过在这方面已经有了扎实的开端。

在这个世界上,没有什么比对抗更令人灰心和愤怒,在对抗中一方依赖于另一方。我在思考认知、发展、经济上的生存、各类技巧、理解、对自我的了解、爱以及所有与其他人的关系。这种情形与中等年纪的新手第一次面对没有指南或辅导教师就能掌握文字处理软件的情况很相似。但是在现实生活中,与他人的人际关系情况,绝对要更加复杂。问题经常是如何使得他人、文化、机械为你而生产,去释放出你所期待的反应。考虑如下情形:与一位外国人交朋友或与一位异性交朋友、找到一份工作或使工作有所进展、协商一项协议、处理一项纠纷、在国内或国外销售一种产品。在同等机会下,"无声的语言"的介入要远大于法律术语。

生活中,我曾被现实中的甲类(文化)与乙类(文化)的不对等所冲击。由于甲类文化是外在的很容易看得见的,而乙类文化则不是这样,因此我花费了大量的精力去描述和解释乙类文化。理解你没有经历的事情是困难的,在观察到这点时,既然很少人有我那样的经历,我最终意识到,还是要说一说甲类文化,直到最近,我的头脑中对甲类文化思考才减少到最低程度。

除了上面提到的这类区分用文字思考者和用数字思考者的相对较小的差异之外,还存在着使信息处理、储存、获取的渗透性更强的方法。例如,生长在西方文化庇护下的人们生活在两个世界里:一个通过直接经验获得的

---

① 我已经为空间关系学(人们的空间关系)开创了一套符号系统,但这还不够。在文化的所有其他系统方面需要做更多的工作。

跨文化交流的建构与实践

世界,另一个通过书本学习获得的世界;一个是隐蔽的自动作出反应的,另一个是显而易见和技术性的;一个是综合的,另一个是线性的;一个是整体的,另一个是片段的和区分的,以至于左手真是不知道右手正在做什么(这是个应被认真对待的比喻);一个包含着被轻视的生活中的实事,另一个大多是被创造的,然而却被赞美并被当做真实的事。

我们现在所需要的是能对两种或三种文化进行翻译的人才,能对当今世界所有重要的接触给予翻译,现在这样的人才不多,不多的人才还没有加以利用。在这些翻译家之外,我们需要选择和使用翻译的知识和技巧。[①] 在这里,我更喜欢通过直接经验学到的文化,尽管它对那些在不同文化中已经成长起来的人们是活生生的现实,但在当今世界的绝大多数人看来都根本不是文化。事实上,它经常仅以一种加剧个性特征形式被感觉到。一位我曾在贝鲁特会见过的美国黑人妇女说:"我习惯嫁给这些家伙中的一员了,我俩之间有很多麻烦。我曾想这都赖他这个人。但是在这里这些男人都一样。"

认识到文化通过直接经验学习的部分,意味着我们每一个人和所有的人都身担重担,意味着放弃了允许我们去压制其他人的特权,意味着把我们以同样的感知以己度人,意味着承认他人只是不同而已,不是低人一等。最重要的是,这意味着接受又要不做裁判。

做到其中之一都不容易,因为这是件个人的事情,是不能用立法来决定的事。他们可能不像我们,我们也可能不像他们。但正是在这些差异中,蕴涵着世界将来的成功。我之所以这么说,是因为世界的问题已经激增到无法以单一的群体进行管理的地步了。在每一群体中的每个人都被赋予了技能(其中有很多是独特的),使他们有能力处理他们过去所面对的特殊问题。作为一种物种,我们自己得以进化,在这一过程中获得了多种的才能。我们需要具有一种能力去开发一种模式,以允许我们使用所有这些才能。但是为了能做到这一点,达到掌握通过直接经验获得的文化的事实和非言语沟通的相关实际将是必需的。不幸的是,我们却必须承认,我们最值得赞赏的财产是那些差异,正是这些差异把地球上的人们彼此区分开来。

[①] 使用书面译员的原则与使用口语译员的原则相同,而且应该更严格。雇用的双方任意一方的译员都必须全神贯注于他/她被翻译的对象,挑选那种最可能具有建立和保持和谐、最少扭曲(噪音)的人选。参见:Edward T. Hall, *West of the Thirties: Discoveries among the Navajo and Hopi* (New York: Doubleday, 1994).

虽然言语可以随意摆布,但是这个星球上的人们现在正处于发现存在一种真实自我身份的隐蔽语言的早期阶段,这身份一直掩藏在言语外衣之内。眺望远方,可以看到一个新的时代,在这个时代世界人民不久将会开发出种种新的工具,能到达彼此的头脑和灵魂。然而,重要的是要记住,洞见和理解同智慧不是同义词。智慧,这里指一些智慧,不幸的是这些智慧对我们大多数人依然刚刚跃出地平线。

尽管如此,我深信,人类世界正像地球本身一样,虽然被损毁,但依然是埋藏丰富资源的宝库,被发现的表层只是刚刚触及这种资源。我之所以这样说,是因为世界人民给予了我丰富多彩的知识,教导我更多地了解自我,扩大视野,呈现给我一个具有丰富认知真实的世界和自我,使我对自己坚信不疑。我知道了其他民族的世界是真实的,生活本身是合法的(虽然多次难以理解),在表面的印象之后或之下存在着秩序。进一步说,还有很多像我一样的人,他们中的大多数人成长于不止一种文化之中。我们中的多数人依旧孤独,直到我们遇到别的人,他们也认为,其他的民族也是真实的,而不是由那些不了解他们的人制造出来的剪纸。这类孤独难以描述,但像一种饥饿,这是一种失去部分自我而又盼望团圆的饥饿。

现在我要用一个例子结束本文,该例子会使你发现隐藏在你我身上的真实的无意识。

我一位法国朋友的妹妹嫁给了一位采矿工程师。夫妇俩和年幼的儿子住在美国科罗拉多州一个中等采矿小镇上。由于妈妈不愿意自己的儿子成长时不接触母亲的母语,所以她只对儿子说法语。一天儿子带着一副严肃的表情来到母亲身边,想要知道为什么只有母子两个人说的话与其他所有的人不同。母亲试图向儿子解释他俩讲的是法语,法语是一种语言,英语是另一种语言。讲的这些都无效。所有关于语言的概念都是在真空中论述的,这种论述太虚了、太抽象了、太不实在了。母亲是个很聪明的母亲,明白了问题之所在,机会一来就带着儿子去了加拿大的蒙特利尔市。一瞬间,现在儿子和母亲成为一个讲法语的新社区成员。对这位有着外侨经历,被不理解的程序使自己与其他所有人隔绝开的儿子,一切都是那么有序自然,曾经被困扰的事情现在成为一扇开启新世界的大门。

我的观点是甲型的言语文化和乙型无意识的文化是两种语言,乙型是一种过去的、现在的以及将来的语言,这种语言像那位穿过通往新知大门的孩子,是文化的也是我们自身的一部分。

感知视角中的文化

马萨尔·R. 辛格(Marshall R. Singer)

感知模式①

本文的基本设定是:人们做出行为是因为他们通过种种方式感知到了外部世界。本文说的感知(perception)是人们选择、评估和组织来自外部环境刺激的过程。②

因为个人和群体在付诸行为时,他们只能基于他们的感知采取行动或作出反应。重要的一点是不同的个人和群体经常会对"同样"的刺激产生不同的感知。在这里,我们不必考虑客观存在的"现实"是否远离人们对现实的感知。然而,就人们的行为而言,只存在主观的现实——这就是说,宇宙是人们感知到的宇宙。那么问题就变成了:人们是如何形成了他们对外部世界的感知?他们的这些感知又如何影响了其行为?

我们主张人类不可避免的是种社会动物(在此只能一笔带过,因为这个问题不是本文主要讨论的问题),尽管这在人类早期年代表现特别明显,但是人类的整个历程亦是如此,人必须与他人形成一种关系才能生存。我们接触的每一个人都对那种关系给我们带来了他/她对宇宙的个人感知。可能更重要的是,我们在自己被抚育成人的那个群体中已经适应了从自己的感知视角来看待世界。我在想到吃鱼、吃牛、吃猫时,是垂涎欲滴呢还是恶心反胃,这取决于我把自己群体所教的态度和价值观进行内化的彻底程度。我成长的文化不仅确定了我说的语言及语言中的思考方法,甚至还确定了

---

① 本文的原文发表在:Vidya, o. 3(Spring 1969),后来重印在:Readings in Intercultural Communication, vol. 1, edited by David S. Hoopes (Pitsbugh: Intercultural Communications Network, 1975,pp6—20. 对本文中的感知模式及该模式的一些应用,后来本文作者对其细节加以发展,并在多个地方发表,最主要的见拙著: *Intercultural Communication: A perceptual Approach*, Engewood Cliffs, NJ: Prentice-Hall, 1987.)

② 本文中的"感知"包括"记忆"(控制论意义上的)和解释意义上的"认知"(cognition)。

我的所见、所听、所尝、所触、所闻。①

著名的语言学家本杰明·L.沃尔夫认为:"呈现在我们面前的是一种新的相对论原理。该原理认为,同样的物质现象并不能使所有的观察者对世界产生同样的认识,除非他们的语言背景相似,或是可以通过某种方式得到校正。"②我想在这一说法上再向前迈一步,用"感知"一词代替"语言"一词。我认为,每种文化有自己的语言③或符号,一种语言是一群体所持有感知的言语或其他方面的表达方式。虽然,语言一旦形成就会进而拘束持该语言的人们以一种方式去感知,但是我坚持认为语言只是群体维系和加强感知相似性的方法之一。

我提出的模式的特点在于,它是基于以下一系列前提(premise),其中一些已被普遍接受,有一些在目前阶段仍是假设,有一些则只是界定。由于该模式不断的修改完善,有些成分无疑将被剔除,有些则可能被改写,有些要被增添。我认为方式或视角比特定的构成成分更重要,因此我提出这些成分以便使我的模式尽可能的清晰。④

1. 人的行为模式基于对外部世界的个人感知⑤,这些感知大部分是习得的。
2. 由于生理和经验的差异,没有两个人可以完全一致地感知外部世界。
3. 两人之间生理和经验的差异越大,两人的感知不同就会更大。反之,两人之间生理和经验越相似,两人的感知也就越相似。
4. 一个"感知群体"可以被界定为对外部世界感知一些方面或多或少相同的一群人。⑥

---

① 在以下提出的一些主张中,我们认为每个群体都有自己的文化。
② 引自 *Collected Papers on Metalinguistics*,它曾被 Franklin Fearing 在文章"An Examination of the Concepts of Benjamin Whorf in the Light of Theories on Perception and Cognition"中引用。该文收录在 Harry Hoijer 主编的 *Language in Culture*, Chicago: University of Chicago Press, 1954, p. 48.
③ 这里的语言是最广义的语言。它可以包括社会科学家和数学家使用的行话和符号,例如在自己学术圈子内使用的特定概念。
④ 这些基本前提主要来自大量的文化人类学家、社会学家、心理学家、传播学理论家和语言学家的著述。本模式特别是受到了感知稳定性(perceptual constancies)说法的重要影响。见: Franklin P. Kilpatrick, ed., *Explorations in Transactional Psychology*, New York: New York University Press, 1961.
⑤ 此处的"感知"包括态度和价值观。
⑥ 由于"或多或少"一词在量上含糊不清,所以它们不适用于精确的社会行为科学。不幸的是,鉴于目前我们掌握的知识,这通常是社会科学家可能提出的最好的阐述。当今许多心理学家做着大量的严谨的研究,显示着他们正在寻找更加精确测量感知的办法。对这个问题提出的有一些建议和方法,见: Bernard Berelson and Gary Steiner, *Human Behavior: An Inventory of Scientific Findings*, New York: Harcourt Brace and World, 1964.

跨文化交流的建构与实践

5. 对外部世界感知,在一些方面或多或少相同,并承认共享这种相似感知的一群人可以冠以"身份同一群体"(identity group)。

6. 一群人中存在的感知相似程度越高,在其他条件相似的情况下,(1) 他们之间的交流就应该更容易;(2) 他们之间就会进行更多的交流;(3) 这种感知的相似性就更会被承认,导致一个"身份同一群体"的形成。①

7. 交流的轻松愉快将使得感知的相似性程度持续增强(通过反馈功能),相似程度增加又反过来使得交流更加轻松愉快。这就使得群体身份的一致性持续加强。②

8. 人们间共享的感知的数量越多强度越大,那么成员间存在的重叠重要感知就越多,这些成员就趋向于具有高度的群体身份认同。③

9. 被一个"身份同一群体"所接受和期待的感知、价值观、态度和行为的范式被称为"文化"。既然鉴于界定,每个"身份同一群体具有自己的行为规范的范式,那么每个群体应被认为具有了自己的文化"。④

10. 因为交流倾向性在那些身份彼此最接近的人们中最容易进行,在那些感知不同的人们中进行得最困难,这种趋势会加强和加剧烈群体差异的感觉。当"我们"(同一身份群体)与"他们"(一个身份认同不同的群体)并列时,"我们"就显得更加鲜明。

11. 任何个人一定会不可避免地是集大量不同感知和不同身份群体于一身的人。然而,一个人会共享某一群体的相似感知多于另一群体,对某一群体比另一群体有更高程度的身份认同。人们会自觉地

---

① 这一条反过来说也是对的。

② 在很少交流和没有交流的人们中,感知的相似性呈下降趋势,这会使得交流更为困难(见下面的前提10)。

③ 在大多数社会中,家庭具有最高等级的群体身份。形成这种情况的众多原因中是以下事实:家庭倾向于同时把不同的感知群体结合在一起。这样一来,除了极个别的例外,家庭的所有成年人说着相同的语言,来自同一居住地,有着同样的宗教信念,有着大致相同的教育水平,属于相同的社会经济阶层,很容易受雇于相同的职业群体,等等,我们还可以列举很多的方面。换句话说,家庭可能享有最高层次的群体身份认同,因为该群体的成员同时也是许多其他感知群体的成员。的确,家庭的身份认同,作为个人最高层次的身份认同,倾向于在那些更为流动的社会中(例如城市内和工业化区)被打破,在流动性强的社会中,家庭结合了很少相同的感知。

④ 对这种视角的进一步讨论见下文。

将自己对不同群体的认同排列先后。①

12. 由于环境和生理一直在发生变化,感知、态度和价值观也一直在变化。因而,对群体认同的排列次序也在变化,新的感知群体在不断形成,而现存的群体则处于不断变迁的状态中。②

我们从遗传学的研究知道没有两个人在生理学上是完全一致的。如果每个人手指头皮肤都是不同的,那么每个人的触觉一定被认定是个性化和独特的。然而,更为重要的是人们看待世界的方法方面,我们尚未回答在其他感知器官生理上的多样性问题。人眼里视网膜的圆锥细胞和杆状细胞的构成如何?或者舌头上的味蕾、耳朵的神经纤维、或者任何接收外部刺激的生理器官的构造如何呢?如果没有两个人有完全一样的接受刺激的感觉器官,那么随之而来的必定是,只基于生理学的证据,就可以说没有两个人所感知的外部世界是完全一致的。然而,生物学上的差异可能只占人们认知差异的最小的一部分。

在决定个人对外部世界感知的因素中,更重要的是那些编入、组织和运作感官数据的因素。从遗传学上讲,我们从父母那里继承了那些表明我们是其后代的身体特点,诚然,尽管由于生理和环境造成了人们个体上的差异性,但是依然存在着大量的相似性。例如,一对白人夫妇,绝大的可能性是其后代也将是白人。假设一对讲英语的夫妇,绝大的可能性是其后代也将说英语。两者的区别是生物学上的身份是固定的(在确定的可能性之内),而环境的身份却不是。两位白人夫妇的女儿在她出生后不管发生了什么,将总是白人。但是一对讲英语的夫妇的女儿如果出生后立即就由一个完全不讲英语的群体抚养的话,她可能不再说英语。因此,生物上的遗传相对来

---

① 个人和/或群体在已经内化了的一些差异成分,甚至是在冲突的价值观系统中生存,这是经常发生的。在这种情况下,个人和群体能够生存或活动,主要是因为(1)他们能界定差异的程度,并能在多个价值观系统以他们认同的价值观,在不同的意识程度上界定差异的程度;(2)由于大多数群体同时持有的多种身份认同,只有很少会导致直接"有意识"的冲突。当群体同等持有的两种价值观系统确实发生冲突时,这可能会导致个人和/或群体的高度焦虑。个人和/或群体常寻求第三种认同,该认同可以调和、中立化、理性化、综合这些冲突的价值观系统。这对一些个人和/或群体可以产生一种无能力采取行动的作用。对那些仍然固执己见者,以牺牲一种价值观系统为代价过分强调一种价值观系统的做法,这可能意味着是古怪行为。然而,上述的任何一种情况,都可以诊断为矛盾心理。

② 小型的、孤立的、相对差异少的社会可能经常似乎处于几乎完全不变化或不能变化之中,就是因为在这些社会的大多数成员中,存在着高度共享的感知。正是因为存在这些高度加强了的相似的感知,才使得在这些社会中引入改变是多么的困难。

跨文化交流的建构与实践

说是永恒的,环境的遗传是变化的。尽管从理论上讲,环境条件方面几乎存在着无限种可能,但实际上大多数人能经历的环境因素的数量是惊人的有限。虽然有可能整个世界在探险,但是生活在这个星球上的绝大部分人从未离开他们出生地几英里远。的确,我们每个人是数量有限的、规模不大的、不同身份群体的一员。

如果出于生物学和环境因素,任何两个人感知的世界都不可能百分之百的相似,出于同样的原因,他们俩对世界的感知也不可能没有一丝一毫的相似性。因而,我在此提出一个衡量人们感知相似性变化的数轴,在数轴的一边是0,相似性永远不会是0,数轴的另一边是100,相似性永远不会是100%。实际上,感知相似性的程度,可能被测量的最好方法不是连续变量中一个点,而是一个数段。例如,①两位天主教徒,一位来自波士顿富裕家庭的第三代移民,另一位来自刚果贫困小村庄的文盲,同是天主教徒,可能他们感知的相似性不超过10%~15%。然而,我会认为在一定程度上,他们共享一种天主教的身份认同(承认感知的相似)。他们是被称为"天主教"这一宽泛身份认同群体的一部分。教师作为一个群体,可能平均共享20%~25%感知的相似性。如果把这一群体成员的范围进一步缩小为只包括大学老师,那么感知相似性将提高到40%~50%。如果再进一步缩小范围,该群体只包括天主教徒、男性、异性恋者、量子物理专业的大学教师、有(美国)麻省理工学院的博士学位,35~40岁,那么感知相似性程度可能要提升到75%~80%。请注意,由于减少了可以包括在一群体中人员的数量,却增加了该群体成员共享同一身份的数量。通过这样做,我大大地提升了他们将来共享更多相似感知的可能性。毫不奇怪,群体人员越少,该群体的内聚力很可能就越强。

我认为通过交流,一个人或者一群人多少会理解对方的信息。既然没有两个人能够获得百分百相同的感知,顺理成章的就是没有人能百分之百地感知信息发出者想要被理解的信息。当人们将我的看法与香农(Claude E. Shannon)和韦弗(Warren Weaver)②曾说过的交流过程中经常存在的信息失真的观点结合起来看,就容易认识到交流过程中固有的潜在的高度的非交流性。幸运的是,对于群体的行为来说不必要使交流的内容被百分之

---

① 本文例子中的人物完全是虚构的,使用这些人物只是为了说明一种概念。这些人物不是来自任何已有的研究。

② Claude E. Shannon and Warren Weaver, *The Mathematical Theory of Communication*, Champagne_Urbana: University of Illinois Press, 1949.

百精确地感知到,并且在几乎任何交流体系中都存在着内在的纠错方法。方法之一是"反馈机制",该机制可以不断地检测感知的准确性。① 另一种方法是重复。大多数的言语本身内容一半以上是重复。这样,尽管由于不同的感知或由于系统造成意义扭曲而使一部分信息丢失了,但足够的信息抵达对方,传达了意图表达的总体意义。至少在面对面的交流中及在某种程度商定的电影和电视中,可以通过多种渠道重复同样的信息,通过视觉和听觉的渠道可以同时传达和加强同一信息。在任何社会中,不管出现何种可能的媒介,面对面的交流将依然是最有效的交流形式。

但是,言语交流只构成了任何社会中发生的交流的一部分,可能是最小的一部分。更加重要的部分是无声的非言语的交流,对这种交流我们只用一半有意识的和一半无意识的就能发送和接收信息。每天在纽约的百老汇街和42街交界处,可能都有成百万的人川流不息,然而非言语的交流是如此的准确,以至于不说一句话,人们很少接触就以有序的方式彼此审视过往的人,一瞥、一个耸肩、时间和空间,②的确有无数的非语言信号传递着比言语更多的信息。这些非语言信号经常太微妙以至于未被意识到。有确凿的证据显示,在任一群体内,非言语交流可能占有传播的绝大部分。这种说法很准确,因为在自己的群体中我们交流和感知得太好了,以至于我在那里感到非常舒适。我们付出很少的努力,感受很少的挫折,就能有效地进行交流。因为我们对自己群体内成员的行为模式是能预见到的,以至于进行有效的交流只需要很少的努力。

正是这种共享,未明确表明的,或有时难以明确表明的感知的模式、交流的模式和行为的模式常被称为"一种文化"。但是群体的身份认同不必与国家边界相吻合。在我们上面假设的量子物理专业的大学教师案例中,我们并没有提及国籍。可以肯定,如果我想规定这些大学教师都是美国人,他们共享相似感知的百分比可能会上升得更高。但是事实上,量子物理专业的大学教师之间感知的相似性可能要高于这些老师与例如未受过正规教育的美国西南部小佃农或本国理发师。正因为如此,我认为每个群体有自己的文化,不能只考虑每个社会自己的文化,而是要考虑对社会规范偏离的

---

① 在信息发出者和信息接收者之间,对甚至部分感知相似反馈的必要性的戏剧性描述,见 Harold Levitt, *Managerial Psychology*, 2d ed. Chicago:University of Chicago Press, 1964, Chapter 9.

② Edward T. Hall, *The Silent Language*, 1959, reprint, New York:Anchor/Doubleday, 1981.

跨文化交流的建构与实践

"亚文化"群体。① 这并不是说，社会的文化不存在。相反，在一定程度上，整个社会共享着和交流着一定的相似感知和相似的行为，这一点必须被认为是一个身份认同一致的群体，当然因此该社会有了一个属于自己的共同文化。毫无疑问，世上有美国文化、法国文化、日本文化和其他文化。

但是，我要提及的是，在每个认定的社会中，存在着更多的可分析和可操作的单位，把它作为存在与身份认同群体（文化群体）的集合。据此人们可以着手比较和分析整个社会，决定哪个身份认同群体在每个单位方面的表现，以及：

1. 在某一社会中的特定群体的存在和不存在如何影响了整个社会。
2. 有哪些群体可能总是、经常、很少或从未在包含多种群体的社会中被发现？
3. 在不同的社会中相同的群体之间的异与同是什么？② 为什么它们不同？它们如何与整个社会发生联系，整个社会如何与他们联系？
4. 在同一社会中不同群体间存在哪些异与同？

尽管我认为，上述的这些问题的含意对社会变迁过程的研究的确非常重要，但是它已经超出了本文要探讨的范围。③

对跨文化交流的含意

上述勾勒的感知模式中，其蕴涵的意义是一种主张：一个人在与他人交流时，实际上多少都正进行跨文化的活动。一个人与其要交流的人所共享的群体认同身份越少（及较不热情坚持现存的身份），这个交流就越是跨文化的交流。我们在这里是以连续变量而不是以非此即彼的两分法来处理跨文化交流问题。然而，要着重提及的是一些"国内"的交流可能比一些"国际"交流更跨文化。

一些反贫困项目的工作报告人员有时气恼和惊讶地发现，他们意图良好的计划遭到了他们想帮助的人们坚决反对。他们经常忽略的东西（任何有经验的社会工作者所知道的东西）是以下事实：大城市的、中产阶级、受过

---

① 到1990年代，我们最终认识到这一点，现在这被称为"文化多样性"。
② 例如，不同社会中的家庭、学生、商人、工人、官员、军人、职员等。
③ 对于这方面的问题，本文作者在某种程度上已进行了讨论。见"Group Perception and Social Change in Ceylon,"in *International Journal of Comparative Sociology* 7, no. 1(March 1967)

良好专业教育的人们可能与那些内地小城市、乡下的、下层阶级、没有受过教育的客户有着完全不同的感知(及不同的价值观、态度和行为模式)。① 仅因为专家学者认可某一特定计划的价值并不能保证一般客户会以同样的思路看待该建议。的确,如果他们这样做的话,那他们可能真的要创造奇迹了。就是因为这个原因,在制订为增加客户利益的计划时,要求更多客户参与的需求增加了。在某种程度上,这样做可能会减少问题。但是直到问题的原因被认清之前,是否能取得重要进展值得怀疑。在相关群体之一(只能是专业群体)认识到自己的感知明显地不同于其他群体(并认识到差异不等同于有害)并做出一致的努力去理解其他群体的感知之前,摩擦和挫折的事件将很可能继续。更甚者,现在美国的非裔美国人、西班牙裔美国人、其他民族后裔的美国人正在积极地捍卫自己的身份合法性,英裔的美国人开始意识到理解其他民族感知的紧迫性。

　　国际的跨文化交流活动常常比国内的跨文化交流活动更困难更复杂。这不一定是因为介入交流活动的人们共享更少的感知,而且更是因为在一个不熟悉的环境中调整对交流的期待水平常常极端困难。在自己的国家,有大量我们熟悉的、无声的和/或微妙的暗示,能告诉我们可以在何种精致的水平上进行交流。当在美国,一位男性的物理学家与一位理发师谈话,前者知道自己期待的是讨论篮球和天气,他也知道试图与理发师谈量子物理将是徒劳无益的。这样,他及时调整自己的交流预期,给理发店留下了国内篮球队标准的明智看法,或者增加了对迫近的冬季的了解。但是他肯定没有未能谈及物理的挫折感。他知道和谁可以谈篮球,和谁可以谈物理。但是,在外国的环境中,确定可以交流的层次是困难的,特别是对新来者更是如此,同一个美国男性物理学家在国外活动时可能惊喜地发现,他的外国谈话对象不仅会说英语,而且"看上去"和自己有同样的问题、渴望和价值观。他因而期待自己的想法被理解,尽管是谈非常复杂的学术问题。如果他后来发现,自己的观点并没有被完全的理解,他可能感到受到伤害,被欺骗,有挫折感。由于外表上"看上去"有基于两人作为量子物理学者共享的相似共同感知,这位美国物理学家没有考虑到以下事实:谈话对象存在着大量的其他群体的身份认同,因而有许多其他的感知和行为模式,在这些方面他们并"没有"共同点。

---

① 只是为了陈述的目的,才使用了极端的对比。对于来自其他群体的客户,尽管可能在程度上有差异,但道理是同样正确的。

跨文化交流的建构与实践

  国际的跨文化交流活动中的困难增加还有其他原因。由于在同一社会的两个人可能来自两个文化的世界,远离各自所受的教育,他们可能住在同一城市,同属一种大众文化。如果我打算在美国我的理发师家里吃饭,我会大致知道我期待着什么,我如何去行为:食物和餐具会很熟悉。当我离开了理发师的家,我会沿着熟悉的街道开车,看的是熟悉的面孔和地方,闻的是熟悉的气味,一直开到我自己安全和舒适的家。然而,比如说若是在印度孟买一位教授的家里,我不仅必须记住不能用左手吃饭和不能吃奇怪的食品(以及任何其他我可以引用的跨文化的资料),我还必须准备应对那些全然没有预料到的情况。要真正理解另一民族的文化,人们必须要知道成千上万的没有联系的信息"比特",教会一个来自另一民族文化的人知道这些比特谈何容易。然而,正是因为我们对另一种文化所知甚少,我们才不知道我们的焦虑程度必然会高。一旦我一离开我在孟买同事的家,我必须在奇怪的街道中漫游,看到的是奇怪的面孔和地方,闻到的是奇怪的气味。在美国我能下意识地接收到的所有无声的细微暗示都消失了。对于我来讲,在孟买我必须付出巨大的精力把所有这些大量的细微暗示搞清楚,而这些细微暗示在我自己的文化中是不明显的是下意识的。但是,很明显不能接收无声的暗示并非构成国际跨文化交流活动复杂性的全部。适应不熟悉的食品、气候和其他物质上的差异也可能是非常现实的问题。进一步说,还存在着另一个实在的交际负担,一个人可能完全不懂或只部分懂所在社会的口语或书面语。

  还有一个因素,造成了国际跨文化交流活动比国内的跨文化交流活动在情绪上负担更加繁重。我曾分析过,所有的交流在某种程度上都是跨文化交流,在国内的社会环境中,可以将接触与自己非常不同的群体控制在最小范围内。在家里我们会度过我们大部分的娱乐时光,至少我们周围的那些人的感知多少和我们相似。甚至我们的工作性质就是白天和与我们非常不同的人打交道,但是晚上,我们可以逃回本群体的舒适安逸环境中。在国际跨文化交流中,这通常不太可能。① 当你在外国工作或生活在外国时,除了可能与一同出国工作的本国人接触外,你不能期待从不确定的紧张心情得以减轻,直到任务完成回国;或者你在该环境中生活得足够长增加了自己对周围的感知相似性的范围达到了一个点,在该点上如果不是一切,至少也是大多数事情都成为下意识的,再也不需要搞得一清二楚。

---

  ① 然而,这的确有助于解释人们发现在国外,美国、德国、英国和其他外国人聚居区和会所的流行。

总之,由于在同一社会中一些交流可能比一些国际交流更跨文化,因而国际的跨文化交流明显地趋向于更加困难,因为我们倾向于在国内比在外国环境中与更多的群体共享更高程度的感知相似。

在这里我还想介绍另一个概念。每一种交流关系中都包含权力(power)的成分,该成分隶属于交流。我们也可以公开地承认它和有意识地对待它。直到现在几乎没有传播学专家已经准备就绪来处理交流过程中的权力方面的问题。相反,大多数政治学的学者未能承认他们研究领域中文化差异的重要性。我最深信不疑的信念之一是:跨文化交流研究给政治行为研究以活力。我的另一个论点是:在交流关系的研究中,忽视权力问题就是遗漏了极为重要成分。①

对本文做个总结:我认为,一个习得的、与群体相关的感知(包括语言、非语言、态度、价值观、信仰体系和行为)被一个认同群体所接受和期待的模式,称为一种文化。根据上述界定,既然每个认同群体都有自己的感知模式、行为规范模式和自己的语言或符号(被该群体成员理解的最清晰),那么每个认同的群体可以说都有其自己的文化。

进而,我认为,没有两个人能感知百分之百的相同;我们曾经生活过的或我们正生活其中的,与我们绝大部分生活发生联系的群体,决定了我们感知什么和如何感知。我们认同的那个群体教给(有意识的和无意识的)我们该群体对好与坏、美与丑、对与错的定义。我们可能会偏离我们认同的一些群体的规范(就是说,对它们的认同少于对其他群体的认同),但是在一定程度上,我们的确认同一个特定的群体,这一程度上,我们喜欢接受该群体的态度、价值观、信仰等。进一步说,我们与其他人共享较多的群体认同,那么我们就会共享较多的感知相似;我们与其他人共享较少的群体认同,那么我们就会感知到较少的相似。我们与一些人共享较多的群体认同,那么交流就会较少一些跨文化障碍(因而就更容易,可能也更准确);我们与一些人共享较少的群体认同,那么交流就会较多一些跨文化障碍(因而就更困难,可能也更不准确)。但是所有这一切并不令人沮丧。学习其他文化是可能的,这样做我们就开始共享更多的相似的感知,我们就开始了更有效的交流。我们有充分理由必须要做出更大的努力。

---

① 1967 年发表的原文中没有这段。本段出自本人的最新拙著:*Intercultural Communication: A Perceptual Approach*.

超越黄金法则：同情与移情

米尔顿·J. 贝内特（Milton J. Bennett）

"所以无论何事，你们愿意他人怎样待你们，你们也要怎样待他人。"
——《圣经》，马太福音 7：12

世界上许多宗教都引入类似黄金法则的格言。该法则表述了这样一个众所周知的基本事实：不仅我们的家庭和同胞，所有人类都是平等的。但是，人类好像并不尊重这个法则，依然发动种族屠杀，对偏见和歧视的破坏力习以为常。黄金法则的智慧究竟为何难以发现？一个原因是，公众运用这个法则的方式阻碍了跨文化理解。

黄金法则最典型的是作为一种人类行为模板来使用——如果我不太确定该如何待你，我就想象自己希望怎样被人对待，然后就照此待你。实际上，该法则在美国文化里的正面价值不言自明，其潜在含义是：他人愿意像我被对待的方式一样被对待。在这个想法基础上继而衍生出另一更为有害的信条：所有人基本上都是相同的，因而他们想得到的对待应该跟我想得到的一样（无论他们承认与否）。

简言之，这种形式的黄金法则是行不通的，因为每个人实际上都有别于他人。每个人不仅个体有差异，而且在国家文化、族群、社会经济状态、年龄、性别、性取向、政治倾向、教育背景、专业及其他许多方面都存在系统性差异。伴随这些差异的，还有价值观的不同。任何一个群体的价值观都很难适用于全人类。

对本文的读者来说，人类有差异显而易见。但对一般人，包括那些受过良好教育的人，这一点并非能被广泛接受。许多跨文化交流领域的教师和培训师们发现，大多数人承认衣着、习俗、语言等一些表面差异，但他们笃信人类在主要方面存在共性，表面差异不过像是一道划痕，根本无法改变这些共性。该信条有如下表达："一旦你习惯了他们的那些不同（衣着、方式、风格等），他们其实跟我们没什么两样！"如果你试图揭示更为基本的价值观差异,甚至会引起抵触或仇视。这些对人类相似性的假定在我们的世界观中占据着非常核心的位置。

除了否认差异性,黄金法则对人类的有效沟通也是一个糟糕的向导。它假定的是,他人就像我们自己,当我们与他人对话时,就如同和我们自己对话一样。我们没能认识到沟通必须要符合人的差异性。我们为理解和被理解所作的努力也被表面的一致性破坏了。

为揭示黄金法则的偏颇之处,我们需要考察一些哲学观点、社会组织的概念、沟通技巧或策略。在哲学层面上,我们将首先考虑人类相似性假定和它与单一现实理论的关系。这个哲学倾向将在大熔锅观点和民族中心主义等社会学概念中出现。与这些概念和假定相应的沟通策略是同情。与相似性假定相反的哲学观是与多重现实理论有联系的人类差异性假定。基于这个假定的沟通手段是移情。最后,我们将思考一些开发移情的方式和方法,并运用移情实现跨文化沟通的目标。

相似性假定与单一现实

相似性假定最突出的观点是所有人类基本上是相同的。此说认为,人类生理、个性,甚至可观察到的文化差异大多是表面现象。这些表象之下则是跨越时空、文化边界和个人取向的"人类本性"。相似性假定不仅是个消极的观点,它还定义了什么是人类应该寻求的。所以,人们关注相似性,却忽视或贬低差异的重要性。

人类相似性假定从哲学角度以理想主义和经验论为其代表[①]。理想主义者认为,包括人类在内的宇宙有一个永久的、理想的形式。人类通过认识这个形式发现他们的真实本性并使自己适应这个形式。如今的神秘主义和原教旨主义(基要派)宗教的复苏在很多方面是柏拉图式理想主义的再生。大多数神秘主义和神赐天赋的鼓吹者教导人们,一个真实的、超自然的现实的确存在着。这个现实当被感知的时候,会引领探索者认识到这个单一现实存在于人类个体之中。依照这个观点,人类的差异性是存在的较低层面的短暂现象;与较高层面的本原统一体相比,它仅仅是表象。

经验论者们从另一条道皈依人类相似性假定,即没有什么超自然的现

[①] Bertrand Russell, *Human Knowledge*, *Its Scope and Limits* (New York: Simon & Schuster, 1948).

实存在,有的只是可观察的物质与能量的世界。当这个可观察的现实好像本来就千差万别的时候,一个蹊跷的发现是,只有可观察的部分是有差异的。人们在相似的环境里需以相似的能力观察同样的事物。这是科学复现性的本质。如果一个现象不能被许多人观察得到,那么它就被认为不存在。当然,需坚信所有的人经过适当的训练,都能够,也确实看得见同样的真实现象。

其他形式的相似性假定大多是从上述两个哲学角度衍生出来。比如,基督教和伊斯兰教等福音教派倾向理想主义,承认只存在一个真理,所有人对它都有相似的认识。人种生物学则从经验论的角度认为人类与某些灵长类动物行为非常相像。转换语言学认为,人类在基本语言"能力"方面本来是相似的——这是柏拉图理想形式的一个例子。而心理学和社会学等社会科学自然而然地把他们经验主义的观察建立在常态人群统计学意义的相似性上。

上述理论仅是被称做"单一现实"理论类别里的几个举例。单一现实内在的基本假定认为,事物只以一种方式存在着。照此观点,现实不是由我们观察的范畴创造出来的,而是透过哲学/宗教(理想主义)的主观或客观(经验主义)的观察被发现的。理想主义认识单一现实的方法指示句为:"只要我们发展出足够的智慧、信念、知识、修养和洞察力,我们就知道宇宙的真实本质。"经验主义的方法指示句为:"我们还不了解这个现实的全部,但是有了足够的实验、分类、仪器设备、解释,我们就能弄清楚事物真实的存在的道理。"

黄金法则依靠单一现实理论来强化它潜在的人类相似观。假如没有一个可发现的现实,我们永远无法肯定我们观察到的这个相似是不是"真实"的,或者它是否仅仅是我们的观点在作祟。如果相似性不过是个观点而已,那么我们或许该考虑其他人是否会有不同的观点,这些观点或许引导他们,在我们与他们之间,观察到完全不一样的相似(或差异)。在这样的情形下,黄金法则完全行不通,我们还有可能坠入一个更为复杂和相对的世界。所以,我们姑且保留黄金法则令人舒服的假定和它所描绘的单一现实世界。

大熔锅和民族中心主义

坚持黄金法则的后果并不仅限于哲学概念方面。单一现实理论和人类相似性假定还造成了一些社会后果。影响到跨文化沟通方面的两个后果是

"大熔锅"和"民族中心主义"。熔锅的概念是对美国少数族裔问题加以关注的开始。这些少数族裔希望在某种程度上能保持自己的种族身份有别于美国的主流文化。熔锅一词来源于伊斯雷尔·赞格威尔(Israel. Zangwill)于1921年创作的同名剧本:

> 美国是上帝的熔锅,它十分巨大,所有欧洲的族裔在这里熔化并重塑——你在这里,与五十种的语言和历史……但是你与那些同族兄弟们不同,因为你奔向了上帝之火——这是上帝之火。①

今天听起来,熔锅的观点可能很落后,但它实际上是美国历史上殖民地时期的一个相对自由的延续。从这个时期直到第一次世界大战,很多人认为美国的种族差异熔合会将其引向一个超级大国的文明。② 可是,当一个更加强大的主流文化发展起来之后,原来的大熔锅观点被转换成一个理想,即同化和美国化。

美国化是文化同化的具体案例。美国化的熔锅不仅熔合差异,还将其塑造成了美国的主流文化形式。因此,虽然两种熔锅的最终结果都是相似性,但原来的大熔锅观点至少提倡了一个独特的文化产物;而现在,熔锅概念却似乎更明确地建立在单一现实的基础上,即主流美国文化才是一个真实的参照物。

如今,我们听到人们对大熔锅观点普遍给予否定,并转而提倡"文化多元论"。如果这是从主流者们那里来的声音,这个否定就是毫无意义的说辞。在多数情况下,单一现实假定信奉多元论,发生如此哲学转变并无依据。因为信奉多元论需要多元现实的假定,我们稍后会讨论它。单一现实理论充其量只能对"第二好"文化形态做到容忍。此理论显然对大量跨种族跨文化沟通里的负面价值判断无法解说。

与美国化熔锅相关的是民族中心主义,它把自己的文化看成是宇宙中心。这个倾向的确影响了所有跨文化沟通,包括种族间的关系。实际上从文化角度,民族中心主义是单一现实相似性假定最恰当的标签。这点我们在理查德·波特(Richard E. Poter)和拉雷·萨姆瓦(Larry A. Samovar)对民族中心主义的定义中看得很清楚:

> 文化观点分歧的主要来源是民族中心主义。它无意中把我们自己

---

① Israel Zangwill, *The Melting Pot: Drama in Four Acts* (New York: Macmillan, 1921), 33.
② Brewton Berry, *Race and Ethnic Relations* (Boston: Houghton Mifflin, 1965).

的群体文化和习俗当成评判事物和人类的标准…如果他们越与我们相似,我们就越与之亲近;差异越大,则我们越与之疏远…我们把自己的群体,国家和文化视为最好的,最道德的。因此我们首先要忠诚,并发展出一个否定其他理论存在的体系。我们的地位是毋庸置疑的,它不允许有任何其他理论适合其他文化。①

根据以上描述,我们不难理解这就是为什么乔恩·布鲁伯格(Jon A. Blubaugh)和多萝西·彭宁顿(Dorothy L. Pennington)认为"民族中心主义似乎就是种族歧视的根源"。②

言词上召唤文化多元主义的同时,我们如今也听到了对"跨文化理解"的呼声。还是那句话,如果不是伴随着对民族中心主义本质内容(即相似性假定)的摒弃,这样的呼声毫无意义。别的人类群体与我们的真实差异是指他们依照不同的价值观和现实法则做事显然也行得通。这个事实如果我们无法接受的话,我们就不具备文化敏感,也不会尊重使跨文化沟通和理解成为可能的各种差异。

大熔锅观点和民族中心主义之所以能存在下去是因为他们与黄金法则有内在联系:我们真心想以自己的价值观作为我们待人的基础(不需思考不同的价值观),这样做很容易,某种程度上看起来也挺合乎道德。当发现很多人对我们的做法不予理睬时,不管我们多想对此视而不见,都要面临这样一个选择:要么我们改变自己的行为(和基础假定),要么我们必须改变那些不予理睬的人。因为民族中心主义深信其他群体是错的、无知的,所以我们选择了后者。我们希望,教育他们融入这个合适的框架之后,或许他们就能对我们的黄金法则行为作出应有的回应了。

当然,上帝之火似乎对有些人不起作用。对这些人我们另有一个法则,叫"引领法则"。引领法则指示我们:如果他们该这么被对待,那就如此待他们吧。如果人们不理睬我们积极的黄金法则行为,而且无法变得与我们相似,那我们就认为他们是"疯狂或糟糕"的。③ 果真如此的话,我们就以教育

---

① Richard E. Porter and Larry A. Samovar, "Communicating Interculturally," in *Intercultural Communication: A Reader*, 2d ed., edited by Larry A. Samovar and Richard E. Porter (Belmont, CA: Wadsworth, 1976), 10.

② Jon A. Blubaugh and Dorothy L. Pennington, *Crossing Differences...Interracial Communication* (Columbus, OH: Merrill, 1976), 92.

③ Paul Watzlawick, Janet H. Beavin, and Don D. Jackson, *Pragmatics of Human Communication* (New York: Norton, 1967), 213.

手段治疗他们。引领法则引入治疗学的一个重要指示句是:"我们做的这些都是为你好。"如果认为他们是糟糕的,我们可以惩罚他们。如果他们对惩罚置若罔闻,我们不得已就要动用引领法则的全部力量,即杀死他们。

同 情 观

至此,我们已经思考了黄金法则的一般行为及其潜在的哲学假定。在面对面的实际交往情形中,这些一般行为趋向会以具体的沟通方式和技巧表现出来。最能体现黄金法则及其假定的技巧就是同情。

虽然同情一词的用法很多,但在这儿的意思是"想象我们自己身处他人境地。"① 此话应这样定义:我们没有取代他人意思,或者想象他人如何思考,如何感觉,而是如果在类似的情形中我们自己会如何思考和感觉。比如,假如我告诉你我的姑母最近去世了,你可能设想如果自己遇到这样的事情,会有怎样的感觉(或曾经有过的感觉),进而表示同情。然而,这个定义并不仅限于社会范畴的悲哀情形。如果我告诉你我刚刚继承了一百万美元的财产,那么你也会设想做一个百万富翁是什么感觉。这也是同情。

接下来讨论的是,移情观与同情观截然相反。简言之,移情所关注的是我们如何从别人的观点或角度去设想他们的思想和感觉。这个定义贯穿在劳伦·维斯佩(Lauren G. Wispe)的《社会科学国际百科全书》里:"在移情中,一个人关注另外一个人的感觉;在同情中,一个人身处另外一个人的遭遇,但感觉还是自己的。"② 然而要注意的是,同情不仅限于对苦难的事例。同情与移情的区别不在于程度和关注点,而是在于谁的看法(自己的,还是他人的)被考虑。

解读同情观最简易的办法也许是把它看做投影。按照相似性假定,我们仅需把别人看做与我们相似,因而把我们的思想和感觉转嫁给他或她就行了。在同情的简单形态里,同情将同情者自我和境况投影到感知的情形上。比如,设想一个中产阶层的郊区居民与一个穷苦的城市平民交往。投影会引导她建议那个穷人找一份工作,在商店里买便宜货——因为她认为

---

① Milton J. Bennett, "Empathic Perception: The Operation of Self-Awareness in *Human Perception*" (master's thesis, San Francisco State University, 1972), 66.

② Lauren G. Wispe, "Sympathy and Empathy," in *International Encyclopedia of the Social Sciences*, vol. 15, edited by David L. Sills (New York: Macmillan, 1968), 441—447.

跨文化交流的建构与实践

在郊区,一个城市居民需要的工作机会、合理物价和交通应有尽有,而且她自认为这个城市居民应该愿意来郊区住。郊区居民只把自己投影到这个情形里,设想着她自己如果身处那个穷人的境况会如何感觉——可能会觉得沮丧,并肯定会急欲抓住第一个机会逃到一个"更好的"环境里(注意,这些可能完全不是那个穷人所感和所想的)。

迅速提高同情的老练度显然是可能的。有一次,我问一群中上阶层(我估计)的白人高中生一个问题:如果他们是在犹太人居住区长大的,想做点事情消遣一下,会怎么做呢?几个学生很快以投影的方式回答我:"去打保龄球","游泳",或者"开车兜风"。当我提醒他们这里没有设备也没钱做这些事情时,一个男孩儿立即给我一个更老练的同情建议:"那就慢跑好了!"

投影式同情类别有两种回应别人的方式:参照我们的记忆,即回想式同情;参照在不同情形中的自我想象,即想象式同情。二者之中,回想式同情大概是最普遍的形式。

在回想式同情中,我们在以往的经验中搜寻那些与我们观察到的情形相似的部分,并把它与别人的经验联系起来。比方说,如果你告诉我你有酗酒的问题,我可能会记起我不得已而酗酒的某个时候。我以为找到了自己生活中的这个情形,然后努力重建我那个时候的感觉,并把它作为进一步交谈或劝告的引导。回想式同情技巧的指示句是:"我了解你的感觉——我曾亲身经历过。"请注意,我对饮酒的感觉可能与你的完全不同,可是,认为相似的意愿非常强烈。

为什么洗心革面的酒鬼、曾经的监狱囚徒、治愈的精神分裂症患者和其他"过来人"在他们有过经验的方面常常被认为是可信赖的顾问?回想式同情技巧的无可置疑性是其中的部分原因。在少数族裔关系问题上,与回想式同情类似的观点是,只有拉丁裔美国人、印第安人或非裔美国人才能对他或她所在族群所遇到的问题有令人信服的发言权。这样的信服常常的确是应得的,许多此类"幸存者"的所作所为都极其灵验。① 不过,对只要经历过某个事情就有足够资格成为政治家、教育家或顾问的说法需多加小心。有牙痛经历是造就不了一个牙医的。

同样,虽然深刻的经历可以作为具有潜在价值的工具,但它也能限制我们思考对相同情形的不同反应模式。比如,一些女权主义者认为一个文化

---

① Charles Hampden-Turner, *Sane Asylum* (San Francisco: San Francisco Book Company, 1976).

中的所有妇女确实（也应该）有着作为女人的相似的反应模式。当回想式同情是唯一使用的理解技巧时，人们就无法识别不同的反应模式。黄金法则用这样的老话来表达："在一个相似的情形里，以你乐意被对待的方式对待他人吧。"

想象式同情指的是参照在不同情形里的自我想象。比起利用回想，它或许是一个更加复杂的过程，但同样是参照自我，而非他人。想象式同情的一个例子是，你告诉我你最近在一次车祸事故中神奇般逃离的经历。我从来没经历过类似的严重事故，于是想象着如果换作是我，发生那种情况我会有何感觉，来试图给你一个恰当的回应。但不管我如何努力想象我的感觉，我的回应都不会与你的真实感觉有必然的联系。不过，黄金法则照样让我用相似性假定去认为我懂你的感觉。在这样的案例中，黄金法则的表达如下："在一个相似的情形里，以你想象的乐意被对待的方式对待他人吧。"

人道主义资金求助是企图引发读者想象式同情的诱因。比如，《纽约客》杂志近期刊登了一则请求基金帮助的消息。消息上端的照片里一个年幼的亚洲女孩儿身穿肮脏却有镶边的童装，她的头发零乱却系着缎带，脸上流露出悲伤但可爱的表情。照片下一行大号字体的标题写着："蒂娜从未有过玩具熊。"我怀疑这个请求的发起人是不是觉得《纽约客》的大多数读者在童年时期都有过玩具熊，并进而认定这些玩具熊一定给读者留下过十分温馨的记忆，基金请求者们在文中要求读者设想如果没有过玩具熊，那会怎样。因假想自己缺吃少穿的情形而引起的不快感于是激发出了写支票捐钱的举动，这正是文章所希望的。

我并不觉得这种富于同情心的利他主义有什么不妥。它的动机肯定是好的，也可能没什么害处。但是，这种利他主义没有说出这些需要我们帮助之人的实际需求。我们至少应该问一句："但是蒂娜想要玩具熊吗？"

当我在密克罗尼西亚的楚克做和平队志愿者时，碰巧经历了当地人接受同情式利他主义的几个善举。一个极其有趣的例子是每年例行的海军空投圣诞礼物。这个表演好极了：一架巨型飞机突然俯冲到这个岛离地面不远的上空，投下大批的化妆品、糖果和塑料玩具。虽然为海军形象做宣传无疑是这次行动的一个因素，但它毕竟是一件让人愉悦的事，不过，如果飞机投下的是服装、圆珠笔和香水，这些在楚克人看来真正有价值的礼物，那情形一定会好很多。

我也参与了对楚克人的另一个同情善举。我的培训团队觉得为岛上居民建造一个供水系统对他们会有很大的帮助。但楚克人更想盖一座学校教

跨文化交流的建构与实践

学楼,不过由于岛上已经有了一座,我们也带了塑料管道,于是极力主张进行供水系统的建造。在最终得到岛上头领的勉强同意之后,我们随即开始施工,并相信这个项目所带来的卫生与便利很快会有目共睹。后来我才意识到楚克人当时对我们所做的事情其实是抱着困惑和容忍的态度。

接下来的事情发生在第二年:虽然我们警告在先,但在烧荒期间几个塑料管道还是被熔毁。岛上的孩子们在建好的水池里游泳和小便;村落之间的纠纷在人们深夜刀砍塑料水管后才告结束;岛上的女人们依旧到山上溪流边洗衣服,在那里她们能像过去一样社交;因谁有权开关水阀也引起了争执。最后,这个供水系统总算寿终正寝,兴建学校楼的计划开始了。同情式利他主义的这个始料未及的后果给了我们一个很好的教训。

同情的利与弊

至此,我们已经看到了同情手段的弊端。在对同情的最后讨论中,我将指出该策略的利与弊。

使用同情式交流策略的好处包括以下几个方面。

1. 同情是容易的。我们大多数人对不熟悉的事情感到苦恼,喜欢用现有的事物类别来识别现象。和人们在一起,最熟悉的参照物就是我们自己。所以我们喜欢由己及人地进行概括,这是假定相似的基本过程。根据各种情况,用回想或想象式同情手段使这种概括成为可能。

2. 同情是可信的。可信性是回想式同情获得成功的主要因素。由于假定相似性十分普遍,许多人真的相信相似的情形可以产生相似的体验。因此我们愿意信任那些"过来人"。经验或许的确可以给一个人许多有价值的领悟,但是一个过来人的效力可能来自于信任本身。有了这种信任,我们甚至可能修改自己的感觉,以迎合过来人的感觉。

3. 同情往往是准确的。同情式理解的准确性并不是同情过程的一个功能。它来源于我们愿意和确实相似的人们在一起的倾向。相似性产生的吸引力是普遍现象。[①] 在我们主要接触的相似人群中,相似性

[①] Donn Byrne, "Interpersonal Attraction and Attitude Similarity," *Journal of Abnormal and Social Psychology* (May 1961): 62.

的概括对我们精心选择的人产生出相对准确的假定。在这些相似情形里,想象式同情的准确性应该最大,因为它能考虑到情形里的细微差异。回想式同情由于它较大程度的刻板,所以其准确性次之,但它更大的可信度可以平衡它的效力。由于同情变得愈加单纯,它产生出来的准确性仅发生在几乎同一情形里的极其相似的人群。

4. 同情是可以慰藉人的。有时人们通过了解有过类似经历的其他人来安慰自己,尽管他或她的情景体验并不同。回想式同情的好处在疾病案例中似乎是最显而易见的。同情者如果患过相同的疾病,那比患者自己对该病的独特体验来得似乎更重要。另外,有些人不愿透露自己对某种情形真实的但可能是不同的感觉,对他们而言,同情是令人比较舒服的方法。

同情式交流策略的弊端可以概括为以下几个方面。

1. 同情对差别不敏感。尽管我们尽最大努力只跟与我们相似的人交往,但还是常常免不了碰上与我们的想法和感觉不同的人和事。这至少包括与来自不同的国家文化、族群、社会经济地位、年龄、性别、性取向、政治倾向、教育背景和专业等方面的人沟通。在这样的情况下,用同情法理解别人,不但及其不准确,还可能阻断有效的沟通。

2. 面对差异,同情是居高临下的。按照我们自己的观点毫无例外地将人概括化的做法承载了民族中心主义的所有内涵。其中之一是我们自己的经验是衡量世界的最佳标准。持不同世界观的人往往觉得他们的想法和感觉被贬值。在同情式的交流中,双方常有被对方怜悯的感觉。

3. 面对差异,同情助长了防范心理。当我们感到自己不同的世界观被别人忽视或贬低时,就采取防范的姿态准备保护我们认为是好的观点。同情的方法除了忽视或贬低差异外,毫无其他用处,因为它是基于强烈的对相似性的假定。交流因这样的防范而受阻[①],同情显然是导致防范的一个主要因素。

4. 同情使相似性假定得以延续。同情不但运用了黄金法则,它还起了推波助澜的作用。沟通策略的选择与我们的观点是相互作用的。虽然有时我们为一个特定现实选择相应的策略,但更多时候我们为了

---

① Dean Barnlund, "Communication: The Context of Change," in *Perspectives on Communication*, edited by Carl E. Larson and Frank E. X. Dance (Madison, WI: Helix Press, 1968), 24—40.

跨文化交流的建构与实践

使某一个策略继续有效而修改自己对现实的假定。因为我们选择了同情和黄金法则,我们就忽视差异,为我们的策略找到那些必需的相似。

我们现在已经看到,人们每天运用的黄金法则其实来源于人类本质相似的观点。它和单一现实理论是一致的。运用黄金法则的沟通方法就是同情,即以我们自己的观点概括出来的某些思想和感觉。虽然在实际相似情形里,同情可以产生出可接受的对他人的理解,但在有人类差异存在的情形里它显露出许多弊端。

从前面的讨论中得出的主要论点并不是说黄金法则及随后的假定和方法一无是处。在其最抽象的形式中,该法则或许限制了一些反人类的暴行。但是,以相似性观点为基础的方法的有效性由于人类多样性的存在而显得十分有限。在刻意营造的相似性环境之外,黄金法则的具体策略是行不通的;世界也越来越不欢迎那样的环境。

差异性假定与多元现实

与所有人类基本相似的观点相反,我们可以假定每个人本质上是独特的。表面上同质的人类,近看则在几乎无法想象的范围里暴露出其内在的异质。毫无疑问,我们用来假定宇宙相似性的事物类别是从远距离被宽泛地概括出来的——这样的距离是类似黄金法则的理论所刻意保留的。

如果我们否定黄金法则转而寻找不同,令人惊异的人类特性差异会立即浮上水面。不仅语言与文化存在差异,生理层面的差异也能观察得到。人们的指纹、脑波图形、声音图形、血液成分和基因密码都不相同。从远距离看,吃的需要是绝对的;但近看,有些人长期不吃饭也不会生病。我们还发现有的人能在通常是致命的缺氧环境中生存,[1] 有的人能够自主开始和终止心跳。[2] 即使是相似性的基本类别——男性与女性——也只是一个概括。生理上的性别特征是从完全男性到完全女性的混合特征。[3] 意识到这些差

---

[1] Public Broadcasing System, "The Mind of Man," from the series *Realities* (16 November 1970).

[2] Elmer E. Green, Alyce M. Green, and E. Dale Waters, "Voluntary Control of Internal States: Psychological and Physiological," *Journal of Transpersonal Psychology*, no. 1 (1970).

[3] Michael Hendrickson, personal interview, Department of Pathology, Stanford Medical School, Palo Alto, CA (1978).

异的医生不会在治疗一个病人的功能紊乱之后再用完全相同的方法治疗另一个病人。

不仅有语言和文化的差异、生理差异,人们的心理模式也各不相同。心理学家乔治·凯利探讨了个人独特世界观的形成过程。他在"个人解读"理论中阐述了一个基本假设,即该过程是从心理上按着一个人预见事件的方法展开的。① 他的意思是说,我们每个人都是事件的组织者,我们发展的这个独特组织构成了我们的经验。凯利认为这个组织的过程是一个被定义为"提出解释"的过程。事件是由解释它们的反复出现来预见的。② 因此,在凯利看来,我们的经验是由我们解读事件的方法造成的。

凯利进一步说,人们对事件的解读各有不同,③意即我们能够也确实对同一事件有不同方式的解读。既然这个解读有产生经验的功能,那经验就不一定非与事件挂钩不可。

> 经验是由对事件一系列的解读造成的,而非仅从一连串的事件本身。一个人可以是大型事件的目击者,但是,如果他不能从中有所领悟,那在事件发生时只当看客的经历会使他收获甚微。不断地解读和再解读所发生的事件才能使这个人经验丰富,而不是他经历过的事件本身。④

显然,凯利对事件和经验的观点与相似性假定正好相反。他的差异性假定指出,两个人遭遇相似情境并不能保证他们对那个情境的经验是相似的。没有了情境与经验这层重要关系,作为理解别人的普遍技能,同情观的沟通方法自然就毫无用处了。

不过,我们已经看到,同情好像在确实相似的某些情境里也行得通。如果人类的确像已经讨论过的那样存在差异,那这些情境又如何产生的呢?凯利对此解释说:"一个人在一定程度上用了与另外一个人相似的经验解读,他的心理过程与那个人的有相似之处。"⑤因此,如果经验解读可以某种方式被引导到一个相似的通道,那么某种层面的相似性可能会发生。

---

① George A. Kelly, *A Theory of Personality: The Psychology of Personal Constructs* (New York: Norton, 1963), 46.
② 同上, 50.
③ 同上, 55.
④ 同上, 73.
⑤ 同上, 90.

跨文化交流的建构与实践

　　文化引导对现实的解读。凯利认为,我们是通过假定相似性来创建文化的。当我们观察到别人遇到了相似的情形,就假定他们跟我们是相似的。在实际交往中,这个假定以期待方式出现。别人感知了这些期待并依此而行动。在凯利看来,人与人之间的文化相似性本质上是期待认同的相似。[①]那么就是说,人为假设相似性造成了实际生活中的相似性。

　　如果不是为了一个重要的因素,即不同的人或群体假定有不同类型的相似性,那么文化的这个循环过程似乎会导致实际生活中相似性的蔓延。比如,日本人可以假定他们中间存在高度的相似性,然而那个相似性从根本上与美国人对自己的假定不一样。尤其是,日本人可以肯定地说在"忠诚于家庭"方面他们都是相似的,而美国人肯定他们在"崇尚个人自由"方面都是相似的,可是,这两个方面没有一个可以肯定地说适用于对方。正如之前讨论的,群体内部相似本质的差异就是族群、社会经济阶层、专业等方面的不同特征。每个群体不论大或小,都有其独特的保持该群体特征的价值观或期待。即便在群体内部,每个人对事件如何解读的期待也各不相同。

　　差异性假定与多元现实理论相一致。如有关个人建构的理论一样,这些理论主张现实不是一个既有的、可发现的量的世界,而是不定的、被创造的质的世界。在哲学里,这个观点是由现象学和各种新现象学体系表现的,该体系目前正在探索现代物理学之哲学内涵。这些理论的重要思想是相对论的观点。

　　虽然相对论在物理学中有相当精确的含义,但它一般被理解为显而易见的现实随着观察角度的变化而发生变化。这个观点是差异性假定的基础,因为它对人类交往产生影响。当我们沟通时,是在现实的实用层面上进行。同情观的缺陷在于它假定在沟通情境中现实对沟通双方来说是一样的。而相对论的思维换了一个角度,认为我们眼里的现实只对我们自己来说是显而易见的。正如我们将要看到的,相对论的观点可以使我们运用移情。

　　支持差异性假定的另一个哲学观点是系统论。它特别关注的是一个系统内被称为等效性的特质。在任何特定的系统中,我们在不同的起点,运用

　　[①] George A. Kelly, *A Theory of Personality: The Psychology of Personal Constructs* (New York: Norton, 1963), 93.

不同的程序可以达到相同的目标。① 凯利认为人类也是如此：两个人即使受到相当不同的现象刺激,他们甚至可以做出相似的举动。② 这两个等效性观点都与相似性假定相反,后者认为独特的经验必然与独特的情形有联系。如果我们把社会当做一个系统并运用等效性的原则,那么我们看到,身处不同环境的人可以有非常相似的体验。反之,在相似情形里的人也可能会有不相同的体验。

等效性的实践意义在于,条条大路通罗马。虽然类似的谚语意思很明确,但想不到我们还是常常忽略相对性的简单道理。当我们因为一个激动人心的旅行而鼓励别人参加,或者因为一部电影很有意思而让别人也去看的时候,我们没有意识到他人可能对这些活动根本不会产生相同的感受或感觉;再进一步说,我们没想到让别人能感受到激动和有意义的也许是其他不同的活动。很显然,说这个道理是一回事,而真正相信保龄球和划艇能让人有同样的体验则是另外一回事。

在社会科学领域里,多元现实理论的支持者包括格雷戈里·贝特森(Gregory Bateson)③、保罗·瓦兹拉维克(Paul Watzlawick)④和罗纳德·戴维·莱恩(Ronald David Laing)。⑤ 他们与其他理论家都认为我们所经历的现实是一个感知和沟通变幻不定的存在。⑥ 感知本身,特别在跨文化环境中是千变万化的,⑦而沟通的法则似乎更是变化无常。⑧ 考虑到这些不定因素,我们或许要问,人们究竟能不能完全理解彼此。而事实上我们有时的确能相互理解,这似乎大部分要归功于对黄金法则的超越,因为它否认感知和沟通中存在的差异。

---

① Stephen W. Littlejohn, *Theories of Human Communication* (Columbus, OH: Merrill, 1978)

② Kelly, *Theory of Personality*, 91

③ Gregory Bateson, *Steps to an Ecology of Mind* (New York: Ballantine Books, 1972).

④ Paul Watzlawick, *How Real Is Real?* (New York: Random House, 1976).

⑤ Ronald David Laing, *The Politics of Experience* (New York: Ballantine Books, 1966).

⑥ Milton J. Bennett, "Forming/Feeling Process: Communication of Boundaries and Perception of Patterns" (Ph. D. diss. , University of Minnesota, 1977).

⑦ Jan B. Deregowski, "Difficulties in Pictorial Depth Perception in Africa," *The British Journal of Psychology*, no. 59 (August 1968): 195—204.

⑧ Watzlawick et al. , *Pragmatics of Human Communication*.

移情观

最适于多元现实和差异性假定的沟通技巧是移情。如同情一样,这个词用起来也是千差万别。在我们日常生活中,它常被定义为设身处地的,极度的同情,对幸福而非悲哀的敏感,同情的替换词等。在研究文献中,移情被定义为对目标的机械模仿;"对我们没有情感意义的人们的理解;"[1]"察觉到了另一个体验或者将要去体验一种情绪,一个观察者为此作出的情绪化反应。"[2]在这篇文章里,我将使用对移情的如下定义:想象我们的知性和感性都参与到别人的体验里。[3] 该定义与卡尔·罗杰斯[4]和罗伯特·卡茨[5]所作的移情对待最为一致。

同情的定义是"想象把我们自己放在别人的体验里"。而移情所关注的两个重要因素与之恰好相反。在移情时,我们"参与",不是"放置",并且关心的是"体验"与"看法",而不是"位置"。正如我们已经看到的,把我们自己放置到别人的体验里假定的是与别人体验的基本相似性,仅需与别人交换一下位置就足够了。与之相反,参与到别人的体验里不是假定基本相似性。他人的体验可能迥异不同,即使他们所处的位置非常相似。因此,比起仅仅改变位置或设身处地,我们需要作更多的努力去参与到他或她的体验中,就好像我们自己就是那个人一样。这个过程可以看做是"捕捉他人的思维"。

在我个人的沟通经验里,我发现了男性和女性在同情与移情方面的某些差异。一个很小的例子就是如何对待病人。当我生病时,我喜欢一人独处(自我承受);而我妻子生病时愿意别人多方面地参与(亲属的照看)。在我刚结婚时,每当她生病,我都会让她一个人独处,以表示我对她的同情;而我生病时,她的同情方式自然是每隔十多分钟就来问我感觉如何。几年来

---

[1] Sigmund Freud, *Group Psychology and the Analysis of the Ego*, translated by James Strategy (London: International Psychoanalytical Press, 1921).

[2] Ezra Stotland, Kenneth E. Mathews Jr., Stanley. Sherman, Robert O. Hansson, and Barbara A. Richardson, *Empathy, Fantasy and Helping*. (London: Sage Publications, 1978), 12.

[3] Bennett, *Empathic Perception*.

[4] Carl R. Rogers, *On Becoming a Person* (Boston: Houghton Miflin, 1961); Carl R. Rogers, "The Interpersonal Relationship: The Core of Guidance," *Harvard Educational Review* (1962): 32.

[5] Robert L. Katz, *Empathy, Its nature and Uses* (London: Free Press of Glencoe, 1963).

我们俩一有人生病就容易吵架，令人百思不得其解。后来才发现，我们在病人需要怎样关怀的问题上有着不同的看法。现在，我们尝试去移情，而非同情地对待对方。通过想象对方在生病时的体验而给于不同的对待，而非自己期望被对待的方式。可以说，至少在这方面，我们已然超越了黄金法则。

在跨种族交流中，一个移情的沟通方法或许能化解许多误会，这些误会无一例外是因错用相似性假定造成的。关注这些面对面的误解或许最终对黄金法则的社会表现在更大程度上产生影响。托马斯·科克曼注意到在日常生活中关于白人和黑人男性打架方式的一个案例。他观察到，恰与某些刻板印象相反，在白人与黑人的校园斗殴中，白人常常先出拳。很明显，当某些话从黑人嘴里说出来时，那白人就想着如果他自己说这些话会意味着什么。通过如此的同情式想象，他发现应该准备开始打架了。于是乎，出于对这个迫在眉睫的暴力的假定，这个白人先动了手。而黑人对突如其来的袭击感到惊诧不已，因为他只是在"斗嘴皮子"——还停留在正式开打前的恶语相向阶段。在这样的情况下，如果双方都用移情，而非同情的方式看对方，那么他们或许能意识到同样的言词语境对双方的含义各不相同。[1]

一个很好的跨文化移情的例子是时任美国国务卿的亨利·基辛格的一张新闻照片。他紧握着当时的埃及总统恩瓦尔·萨达特（Anwar Sadat）的双手。基辛格的举动对萨达特的男性握手经验来说十分恰当。在那种场合，他没有按照自己的颇有美国文化色彩的握手经验去做。

在以上案例中，移情表现了从我们个人观念移到了解他人不同经验的一个转变。这个观念的转变常伴随着参与到他人经验中去的意愿，或至少使自己的行为举止适合那个经验的意愿。而且，在所有案例中，移情方法与黄金法则所提倡的方法都是截然相反的。如果人们果真是不同的，如果我们想去了解、尊重和欣赏那些差异，那么我们必须从超越黄金法则开始。

发 展 移 情

因为黄金法则如此被广泛运用，我们必须经过步调一致的努力推翻它对我们沟通的影响。下面的移情发展模式是对相似性假定的联合反击，也

---

[1] Thomas Kochman, "Cognitive Orientations, Communicative Styles and Cultural Meaning," paper presented at the annual meeting of the Society for Intercultural Education, Training and Research, Montebello, Quebec, 1976.

是以移情代替同情的程序步骤。这个程序中的六个步骤按先后顺序帮助我们发展移情的技巧。执行步骤的先后顺序十分重要。每个步骤都是下一个步骤的前提；忽略前一个，或不能继续到下一个，都可能会带来缺陷。

步骤一：假定差异性

此假定我们已经讨论过，即差异性假定和支持它的多元现实理论。如果没有这个假定，移情无从做起。正如我们已经看到的，同情法非常能体现相似性和单一现实的假定。没有差异性假定，移情就没有必要，甚至被贬为"虚伪的"。在这里，"真实"被定义为"对自己来说是真实的"。这个观点排斥把自己想象成与通常的我有所不同，而这正是移情发生的必要条件。

把自己想象成与通常的我有所不同是多元现实思维最困难的部分之一。但是，这个方法在个人不可分离性和差异性假定所建议的个人可分离性之间起着必要的桥梁作用。我们处于不同的情境且对事物有不同的解读，显示了我们之间的差异。这样的观点我们如能接受的话，就会毫无羁绊地从那个不同的看事物的角度出发去思维和感觉。当我们可以把想象中的自己的看法与现实中的他人的看法一致起来，我们就能够移情了。

步骤二：了解自我

虽然渴望发展移情，但是我们许多人对"失去自我"心存恐惧。如果我们不事先做好准备，这的确是移情中的危险之事。我们提倡的准备是充分了解自己，以使我们的自我身份重建成为可能。如果我们意识到了自己的文化和个人价值观、思想及信仰等说明我们身份的因素，就不会惧怕失去自我。我们不会失去按个人意愿可以被重建的东西。作为移情的结果，自我认识这一先决条件并不消除自我变化的可能。它只是让这样的变化作为一种选择，而非不可控制的丧失。

该步骤也可以有效地用于"天生移情者"，那些不移情就不舒服的人。他们有时对不请自来的显然属于别人的感觉倍感困扰。这种天生移情的常见例子是，面对一个紧张的人时那种极度紧张的感觉经历。天生移情者禁不住要"拾起"在自己周围的别人的情绪状态。避免这种失控的移情的关键是对自我的了解，因为在必要时它可以把我们的经验约束在一个对自我的确切定义中。

然而,强调对自我的认知不应该退化到自我欣赏。自我膨胀到一个虔敬的状态不仅毫无幽默可言,它还会阻止我们迈向下一个步骤,即搁置自己。

步骤三：搁置自我

在上一个步骤里我们已经清楚地了解了自己,现在我们要暂时把它搁置在一边。当然,做比说困难得多。思考这个步骤的方法是,设想自己或自己的身份是在自我和现实世界之间任意划的一个边界。这个现实世界里包括其他人。搁置自我就是暂且扩展这个边界,即去掉自我与环境的分离。

在这儿我们有可能看到步骤之间的先后顺序了。如果一个人首先能以多元现实假定(假定差异性存在)作为自己的参照,那么,知道边界在哪儿(了解自己)才有助于自我边界搁置。如果多元现实的假定不存在了,自我认知就会妨碍边界搁置,进而成为自我中心主义。

这个步骤的核心不在于搁置身份的"内容"(思想、价值观、行为方式等),而是在于一种修正和延展边界的能力。第二个步骤的重点仅仅是界定这个边界。一旦它被清晰地界定了,自我搁置就意味着延展那个边界,从而"丢失"那个边界所定义的自我。

步骤四：被引导的想象

自我边界被延伸时,内在及外在之间(主体与客体)常态的区别就被淹没了。我们的意识可以自由地邀游在"外部的"包括其他人在内的各种现象中,就像在我们自己"内部的"经验里常态地邀游一样。在延伸的状态里,我们能够把注意力移入通常是外部事件的经验里,而不是像我们通常做的那样将其转到那些事件之上。这种意识转换进现象里的做法,我们称它为"想象",它通常不会与自我挂上钩。

为了做到人际之间的准确移情,我们的想象应由一个特定的他人的经历所引领。如果我们主动引导想象,这个过程就变得更像是思考,而思考是自我的行为,对搁置自我的移情阶段来说并不适当。我们若能顺利地让自己的想象由他人指引,就能做到在想象中参与那个人的经历。这个意识上

跨文化交流的建构与实践

变化的感觉与想象地参与到一个戏剧或小说当中非常相似。① 同样是被我们眼前的剧情俘获,只不过在此情形里,剧情是由他人演出的。

类似于被引导的想象的另一方法是在创造性地解决问题时对直觉的运用。对一个问题的具体直觉过程与对一个他人的具体想象过程是非常相似的。在这两个情形里,我们时常被一个突如其来的"整体感觉"击得有些发懵,好像首先置身于该问题或人之外,然后又忽然到了里面往外看。

步骤五:接受移情体验

当我们的想象已被引入他人之中时,就好像自己化身成那个人,开始有那个人的体验。虽然这个体验是想象的,但它的强度和真实度不亚于作为我们自己的正常体验。如果有时情境强度高于生活,移情体验的强度甚至会更高。

移情体验带给我们的感觉既熟悉又陌生。就好像我们正在做着日常生活中通常会做的事情,比如洗碗,只不过是在另一个星球上。熟悉的活动就是我们不断在做着的那个体验。不熟悉的方面是那个体验本身不是我们自己的。我们对这个世界有着不同的思想和感受——不一样的解释——像是在描述我们从未见过的一个地方。的确如此。有了移情,而且只有当我们有了移情,我们才能享有如此特权,可以暂时生活在一个鲜有人能够到达之地——一个他人的经验中。

步骤六:重建自我

虽然发现了进入他人经验的方法对我们很重要,但是记住回到自我的路径也同样重要。至少在美国文化中,重建自我是移情式沟通的重要因素。如果做不到,最终会导致身份漫无边际的发散与混乱,或自我迷失,不利于我们的日常交往。移情的目的并不是追求生命的宇宙般永恒。人际之间的移情是为了一个特殊的目的,即对另一个人的理解,而允许被控制的、暂时的个人身份搁置。当这个目的达到了,自我边界就得到最好的重建。不过有一个例外,就是保持已承诺与他人合二为一的亲密关系。

身份首先是通过再创自我与他人之间的分离感,亦即美国文化的常态,

---

① Bennett, *Empathic Perception*.

而得以重建。当这个分离被重新获得,我们自己的世界观就自动地重新浮现出来,哪些思想和感情属于谁的判断就能进行了。把对他人的同情式反应与移情式理解相对照,甚至会更有意义。这个比照可以让我们清晰地识别我们自己与他人之间差异,它强化了移情的必要性。

迈向白金法则

虽然移情可用于任何交流情景,但在本文中我们关注的是它在差异理解中的用处。之前我们提到,同情观是以民族中心主义为其内涵,因此运用移情可以为跨民族和跨文化的交流创造一个更加敏感和尊重的氛围。

我们接近人是因为他们好像与我们不同,这是我们为黄金法则添加一项内容的理由,这就是白金法则。它可以表述为"对待别人如同他们对待他们自己一样"。通过移情,我们至少可以认识到从他人的角度看他们愿意怎样被对待。我们可以不想或不能提供那样的对待,但理解差异的存在并尝试移情就是衷心地尊重和肯定他人。当然,尊重平等的(但是不同的)他人的人性或许是黄金法则的初衷吧。

跨文化交流的障碍

拉雷·M.巴尔纳(LaRay M. Barna)

  为什么同来自其他文化的人交往常产生很多误解,令人感到沮丧呢?出自良好意愿,用友好的方法,甚至有可能互利互惠,似乎也难以确保交流的成功,这实在令人感到意外。更糟的是,一个群体内的人因为与别人"不同"而遭到排斥。在国际舞台上发生巨大变化的今天,我们应该仔细看看导致令人失望的沟通结果的一些原因到底是什么。新的接触和新型关系给沟通带来挑战,而很多人尚未准备好去面对它。

六大障碍

对相似性的假定

  为什么会有误解和(或者)排斥发生呢?对这个问题的一个回答是很多人以为人与人之间有足够相似之处,令沟通十分容易。他们觉得大家几乎都一样,因为同是人类,又有共同的需求,如食物、住所、安全等。遗憾的是,他们没看到一个事实,即对这些共同的生物和社会需求,以及围绕在他们身边的价值观、信仰、看法等方面的种种适应形式在不同文化中有着巨大的差异。当我们需要为交换思想和信息,找到一起生活和工作的方法,或只是想产生某种印象而交流时,生物共性实在帮不上什么忙。

  诱使很多人以为"人就是人"的另一个原因是,它减少了应付所不熟悉的差异而带来的不适感。认为人皆一样的想法其实就是一种安慰剂。如果某个人举止或看上去"奇怪"(与他们不一样),就有可能被认为不正常;所有人都以民族中心主义对待他人。

  相似性假定并不要求有共同的语言,但它却干扰对非言语符号或信息的解译。除了那些支持达尔文关于面部表情具有世界普遍性的理论，①如保罗·埃克曼(Paul Ekman)发现，在人类物种里，所有人显而易见的面部轮廓，即掌控喜、怒、哀、恶、惊、恐(或许还包括兴趣)等表情的肌肉组合都是一样的②等看法之外，尚无跨文化研究显示有共同的非言语的语言存在。

这似乎是有点帮助。但我们认识到一个人的文化背景决定了是否要表现或抑制这个情绪，在什么场合，到什么程度。③导致这个情绪感受的情境也因文化不同而有差别。比如，亲人的辞世可能导致欢愉、悲哀，或其他一些情绪，这要看所接受的文化信仰是什么。

既然没有一个普遍的"人类本性"可以拿来作为机械理解的基础，我们就必须把每个遇到的情况当做个案对待，寻找哪些看法和沟通手段是共有的，并以此为出发点。雯泽度(Vinh The Do)对此总结道：

> 假如我们认识到，我们都受文化约束和改造，那么就请接受这样一个事实：由于我们不一样，我们的确不知道别人"是"什么。这是从另一个角度看"人就是人"的观点。为了找到相似之处，我们现在需找到一种方法，在每一个案中发现这个被文化改造的人。④

美国人对相似性假定的认同似乎比其他文化的人来得更强。比如，日本人恰恰相反，他们相信自己与世界是有明显区别的。日本人的看法本身带来了跨文化沟通的问题。因为否认相似性，他们非常努力地了解陌生的外国人，但并不认为外国人能理解自己。这就导致了排外的态度，为相互理解所作的努力也十分被动。⑤

当西方的影响渗透到世界越来越多的地方，对相似性的幻想也增加了。大家穿上西服，说着英语，并使用相似的问候礼节的时候，外在的相似掩盖

---

① See Charles Darwin, *The Expression of Emotions in Man and Animals* (New York: Appleton, 1872); Irenaus Eibl-Eibesfeldt, *Ethology: The Biology of Behavior* (New York: Holt, Rinehart & Winston, 1970); Paul Ekrnan and Wallace V. Friesen, "Constants across Cultures in the Face and Emotion," *Journal of Personality and Social Psychology* 17 (1971): 124—129.

② Paul Ekman, "Movements with Precise Meanings," *Journal of Communication* 26 (*Summer* 1976): 19—20.

③ Paul Ekman and Wallace V. Friesen, "The Repertoire of Nonverbal Behavior-Categories, Origins, Usage, and Coding," *Semiotica* 1 (1969): 1.

④ Personal correspondence. Mr. Do is a multicultural specialist, Portland Public Schools, Portland, Oregon.

⑤ E. Tai, "Modification of the Western Approach to Intercultural Communication for the Japanese Context," master's thesis, Portland State University, Portland, Oregon, 1986: 45—47.

跨文化交流的建构与实践

了那些完全不同的文化特征。就好像认为纽约、东京与德黑兰都差不多，因为它们都有现代都市的模样。然而，如果对那些可能的潜在差异没有提防，也没想到去学习新的行为准则，那么，人们在城市间迁徙时会立刻陷入麻烦，哪怕只是走路或开车。并且，一个外国人在能够适应新的感知和无评价思维以前，除非意识到了有微妙差异的存在，否则他或她需要在一个全新文化浸染中（不是在自己的小圈子）生活很长一段时间。

伴随相似性假定而来的自信比起伴随差异性假定而来的自信要强很多，因为后者需要试探性的假设和行为，并愿意接受由于不了解而造成的焦虑。但是，只有用差异性假定，人们的反应和解释才能被调整到适合眼前发生的情况。否则，对符号和标志就会产生误解，进而以民族中心论判断现场情景。

正如一个学习英语的人所说，假定相似性这一障碍不仅对外国人，而且对那些国际来访者们所接触到的东道主国的人（美国人或其他的国家）也是一个"麻烦"。当地人往往以为外国访客既然穿着适当，且会说一点当地语言，他/她自然有相似的非言语符号、思想和感觉。在美国，点头、微笑和肯定的评价在直率和友好的美国人看来，意味着自己已经做到提供资讯和帮助，并使来访者感到满意。然而，外国人实际上对这个语言和非言语的内容知之甚少，仅仅出于礼貌上感兴趣，或努力不使他/她自己或主人难堪才发问的。这样的对话甚至还印证了一个刻板印象，即美国人比较不敏感，而且有民族中心倾向。

在这类情形里，沟通双方很少将印象作比较并修正误解。有一个地方或许可以帮助人领悟，那就是跨文化课堂。在课堂上，美国学生常抱怨在讨论或项目小组里的国际留学生好像很不合作或不感兴趣。一位遭如此评价的留学生作了如下解释：

> 我的周围是一群美国人，有一半时间我无法跟上他们讨论的速度。不但听和说很吃力，而且他们在小组讨论时的举动也让我困惑。有时他们过于相信自己的观点是正确的，这让我很不舒服。对整个讨论议题我非常严肃认真，但又怕说错。我有自己的想法，但表达不出来。①

课堂也是检验一个共同的非言语行为（比如微笑）是否具有世界普遍性

---

① Taken from student papers in a course in intercultural communication taught by the author.

的极好场所。刚来美国的留学生们作了如下颇有启发性的评论。①

  日本学生：在往来学校的路上，看到过几次我不认识的美国女孩儿冲我微笑。我后来了解到这只是对外国人的一种问候方式，并不表示她们对我感兴趣。在日本，如果有人对陌生人微笑，特别是对一个女孩儿，她会认为这个人不是性变态，就是没有礼貌。

  韩国学生：一个美国人来我们国家作为期一周的访问。他得出的结论是，韩国人不太友好，因为他们对外国人从不微笑，也不愿与之交谈。殊不知建立友谊对大多数韩国人来说是要花时间的。我们从不对陌生人微笑或说话。

  阿拉伯学生：我入学后第一天在校园里散步时，许多人冲我笑。这让我很尴尬，立刻跑进卫生间，看看我穿的衣服有什么不对。但我没发现有什么可笑之处。现在我已经习惯了那些微笑。

  越南学生：有的外国人认为美国人很肤浅，的确如此；一些美国人甚至认识到了这一点。这其中的原因在于他们说话和微笑得太多了。来自倾向宁静文化的人更多使用非言语语言，沉默、微笑或看一眼都有其自身含义。对这些人来说，美国人确实说得太多。美国人的肤浅在人际关系上也可以看到。比起在我们国家，他们的友谊大都非常短暂。他们很轻易地交朋友，也同样很快地和朋友分手。而在我的国家，交上一个朋友需要花很长时间，之后她成了你真正意义上的老朋友。

下面是来自两个美国学生的叙述②。第一个学生注意了解不同的观点，而第二个学生的表述则反映了假定相似性造成的障碍。

  美国学生：我在城里的一个角落等我丈夫的时候，看到对面一个带着婴儿和两个年幼孩子的男人向我走来。从他有些怪异的打扮我猜他来美国的时间应该并不长。我有个小孩跟他孩子的年龄相仿，而且这个男人显然是个父亲，这让我对他的一家产生了兴趣，于是就冲他微笑了一下。但我立刻意识到我错了，因为男子停下脚步，从头到脚把我打

---

① Taken from student papers in a course in intercultural communication taught by the author.
② 同上。

跨文化交流的建构与实践

量了一遍，问道："你在等我吗？你过会儿想见我？"很显然，我的行为像是他们国家里的妓女才会做的。

美国学生：一般来说，我觉得外国人不一定都很势利，但不友好。班上有的同学告诉我，在街上不应该对擦肩而过的行人微笑。但我总是禁不住要这么做，因为微笑和友好是非常自然的事情。现在我明白为什么这么多外国人总喜欢在一起。他们不可能了解。好像美国人都像大恶狼。美国人该怎样做才能打破这个障碍呢？我想广交世界各国的朋友，但在开始交朋友的时候如何才能不冒犯他们，不让他们像羊似的被吓跑？

旅游、学生交换项目、合资企业、移民等增加了与不同文化的交往，大众普遍期待这些交往将促进文化间更好的理解和友谊，但是迄今为止的讨论对此愿望构成了威胁。许多验证结果也的确让人失望。① 比如，研究发现，英语很流利且有很好工作的越南移民遭受较多身心不适与心理失调，对未来也不乐观。相比之下，他们在本土的同胞则不必担心为适应新家园而调整自己。研究者们对此的解释是，与较少涵化②的移民不同，这些人花很多时间使自己融入主流社会，经常要面对因应付美国人的态度而产生的挑战和压力。③

国际学生与美国师生之间的对话我已经听了 24 年，也看到他们在试图理解对方时所经历的无奈和沮丧。我很同意查尔斯·弗兰克尔（Charles Frankel）的话，"不安与矛盾存在于国家内部和国家之间，如果这些国家没处于如此强烈的文化沟通状态，不安与矛盾也就不会发生"。④ 近来世界上发生的事情已证明的确如此。

从沟通角度看，事情大可不必那么糟糕。现在跨文化接触的机会越来越多，也会有更多关于如何应对该挑战的资讯。如今我们在世界各地可以

---

① See, for example, Bryant Wedge, *Visitors to the United States and How They See Us* (Princeton, NJ: D. Van Nostrand, 1965); and Milton Miller et al., "The Cross-Cultural Student: Lessons in Human Nature," *Bulletin of Menninger Clinic* (March 1971).

② 涵化（acculturation）指吸收外来文化于自身的文化中。——译者注

③ Jack D. Horn, "Vietnamese immigrants: Doing Poorly by Doing Well," *Psychology Today* (June 1980): 103—104.

④ Charles Frankel, *The Neglected Aspect of Foreign Affairs* (Washington, DC: Brookings Institution, 1965): 1.

得到很多相关辅导和培训项目,在教育机构有更多跨文化沟通的课程及相关出版物。① 不过,只有当人们直接面对可能出现的差异和误解时,这些资源才会被积极地加以利用。

为商务会议、政府谈判、游学或其他目的而准备出国旅行的人们或许会收集外国习俗的相关资讯和一点语言知识;有时也研究外国人的行为和观点,不过,信息来源都是二手资讯,比如,曾"到过"那个地方的朋友。行家们知道,通过这种渠道得来的信息通常是一般化和不充分的,或许对旅行者本人所遇到的情况或到访的地区并不适用。况且,自以为熟知目的地情况往往蒙蔽观察者对事物的全面了解,令其只关注他或她知道的场景。经由个人先入之见网筛过的所有反证有可能被当做例外而不予考虑。

如果有时间的话,从学习一个国家的历史、政治结构、艺术和文学入手,是一个比较好的方法。它为实地观察提供了一个框架。更重要的是,培养一种研究的、非主观臆断的态度,以及对不明情况的高度容忍,所有这些都需要降低防范的心态。玛格丽特·米德提倡开发人们对跨文化变数的敏感度,而不是行为和态度上的一成不变。她认为,其原因在于每个具体情景中,个人之间存在差别,而且文化模式的变化是经常发生的,研究信息因此容易过时。②

爱德华·斯图尔特和米尔顿·贝内特也反对向旅行者们提供"应做与不应做"的目录单。因为行为的含义不确定,同样的举动在不同情景里有不一样的含义,没有应付所有偶然事件的灵丹妙药。人们应该尝试去理解自己行为背后的思想和价值观。这个认识与他们在其他文化里所发现的经过比较,进而在扩展了的跨文化理解基础上,"第三种文化"被接纳和采用。③

接下来,本文将分析跨文化沟通过程中的维度,并指出其中的危险区域。

---

① 参见"跨文化教育、培训与研究协会"(SIETAR)制作的各类通讯和其他材料,全国交流协会出版的《国际与跨文化交流年鉴》,地址:1765 N Street NW Washington, DC 20036,以及密西西比大学心理学系的"跨文化关系国际刊物",University, MS, 38677。

② Margaret Mead, "The Cultural Perspective," in *Communication or Conflict*, edited by Mary Capes (New York: Association Press, 1960).

③ Edward C. Stewart and Milton J. Bennett, *American Cultural Patterns: A Cross-Cultural Perspective*, rev. ed. (Yarmouth, ME: Intercultural Press, 1991).

跨文化交流的建构与实践

语言差异

第一个障碍我们已经讨论很多了,即相似性假定的危害。第二个障碍,即语言差异,并不耸人听闻。词汇、语法、成语、俚语、方言等都让人倍感困难,但是在困难的陌生语言中挣扎的人至少知道自己陷入了麻烦。

较大的语言问题是一些人死死抱住新语言中一个词汇或词组的一种语义,而忽视其内涵或语境。语义多样性,特别是各种词形和声调,让人感到理解起来太困难,干脆置之不理。满足于单一词义阻碍了对语言的真正理解。甚至"是"和"不"都能造成麻烦。当一个母语非英语的人第一次听到英文句:"你不想喝点儿茶吗?"他或她听到的是这个句子的字面含义并回答"不",意思是他或她想喝茶。另一方面,美国的主人由于英语的普遍用法而忽视了这个双重否定,结果这个客人没能喝到茶。在某些文化中,谢绝第一次或第二次的茶点提供是礼貌的表现。很多外国客人因为没能得到第三次进食邀请而挨饿。这又是一个"不"的含义为"是"的例子。

其他语言问题包括了不同的语言运用风格,比如直接、间接、扩展、简短、争论、缓和、手段和协调等。这些不同风格可能被误解为伪善、挑衅、不诚信或傲慢等。

非言语语言的误译

对于语言学习,大多数到访外国的人认为他们唯一的理解障碍实际上仅在开始阶段。如弗兰克尔(Frankel)所说:"进入一个文化须能够听,莱诺·特里林(Lionel Trilling)称它为特殊的若隐若现的含义。"[①]这就是第三个障碍——对非言语语言的误译。来自不同文化的人生活在不一样的感觉现实里。他们看到、听到和闻到的仅是对他们来说有意义或重要的东西。他们把适合个人认识世界的东西抽取出来,然后以他们自身文化的角度诠释。以下即是一个例子。

在一个跨文化课堂里,一个俄勒冈州的女孩问一个沙特年轻人,他怎样用非言语示意他喜欢她。这个年轻人于是向后梳理了一下头发,

---

① Frankel, *Neglected Aspect of Foreign Affairs*, 103.

这个动作女孩理解为不过是流露心理紧张的一个普通动作,别无他意。她把问题重复了三次,他重复梳理了头发三次。之后年轻人意识到这个女孩没明白他的动作就是对问题的回答,于是低下头,尴尬地微微吐了一下舌头。这个动作被女孩注意到了,惊讶地说原来沙特人用吐舌头表达对一个人的喜爱。

对能观察到的非言语符号或象征如手势、姿态和身体其他动作的错误解释,的确阻碍了交流。然而,学习这些观察得到的信息含义一般通过非正式的,而不是正式的渠道。相比之下,文化中那些不易察觉的非言语符号更难理解,如对时间的处理方式,空间上的关系和那些微妙的表示尊重的礼节。

先入之见与刻板印象

第四个障碍就是先入之见和刻板印象。如果先用"难以捉摸"去标签化日本人,他们的言行举止(包括那总挂在脸上的,看上去不适当的微笑)可能就被看成是这样。认为阿拉伯人有"火暴"性格的刻板印象令美国学生对他们敬而远之,或者在看到一群中东人热热闹闹地聚集在一起时立刻跑去提醒校方对其多加注意。教授如果认为来自印度尼西亚、墨西哥和许多其他国家的学生毫无例外地喜欢"讨价还价",他也许就会不公平地把一个国际学生的支吾或恳求看成拐弯抹角想得到特殊优待。

刻板印象可以帮助欧内斯特·贝克尔(Earnest Becker)所说的有焦虑倾向的人通过使其世界变得可以预知,减少了未知带来的威胁。[①] 的确,这是文化的一项基本功能:展示一个可预知的、个人有确定方向的世界。刻板印象是过度普遍化的、间接的笃信,它提供的概念基础是我们能够对周围发生的一切作出解释,不管它们是否准确或符合实际情况。在一个陌生的国度,这些概念基础增强了我们的安全感。我们无法理解,也无法跟超出我们理解力之外的人和情况打交道,由此产生的不确定或无助感发展到我们无法忍受的程度时,刻板印象于是成为一种心理需求。

刻板印象是交流者的障碍,因为它干扰了对事件起因的客观观察,即灵敏捕捉对他人现实世界思考的信息。即便有证据,我们也不太容易克服自

---

① Ernest Becker, *The Birth and Death of Meaning* (New York: Free Press, 1962), 84—89.

己或改正别人。刻板印象十分顽固，因为它们被民族文化当做神话或真理般牢固建立起来，也因为它们有时使先入之见成为合理的。刻板印象是持续不变的，并倾向于有选择地摘取新信息中仅与既有印象相吻合的片断。比如，一个贫穷的、素有自我否定和自我拯救价值观的访客一定认为物欲横流、铺张浪费就是美国文化。这就是该访客的刻板印象。

评价倾向

第五个障碍和对不同文化或种族之间的相互理解构成威胁的是评价倾向，即赞成或不赞成他人或群体的言行。我们没有尝试从他人世界观的角度理解他们的思想和感觉，反而认为自己的文化或生活方式才是最自然的。这样的先入之见妨碍了以开放型的思维从他人角度考察态度和行为。当有人听了半天才搞明白在那个国家中午的气温是115华氏度时，午间小憩从一个懒散习惯遂被看成是"一个不错的主意。"

在东京的一个会议上，我头一次听到日本教授介绍日本人对岩石、青苔和水的简单自然摆放以及静谧的绿色植物和薄雾笼罩下优美景色的偏爱，于是我参观了位于京都的桂离宫皇家花园。到了约好的参观时间，一位年轻的日本导游来到正在等候的二十位美国游客面前，说很幸运赶上了阴天。大家面面相觑，笑容勉强，因为谁也不想看到下雨。那位导游接着说，夏季时节旅游特别好，因为杜鹃花和北美杜鹃花都凋谢了，而树叶尚未呈现他们秋天漂亮的颜色。大家这才大笑起来，确信这个年轻人的确有幽默感。我对他的话感到迷惑不解，意识到如果我开会之前来，也会像这些游客一样相信他的话不是当真的。

当感觉和情绪深入参与交流时，急于评价会加深误解；然而，这正是最需要理解和倾听的时候。正如卡罗林·谢里夫（Carolyn W. Sherif）、穆萨夫·谢里夫（Musafer Sherif）和罗杰·尼伯高（Roger Nebergall）所说："一个人信奉的宗教、政治观、家庭观和他恪守的生活方式都是他个人特征的组成部分，它们被深切感受和珍惜。"[1]我们不仅要了解这个关闭我们思想的倾向，还要有冒险改变自己看法和价值观的勇气去理解为何其他人的言行与我们不同。到处都存在的宗教战争和陷入僵局的谈判就是很好的例子。

---

[1] Carolyn W. Sherif, Musafer sherif, and Roger Nebergall, *Attitude and Attitude Change* (Philadelphia: W. B. Saunders, 1965), vi.

人际交往层面上,有无数因为评价倾向导致跨文化关系中出现分歧的事例。以下就是其中的两个例子。①

美国学生:一位波斯朋友对我很是不满,因为我们在与第三方争论时我没有站在他的一边。回家以后他告诉我,不管朋友或家人是对是错,都应该与他们站在一起。你可以在回家之后随便指摘"做错事的人",但你永远不应该在生人面前拆家人或朋友的台。他的话让我很纳闷,因为即使是我母亲错了,我照样也得说。

韩国学生:当我在一个美国朋友家的楼下喊他时,他从窗户探出头说:"对不起,我学习很忙,没有时间。"说完就把窗户关上了。我对此十分不解。我的文化背景告诉我,无论主人愿意与否或忙不忙,都应该欢迎来访的客人。而且主人决不会不开门就对客人讲话。

对急于评价的抵制并不是说人们不应有自己判断对错的能力。我们的目标是以移情方式多看多听,而不是通过价值评判的屏障,因为它阻碍公平和完整的理解。一旦理解是完整的,就可以知道在价值观和意识形态上是否存在矛盾或冲突。如果有,就可以运用调整或矛盾解决等手段进行干预。

高度焦虑

高度焦虑或紧张,即通常所说的压力。由于太多不确定因素的存在,这种现象在跨文化体验中非常普遍。焦虑和紧张这两个词是相互关联的,因为一个人不可能精神上产生焦虑,而身体上却感觉不到紧张。适度紧张和积极的态度可以让一个人精力充沛地准备迎接挑战。过分焦虑或紧张需要通过某些方式释放掉,常用的防范方式有改变观点、退缩或产生敌意等。这就是它被认为是一个大的障碍的原因。金荣渊(Young Y. Kim)对此阐述道:

的确,压力在跨文化遭遇中是固有的东西,它干扰了个人系统中的内在平衡。由此,具备跨文化能力意味着能够管理这类压力,重获内在

---

① Taken from student papers in a course of intercultural communication taught by the author.

跨文化交流的建构与实践

平衡,并进行能带来成功互动成果的沟通。①

与其他五个障碍(相似性假定、语言、非言语语言的误译、先入之见和刻板印象、评价倾向)不同,高度焦虑或紧张不仅很明显,而且常常作为其他障碍的基础并相互配合。刻板印象和评判的用处本身是防范机制,用于减轻未知带来的压力。如果一个人一开始就紧张和焦虑,这些机制甚至被更频繁使用。向相似性观点投降也是为了抵御认识和适应差异造成的压力。不同的语言和非言语交流形式很难在最佳条件下被使用或翻译。为降低焦虑感(有时被称为"内在的噪音")而分神反而更有可能犯错误。杰克·吉布(Jack R. Gibb)为此评论道:

> 防范意识的萌发妨碍了听者专心听取信息内容。不但防范状态的交流者发出多个有关价值、动机和情感的提示,同样处于防范状态的信息接收者也会曲解他们所接收的信息。一个人的防范心理越严重,就越不能准确了解信息发送者的动机、价值观和情感。②

焦虑感常能渗透到跨文化对话双方。东道主国的人与外国人说话时感觉很不舒服,因为他或她无法保持正常的语言和非言语交流的顺利进行。这当中有语言和理解上的障碍:沉默时间太长或太短;身体的空间距离和其他准则被冒犯。他或她也因为不了解他人的知识、经验和评判标准,亦即来访者审视和排斥这个人和/或这个国家的潜在可能,而感受到了威胁。外国人极不喜欢但经常免不了被问到:"你喜欢这儿的哪些方面?"这个问题是在寻求一种安心,或至少是可以减少未知的一个"试探"。他们得到的常是礼貌性的回答多于实话实说,但人们很少能意识到这点。

另一方的外国人甚至更惶恐。他们感到陌生和不安全,对应付铺天盖地而来的信息感到很无助。他们自己的正常反应变得不合适了。自尊心也常常令人无法忍受地受到伤害,除非以自我防范手段退回到他们自己的参照群体或个体之中,去掉或误解事件的起因,用合理化或过度补偿(意思为:为克服自卑心理而发生的过度反应)的方法,或变得有进攻性或充满敌意。

---

① Young Y. Kim, "Intercultural Communication Competence: A Systems-Theoretic View," in *Cross-Cultural Interpersonal Communication*, vol. 15, edited by Stella Ting-Topmey and Felipe Korzenny, *International and Intercultural Communication Annual* (Newbury Park, CA: Sage, 1991).

② Jack R. Gibb "Defensive Communication," *Journal of Communication* 2 (September 1961): 141—148.

所有这些防范举动都无助于有效的沟通。

文化震惊(Culture Shock)。如果一个人长时间在外国文化中生活,时刻警惕避免犯"愚蠢错误"的压力可能对他或她会造成伤害,并受到"文化疲劳"的影响,这种现象常被称做"文化震惊"。拉雷·巴纳认为:

> 人类的生理天性就是这样,即在迥异的环境中会出现各种程度的不适感。如果没有自身文化的标准,就会感到无法预料、无助、危及自尊心和"如履薄冰",所有这些都会产生压力。[1]

持续数月的焦虑或紧张(或兴奋,如果积极看待这样的高度激活状态)使人体力不支,筋疲力尽,身体功能衰退,感觉疲惫,绝望或消沉。[2] 他或她接下来有意或无意地更倾向利用心理防范,如前面谈到的那些方式。如果不用这样做,这个经受着不断调整而疲惫不堪的外来者会发现为应付压力身体出现了一些症状:胃痛、背痛、失眠、注意力不易集中或其他与压力有关的疾病。[3]

一位旅美外侨描述了文化震惊带给他的伤痛:

> 从秘鲁到达美国后不久,我几乎每天以泪洗面。因为太紧张的缘故,我虽然听到别人讲话,但什么也没听进去,这让我感觉自己很愚蠢。我设法逃避,每次睡觉超过12个小时,还梦见了我在首都利马的生活、家人和朋友。三个月不与人接触的自我封闭式生活之后,我走了出去,接着开始感到剧烈的头痛。我最后不得已去看了大夫,可她只给了我很多缓解疼痛的药。我的大夫和老师谁都没能告诉我那个改变了我生活的神奇的词:文化震惊!当我了解了它,就开始从一个全新的角度看事情,并更能接受我自己和我的感觉。
>
> 我现在认识到,来美国以前我在利马曾遇到的大多数美国人也处在文化震惊的某个阶段。他们对秘鲁多少有些敌意,秘鲁人感觉到了,于是从一开始的友善变为防范、挑衅或避开。美国人大多待在使馆区安全的、熟悉的文化环境里。他们很多人似乎觉得在秘鲁经历的困难

---

[1] LaRay M. Barna, "The Stress Factor in Intercultural Relations," in *Handbook of Intercultural Training*, vol. 2, edited by Dan Landis and Richard W. Brislin (New York: Pergamon Press, 1983), 42—43.

[2] Hans Selye, "Stress: It's a G. A. S. ," *Psychology Today* (September 1969).

[3] Barna, "Stress Factor," 29—30.

■ 跨文化交流的建构与实践

和麻烦是秘鲁人刻意制造出来让外国佬儿们不舒服的。换句话说,他们不审视自己在文化调整上出现的问题,反而处处指责秘鲁。①

文化震惊是一种不放松的状态,就像疾病一样,对每个人造成的后果,严重程度和持续时间都不同。如果抱着学习的兴趣接受文化差异而非焦虑不安,并通过运用积极应对机制掌控好正常的压力反应,如有意识地放松身体等,麻烦就会减至最低程度。②

生理反应。了解焦虑/紧张这一障碍的生理因素有助于寻找对付其损耗性效果的方法。③ 我们很难避开这个问题,因为作为人类,我们生物系统就是如此设置的:当出现被认为"不正常"的事情时会自动报警。④ 根据潜在威胁的严重程度,额外的肾上腺素和去肾上腺素被注入系统中,肌肉发紧,心率、血压和呼吸次数增高,消化程序关闭,以及发生其他变化。⑤

为了精力充沛地行动,如此"搏斗或逃遁"反应是有用的,它实为生存或发挥功能的一个生物馈赠。然而,如果一个人的社会性自我出现了危机,在当今世界里这样的例子更常见,那么过多焦虑或紧张就会介入。为了化解误会和理顺关系,理解、沉着镇定和移情等能力在跨文化机构中尤其是必需的。

不过,这一切并不意味着世界末日和颓丧。正如霍尔格·厄尔森(Holger Ursin)所说:"对环境变化和危险刺激的身体反应完全是一种应激。"⑥研究者们相信,个人以自己的认知来控制对应激状态的情绪化反应。⑦

---

① Personal correspondence.
② Barna, "Stress Factor," 33—39.
③ Hans Selye, Stress without Distress (New York: J. B. Lippincott, 1974); Hans Selye, *The Stress of Life* (New York: McGraw-Hill, 1976).
④ Alvin Toffler, *Future Shock* (New York: Bantam, 1970), 334—342; Holger Ursin, "Activation, Coping and Psychosomatics," in *Psychobiology of Stress: A Study of Coping Men*, edited by Eirind Baade, Seymour Levine, and Holger Ursin (New York: Academic Press, 1978).
⑤ Donald Oken, "Stress-Our Friend, Our Foe," in *Blue Print for Health* (Chicago: Blue Cross, 1974).
⑥ Ursin, "Activation, Coping and Psychosomatics,"219.
⑦ B. B. Brown, "Perspectives on Social Stress," in *Sefye's Guide to Stress Research*, vol. 1, edited by Hans Selye (New York: Van Nostrand Reinhold, 1980); J. P. Keating, "Environmental Stressors: Misplaced Emphasis Crowding as Stressor," in *Stress and Anxiety*, vol. 6, edited by Irwin G. Sarason and Charles D. Spielberger (Washington, DC: Hemisphere, 1979); Stanley Schachter and J. E. Singer, "Cognitive, Social and Physiological Determinants of Emotional State," *Psychological Review* 69 (1962).

如果预料某件事是兴奋而非恐惧的,他或她更倾向把身体变化看成兴奋所致。汉斯·施泰利(Hans Stelye)称其为"良性压力",该压力造成的伤害很少,除非它持续时间较长而没有得到释放。① 感觉到"被挑战"有助于机能的正常发挥,而感觉到"威胁"则反之。②

人的压力承受度也各有不同。众所周知,有的人不管什么原因,好像一点小事就被压垮,而另一些人在任何危机面前似乎总是从容镇定。如果你是前者,无论在一次性偶遇还是多文化机构中的日常言谈交往,有很多对付这些跨文化压力的积极方法可以采用。对新手而言,你可以找机会熟悉不同类型的人,于是他们之间的差异对你来说不再危险,反而十分正常和有趣。你也可尝试多了解自己的身体,当指示压力反应的身体变化出现时,你就能识别并削弱它。

结　论

了解这六大障碍无疑是避免它们的第一步,但这并不容易。对大多数人来说,内省、培训,有时需要改变长期形成的习惯或思维方式乃有所进步的先决条件。然而,对国际间相互理解的呼声持续高涨,要求我们大家有责任尽自己的最大努力。

我们可以学习其他的语言,对非言语语言和文化其他方面的差异学着接受和适应。我们训练自己在遇到跨文化情况时对细节多加注意。我们可以运用研究的方法而非刻板印象和先入之见。我们逐步接触各种差异,使其不再是威胁。在需要避免防范反应发生时,我们更可以学着降低自己的紧张程度。

这一切的目标都是为了要具备跨文化交流/沟通能力,金荣渊把它定义为:"个人管理跨文化交流关键性挑战的全面内在能力:如文化差异和不熟悉,跨群体状态,和伴随的压力体验。"③

罗杰·哈里森(Roger. Harrison)最后总结到:

　　交流者不能停止了解与之共事的人们与己不同的习俗、目标和思

---

① Hans Selye, "On the Real Benefits of Eustress," *Psychology Today* (March 1978).
② Richard S. Lazarus, "Positive Denial: The Case for Not Facing Reality," *Psychology Today* (November 1979).
③ Kim, "Intercultural Communication Competence," 259.

维方式。他须能以自己的方式与这些迥异的价值观、态度和感觉建立密切联系。他须能与之共事并进入他们的圈子,既不在对抗中失去自己的价值观,也不必设法与世隔绝来保护自我。①

---

① Roger Harrison, "The Design of Cross-Cultural Training: An Alternative to the University Model," in *Explorations in Human Relations Training and Research*, NEA, no. 2 (Bethesda, MD: National Training Laboratories, 1966), 4.

文化的基本假定与价值观

爱德华·斯图尔特、杰克·丹尼利恩、罗伯特·福斯特
(Edward C. Stewart, Jack Danielian, and Robert J. Foster)

出于分析的目的,文化可以从四个层面考察:具体行为、价值观、基本假定和普遍化的文化形态。后三者是从观察行为得来,但可用做解释奠定人类主要行为基础的动力。从个人层面上看,它们是有效地被内在化了的个性成分,文化群体中所有成员都具有。

价值观是相对具体的,不连续的和特定的。比如,私人财产至高无上,追求物质享受,渴望真正意义上的成功等都是典型的美国价值观。价值观也有"应该"的性质,相对来说个人能够了解。[1] 当一个人解释自己或别人的感觉或行为时,常谈到价值观。

基本假定则更抽象,更处于意识之外,不为绝大多数人所知。它们表现的是个人认识世界的倾向,而且常被个人认为是世界本身如此,而非他或她对世界的感知。举例来说,美国文化基本假定自我与世界是分离的,而且通常倾向以"实干"作为自我表现的手段。[2]

基本假定给人一种现实的意义,仅是几种可能的现实之一——价值观给人一个选择和评价的基础。然而,基本假定和价值观相互交叉融合。一个人或一种文化的基本假定可能是另一个人或文化的价值观。人的任何一个观念似乎都是基本假定和价值观的结合;因此,我们很难确定,也常不是那么重要的,到底它是此还是彼。

在某些情况里,奠定文化思维基础的认知过程太抽象并缺乏实体参照,

---

[1] Clyde Kluckhohn et al., "Values and Value-Orientations in the Theory of Action," in *Toward a General Theory of Action*, edited by Talcott Parsons and Edward A. Shils (Cambridge: Harvard University Press, 1951), 388—433.

[2] Florence R. Kluckhohn and Fred L. Strodtbeck, *Variations in Value Orientations* (1961; reprint, Westport, CT: Greenwood Press, 1973).

跨文化交流的建构与实践

这可能是与基本假定的最大不同,我们称之为文化形态。比如,对时间、空间、本质、能量以及逻辑过程的基本假定。文化形态与基本假定非常近似,与价值观的近似程度则较小一些。从培训的目的来看,也许作出清晰的区分并不重要;明确了形态,基本假定和价值观的本质以后,这些概念一般被称做"价值观与基本假定",或者用"倾向性"可能更贴切。偶尔会用到"看法"或"观点框架"等意思多少相近的词。

分析任何一种文化时常见的异议是,人们在很多方面互不相同,即使在同一个文化中也如此,任何试图根据广泛的普遍性,如文化特征,来描述一个人都会导致刻板印象。很显然,人的具体行为或价值观存在广泛差异。然而,某些价值观和基本假定,比如在美国文化中,占据着统治地位,并在不同程度上为大多数成员所共有。因此,当我们谈到一个美国价值观(或基本假定),是指在该文化中那个价值观的一个范围(分布)的典型趋向。这个分布上的所有点在任何社群中都可以找到;因此,当两个文化在一个特定方面加以比较时,会有一些重叠部分出现〔如,甲文化中的一些成员比远离乙文化聚焦点(modal point)的乙文化成员反而更有乙文化特征〕。

另外,个人的反应在不同情况,以及同一情况的不同时期都有所不同。然而,无论什么时间或何种情况,人的行为存在着内在的相对综合性和稳定性。因此,在理解跨文化现象方面,变化不应掩盖确实存在的文化体系差异或刻板印象(典型趋向)的有效性。

文化模式,包括它们的变化,可以看做是"几个人类共同的,一直需要解决的问题"指南。[①] 这些问题范围可用做识别文化因素的框架,所有人类文化都可以根据这些因素来划分。[②] 基本假定与价值观系统掩盖下的人类共同问题可分成五大类:行为、社会关系、动力、世界观、自我观和个人观。我们通过描述美国的某些价值观与基本假定和部分非西方文化的价值观和基本假定,来简要识别各范畴的特点。辨认方法基本出自佛罗伦萨·克拉克洪的研究,只有少数几点不同。

[①] Florence R. Kluckhohn, "Some Reflections on the Nature of Cultural Integration and Change," in *Sociological Theory, Values and Sociocultural Change: Essays in Honor of P. A. Sorokin*, edited by Edward A. Tiryakian (New York: Free Press, 1963), 221.

[②] 同上。

行　　为

自我表达是所有人类的共同问题；克拉克洪将它视为行为模式。① 在美国社会，占主导地位的行为模式是"实干"。实干是基本假定行动应该导致外在化的，看得见的成就，正如美国的一个习语所言："将事情完成。"而与其相反的模式是"存在"，这并不意味着消极，因为一个有"存在"倾向的人可能是非常积极主动的。"存在"倾向是指人类个性天生本质的自然表露。它注重人性的现象体验而非真实的成就，并认为在社会中要有一个自然和既定的位置。行为的第三种倾向强调一个综合的人的全面发展——在成为中存在——与"存在"相似，强调体验而非成就，但它是动态的。

另一行为范畴可根据多个因素加以分析，它是关于解决问题的决策是如何作出的。在某些文化中，由于个人所拥有的角色，决策较可能是由他或她个人作出的；在这种情况下，决策受角色特征的影响要比受个人偏好或承诺大得多。作决策还可能是群体的一项职能，而不是个人或角色的责任。这种情况在日本文化比在美国文化中更为典型。②

决策形成的问题因文化不同而有差异，因此它们在不同文化框架中被考察时会出现某些变化。在美国社会里，决策过程是通过对选择不同行为方法的结果作出预期而形成的。然而在其他一些文化里，决策者（们）的职能是在评估一个情况时，根据已有的范畴把它归类。无论之后发生什么行为，或作出什么决策，都要自动遵循这一传统的归类行为。③ 也许正是这个归类过程，导致一些西方观察家们得出结论：在不发达世界里人们很少需要作决策。这个例子说明了当要求一个人在不同文化之间考察同样过程时，跳出自身文化框架是很困难的。

辨别组织行为的不同方式对教和学两方面也有重要意义。④ 比如，美国

---

① Kluckhohn and Strodtbeck, *Variations*.

② Fred N. Kerlinger, "Decision-Making in Japan," *Social Forces* 30 (October 1951): 36—41.

③ Kalman H. Silvert, "National Values, Development, and Leaders and Followers," *UNESCO International Social Science Journal* 15, no. 4 (1963): 560—570.

④ Gregory Bateson, "Social Planning and the Concept of Deutero-Learning," in *Readings in Social Psychology*, edited by Theodore M. Newcomb and Eugene L Hartley (New York: Henry Holt, 1947), 121—128.

跨文化交流的建构与实践

人坚信学习是一个学生自我表现的积极过程,学生的学习动力要么是为了长远利益,要么是为了避免受惩罚;因此,学习被认为是形成学生思想并巩固的过程。在有些文化里,学生被认为是被动的,而且主要学习技巧是不断的死记硬背;[1]学习是在一个高度结构化环境中的机械过程。根据这个观点,学习者的自然和社会两个世界里的各种事件只是他或她行为的自动响应。既然相对于个人主动性来说,世界是无法抗拒的,高度结构化和一成不变的,因此,学生的自发行为或个性不受提倡。这种学习方式与巴甫洛夫学说的情景相应,它在巴厘岛比在美国更普遍就是一个例子。[2]

我们所描述的一些不同的价值观和假定可能是不同行为表达方式的基础。它们提请大家注意在解释任何特定行为时运用多个因素的必要性。比如,在谈到决策和学习的问题时,要提及自我观、世界观与动力。

社 会 关 系

美国中产阶层的社会关系主要特点是平等。[3]尽管作为价值观在美国社会各方面并无统一运用,但它的影响十分深刻,因此应被看做是美国文化的一个基本假定。除此之外,在几乎所有其他的文化中,强调更多的是不平等。[4] 在某些文化中,人人平等并应该受到相同对待的观点被认为是贬低人的特性。不平等奠定了社会习俗和礼节的基础,并清楚地定义了从事社会交往时人与人之间的相互关系。

在美国文化里,社会习俗更倾向于非正式,社会关系的相互性较少有清晰的定义。比如,平等舍弃了对社会称呼复杂形式的需要,因为正式的功能之一就是引起大家对参与者的身份地位和归属的注意。美国人通常忽视这些社会交往的特性。与别人很快就可互以名字(省略姓氏)相称,以直接和非正式的方式与别人进行工作与社会交往。与其他文化不同,如泰国文化,美国人在工作和社会场合喜欢直接与人联系,因此,很少像泰国人那样需要

---

[1] Gerardo and Alicia Reichel-Dolmatoff, *The People of Aritama: The Cultural Personality of a Colombian Mestizo Village* (Chicago: University of Chicago Press, 1961).

[2] Bateson, *Social Planning*.

[3] Robin M. Williams Jr., *American Society: A Sociological Interpretation* (New York: Alfred A. Knopf, 1961), 415—426.

[4] Conrad M. Arensberg and Arthur H. Niehoff, *Introducing Social Change* (Chicago: Aldine Publishing, 1964).

一个第三方作为中间人。

尽管强调平等和非正式，但美国人际关系中存在非私人化因素。美国人可能有很多朋友，但有情况或时间等条件的约束。① 而且，朋友一词可以指一个过去的旧相识，也可以是忘年交。美国人的友谊跟世界许多地方都不太一样，在那些地方一个人可能朋友很少，但对朋友的承诺是全部的，而不是有选择的。一个人不愿意与其他人共有一个朋友，因为友谊的质量和朋友的数量都是有限的，因而不会挥霍浪费掉。②

与我们看到的世界许多其他地方的私人化交往相比，美国人在社会关系中倾向于相对公平和客观。比如，美国的大型慈善基金募捐活动，对职位晋升的客观标准，以及生意场上对馈赠礼物所表现出的不安。反之，日本和拉丁美洲人的父爱，拉丁领袖的个人领导方式，以及在亚洲、非洲和拉丁美洲广泛存在的裙带关系都体现出私人化交往的特征。③

美国人的非私人倾向与其他价值观相结合，助长了个人为自己的目标而奋斗的竞争意识。比如，"开玩笑"、"胜人一筹"、"能言善辩"和一个"友善的建议"等行为都是微妙的竞争方式。虽然在人际关系中这类行为似乎对美国人无关紧要，但在许多其他文化中有施压意味。④

动　　力

基本假定与价值观的第三类是动力。在美国，成就普遍被视为主要动力。这个力量赋予美国文化"推动力"的特性。⑤ 一个美国人的身份与其价值在相当程度上建立在所取得的成就上；美国人等同于美国人所取得的成就。并且，既然除了通过外在表现，美国文化没有提供一个评估和了解自我

---

① Clyde Kluckhohn, "American Culture—A General Description," in *Human Factors in Military Operations*, edited by Richard H. Williams, Technical Memorandum ORO-T—259, Operations Research Office, Johns Hopkins University, Chevy Chase, Maryland, 1957, 94—111.

② George M. Foster, "Peasant Society and the Image of Limited Good," *American Anthropologist* 67, no. 2 (April 1965): 293—315.

③ 对美国社会关系方面的"非私人化"和其他文化的"私人化"进行比较并无诽谤之意。比如，信任、善意和对他人的接纳是美国人的特点，但在表达上没有私人化。不信任和猜忌在世界许多其他地方倒是非常私人性的，也更普遍。

④ Rosalie H. Wax and Robert K. Thomas, "American Indians and White People," *Phylon* 22, no. 4 (Winter 1961): 305—317

⑤ Jules Henry, *Culture against Man* (New York: Random House, 1963).

的工具，那么，成就应该是客观的、看得见的、能衡量的。

相对于许多其他社会群体，美国人认为出生地、家庭、遗产继承、传统地位或其他考量对阐明自我没有什么特殊意义。因而，美国文化通过外在的有据可查的业绩强调个人成就。而其他文化强调的是归属并顺从个人传统的既定地位。[1]

美国人在物质和显赫成功上的追求，不禁使人要问他们对失败的看法。对美国人来说，这个概念很难接受，因而通常避免谈及或找理由解释。一个典型的回应就是借口说失败是通向成功之路不可避免的学习过程（失败是成功之母），或者把失败归咎于他人。

世界观

在美国文化中一个占主导地位的观点是，世界是物质而非精神的（或思想、本质、意志或过程），并应该被开采和使用以满足人类的物质需求。这个观点提示了人类与其他生命和自然形式的一个清晰区别。男人和女人的人性特质赋予了他们其他生命形式所没有的价值；他们很独特因为他们有灵魂。虽然我们常提到自然与物质世界是有生命的，但还是将他们看成是物质和机械的存在。

世界其他地方的文化（以及美国文化中的其他不同基本假定）与上述观点截然不同，认为人类与环境一体，无法分割，应该寻求与大自然之间的和谐相处。[2] 大自然是鲜活的，有灵的；动物和即使是无生命的物体也有其本质。因此，在人类与植物、岩石、河流和山川之间并不存在一条清晰的分界线。他们因而应与大自然和物质世界融为一体，而不是试图控制这些力量。

进步的概念与环境控制和开采有密切联系，这个概念在世界其他地方相对来讲很少使用。美国人一个较为普遍的观念是：一个人，特别是一个组织，应当有所进步，否则就会消失；不能原地踏步，而应不断发挥作用。

美国文化中，与进步和成就的动力并驾齐驱的是对未来普遍乐观的态度。大多数美国人觉得只要通过自身的努力，就可以有一个更好的未来，而

---

[1] David M. Potter, *People of Plenty: Economic Abundance and the American Character* (Chicago: University of Chicago Press, 1954).

[2] Arenberg and Niehoff, *Introducing Social Change*.

且这么做不会妨碍他人的利益与进步。① 每个人都有足够的机会。由于美国人生活在一个经济和资源丰富的国家,这样的价值观与基本假定体系当然会反复强化。它们与世界其他地方所持的"资源有限"观念和宿命论截然相反。②

美国人对世界物质方面的高度看重,与包含作为个体的自我在内的价值观相结合,为强烈而突出的私人财产观念奠定了文化基础。

自我观与个体观

个体主义的自我观念是美国文化的一个完整基本假定,它根深蒂固,美国人通常对此深信不疑。他们自然而然地认为每个人都有自己单独的身份特征。但是,由于这个文化基本假定是隐含的,美国人一般意识不到,所以自我认同的本质多少有些难以描述。导致一个人身份相对分散的部分原因是缺乏明确的归属范畴,比如像其他文化中的社会地位和阶层等。③

对个人的强调始于幼年时期,美国孩子从小就被鼓励自主。大众普遍接受这样的价值观:应鼓励他们(以及成年人)为自己做决定,发展自己的观点,解决自己的问题,拥有自己的财产。然而,自由选择和自主的观念被主张个人应根据他人意愿进行选择的社会控制机制削弱了。

强调个体的一个重要结果是美国人对正统权威控制的抵触倾向。④ 他们认为理想的权威应是最小化的,并以非正式的说服和向个人呼吁等手段履行,而不是像许多其他文化那样,强迫或令其屈服于传统。

美国人强调个体的另一个结果是,他或她的自我观念不轻易与群体融合;任何群体,从小群体乃至一个国家,都被看成是由个人组成的集合体。美国人不喜欢群体淹没个人,也不喜欢在原因或抽象意识形态中强调非个人化。

避免淡化个人造成了这样一个现象,那就是在美国文化中,以个人作为

---

① Clyde Kluckhohn and Florence R. Kluckhohn, "American Culture: Generalized Orientations and Class Patterns," in *Conflicts of Power in Modern Culture: Seventh Symposium*, edited by Lyman Bryson (New York: Harper and Row, 1947).

② Foster, "Peasant Society."

③ Margaret Mead, "The Factor of Culture," In *The Selection of Personnel for International Services*, edited by Mottran Torre (Geneva: Federation for Mental Health, 1963), 3—22.

④ Geoffrey Gorer, *The American people: A Study in National Character* (New York: W. W. Norton, 1948).

跨文化交流的建构与实践

出发点的观点和概念才有意义。比如说,尊严和人类本性等概念最看重自尊、个人需要与目标。由于强调具体的和自我参照的观点,当谈到不涉及个人的概念时,美国人会感到不太舒服。

自我与他人关系的另一元素是个人的整体可分割性,这与美国人强调目标而非人际关系的观点密切相关。美国人倾向于个性碎片化。他们不必先要全盘接受这个人,而后才能与之一起工作;他们可能不赞同一位同事的政治观点、爱好或个人生活方式,但仍能够在一起有效地工作。然而,有归属动力的个人则不同,他或她把别人当成全部或整体的人来接受,所以结果是,来自不同宗教、信仰体系或道德公约的人常常很难与其一起共事。

行为、思想和意图在美国文化中是被分开来评价的。比如,持不同政见者并不犯法。部分非西方文化中,不存在如此清晰的区分。一个人的行为、思想、感情和意图是被综合地作为一个整体来评价的。因此,即使并无不当行为发生,但"错误想法"仍意味着这个人有理由被指责。

普遍化的文化形态

当做为文化思考基础的基本假定是普遍的,并缺乏实体参照时,它或许最好被称为文化形态或形态感知。虽然形态与价值观和基本假定非常近似,但为了观念上的清晰,它们应被分开讨论,尽管在培训中对此区别并不做强调。

对美国人来说,时间的文化形态往往被看做直线型。计划、进步、健康和技术方面的预防措施,未来走向等美国式概念与直线型时间概念相连。比如,由于认为时间只朝着通向未来的方向流动,因此有了关于进步的概念。"你必须赶时间"的美国习语说明了这种联系。这个时间观念非常符合一个推理的世界观。一个人可以在时间上区分不同事件,并注意到它们之间的关系,称前一个为"因",后一个是"果"。虽然这么说显得过于简单化,但它揭示了美国人偏向在具体和界限分明的因果关系中看世界,并为美国人关于成就和主宰自身环境的主导信仰提供了坚实基础。

接近和位置是空间概念,这是第二种文化形态。空间的运用显示出重要文化差异。很显然,不同文化对生活和工作区域有不同模式的划分。某些文化,如中国,有明显的属地主义(terrritorialism)意识;在其他文化中,如美国,属地主义并不发达,在某些游牧文化中更是几乎没有。在面对面交往中,个人空间位置的变换在不同文化中也可以看到并衡量。① 在最抽象层面,形式上的原因与相关性的思维在空间关系上有所表现。虽然这也发生在美国文化中,但几乎没有像在中国文化里那么频繁。② 时间观念和有效率的、物质的原因常常是美国人所偏重的。

第三种文化形态是本质与能量。对美国人来说,宇宙从根本上是物质的;相反,撒哈拉以南的非洲人则将宇宙看做生命力量之网。在他们看来,力量与存在是同义词。③

第四种文化形态是相关形态,它是指过程,而非结构,这样说或许是最准确的。作为人类行为基础的一个基本问题是经验主义世界和感知世界之间的关系。如果两者是相通的,经验主义世界就能被直接领悟。美国人倾向通过中间的解释性的概念来理解他们所观察到的事物,但是许多非西方人更直接通过直觉和自然反应来理解经验,不需用西方式的"解释"。

美国人更多采用相对论的和现实的观点,而很少假定一个直接可知的现实存在。另一方面,美国人明显强调分析性和逻辑性的表达模式,而非感觉评价或敏感性。④

其他与上述文化形态相关的形态还包括:美国人的归纳式思维和量化倾向与别国人的推论思维和内在品质的对立。另一个重要的方面是美国人典型的比较判断与别国人绝对判断形成对立(如:比较标准和抽象标准的对立)。

最后应该提到的是限度的概念。乔治·福斯特(George M. Foster)阐述了农业社会与西方社会关于"有限资源"⑤概念的主要区别。在文化形态最普遍意义上,它指的是把世界看成有限的,不是无限扩展的,美国文化中对无限资源的基本假定奠定了成就动力的基础。这个基本假定认为,一个人把机会和成就看成是相对无限的,至少部分可以取决于自己的努力。该

---

① Edward T. Hall, *The Hidden Dimension* (1966; reprint, New York: Anchor/Doubeday, 1982).

② Hajime Nakamura, *Ways of Thinking of Eastern People: India-China-Tibet-Japan* (Honolulu: East-West Center Press, 1964).

③ Janheinz Jahn, "Value Conceptions in Sub-Saharan Africa," in *Cross-Cultural Understanding: Epistemology in Anthropology*, edited by Filmer Stuart C. Northrop and Helen H. Livingston (New York: Harper and Row, 1964), 56.

④ Filmer Stuart C. Northrop, *The Meeting of East and West, An Inquiry Concerning World Understanding* (New York: Macmillan, 1945).

⑤ Foster, "Peasant Society."

跨文化交流的建构与实践

价值形态常指的是"努力—乐观",这是理解美国人行为的关键。农业社会中的基本动力是归属、保持并巩固身份、特权及优势。[①] 奠定这个价值观基础的就是认为世界资源是有限的,个人获得资源一定是以占用他人资源为代价。福斯特对"有限资源"作了如下描绘:

> 生活中所有渴求的东西,如土地、财富、健康、友谊、爱、勇敢、荣誉、尊重、身份、权力、影响、安保、安全,都是有限量的存在,并总是供不应求……不仅这些和其他"好东西"是有限量的存在,而且你不能指望依靠农民增加这个量。人口稠密地区土地短缺的事实似乎在所有其他渴求之物中同样明显:供应不足。土地等"资源"被视为自然界中固有的,如果需要,它可以不断地被分割,再分割,但是不会增大。[②]

这种有限度的概念在这个文化模式的所有方面都造成深远的影响。

文化基本假定与价值观对比一览表[③]

美国	与美国相对

一、行为

1. 人的行为方式是什么?
   - (1) 关注"做"、进步、改变 …… "存在"
   - (2) 外在成就 …… 自然表露
   - (3) 乐观、奋斗 …… 宿命

2. 渴望的生活节奏是什么?
   - (1) 快、忙 …… 稳定、有节奏
   - (2) 推动 …… 非强迫的

3. 做计划时目标有多重要?
   - (1) 强调手段、程序、技术 …… 强调最终目标

4. 什么是生活的重要目标?
   - (1) 物质 …… 精神
   - (2) 舒适、无痛苦 …… 体验愉悦与痛苦

---

① Foster, "Peasant Society"; Potter, *People of Plenty*.
② Foster, "Peasant Society," 296.
③ 作者非常感谢天主教大学人类学系的 Jasper Ingersoll 博士研发的这个表格.

(3)行动 ………………………………………………… 体验
5. 谁对决策负有责任?
    (1)责任在每个人 ……………………… 群体职能或一个角色(二元对照)
6. 人们生活在什么层面?
    (1)运作的,以结果评估目标 …………………………… 体验过的真理
7. 人们怎样看事物的价值?
    (1)有用(它是否行得通?) …………………………… 本质(理想的)
8. 谁应作决策?
    (1)起作用的人 …………………………………… 拥有适当权力的人
9. 人们如何解决问题?
    (1)策划结果 ………………………………………………… 应付结果
    (2)预测结果 ……………………………………………… 将情况分类
10. 人们如何学习?
    (1)主动的 …………………………………………………… 被动的
    (学生为中心的学习方式)   (连续的死记硬背式学习)

二、社会关系
    1. 角色的特点是什么?
        (1)努力获得 ………………………………………………… 既定、世袭
        (2)松散 ……………………………………………………… 紧密
        (3)一般 ……………………………………………………… 具体
    2. 怎样与身份不同的其他人发生关联?
        (1)强调平等、差异最小化 ………………………… 强调等级、强调差异
        (2)强调非正式和自发行为 ……………………… 强调正式、更易预知的行
    3. 性别角色的特征是什么?
        (1)相似、重叠 ……………………………………………… 有区别的
        (2)性别平等 ………………………………………………… 男性主导
        (3)不同性别的朋友 ………………………………………… 只交同性朋友
        (4)较少法律约束 …………………………………………… 有法律约束
    4. 群体成员的权力与义务是什么?
        (1)有限责任 ………………………………………………… 无限责任
        (2)为寻找个人目标加入群体 ……………………… 接受群体的约束
        (3)主动的成员能影响群体 ……………………… 领袖(而非成员)管理群体
    5. 怎样评价他人并与之交往?
        (1)具体的能力或兴趣 ……………………… 人的全部个性和他或她的身份

跨文化交流的建构与实践

　　　　(2) 以工作为中心……………………………………… 以人为中心
　　　　(3) 有限度的投入…………………………………… 全身心投入
　6. 友谊意味着是什么?
　　　　(1) 社会的友谊……………………………………… 忠诚的友谊
　　　　　（短期承诺、与朋友分享）　　　　　　　（长期承诺、友谊专一）
　7. 社会交往中人们如何看待善意的批评?
　　　　(1) 可以接受、有意思、有乐趣 ……………… 不可接受、令人尴尬

三、动力
　1. 什么是动力?
　　　　(1) 成就………………………………………………………… 归属
　2. 如何评价人类之间的竞争?
　　　　(1) 建设性的、健康的 ……………………………… 破坏性的、反社会的

四、对世界的看法(世界观)
　1. 自然界像什么?
　　　　(1) 物质的…………………………………………………… 精神的
　　　　(2) 机械的………………………………………………… 有生命的
　　　　(3) 由机器控制………………………………… 不应由机器控制
　2. 世界是怎样运行的?
　　　　(1) 以推论式的、可学习的、可控制的方式的方式（命运、占卜）………
　　　　　　…………………………………………… 以神秘安排的、精神引导
　　　　(2) 通过机会与可能性 ……………………………………… 通过命运
　3. 自然界中人类立足点在哪里?
　　　　(1) 游离于自然或任何层面………… 自然界或某个层面的一部分（二元比照）
　　　　(2) 事物是暂时性的、非固定的、可变的…… 事物是永恒的、固定的、不可变的
　4. 人与自然的关系是什么?
　　　　(1) 资源是无限的 ………………………………………… 资源是有限的
　　　　(2) 人类为了自身目而改造自然 ………………… 人类应接受大自然安排
　　　　(3) 期望和需求的身体健康和物质享受…………… 某些疾病和物质上的贫困
　　　　　　　　　　　　　　　　　　　　　　　　　　　　是自然的,必然的
　5. 真理是什么? 真谛呢?
　　　　(1) 试探性的 ……………………………………………………… 明确的

(2) 视情况而定 …………………………………………… 绝对的
　　　(3) 经验在单个成分中分析(一分为二)………… 经验被当做一个整体来理解
　6. 时间和时间的价值?
　　　(1) 未来(预见性)…………… 过去(记忆)或者现在的经验(二元比照)
　　　(2) 精确 ……………………………………………… 不精确
　　　(3) 有限财富 ………………………………………… 无限财富
　　　(4) 直线的 ………………………………………… 循环的、非直线
　7. 财富的本质是什么?
　　　(1) 私人所属、很重要、如延伸了的自我…… 用于"自然的"目的与所有权无关

五、自我与个体观
　1. 自我的特征是什么?
　　　(1) 松散、变化着的 ………………………………… 固定、有清楚的定义
　　　(3) 灵活的行为 …………………………………… 处于社会系统中的人
　2. 一个人的认同在何处体现?
　　　(1) 自我之中(成就)……………………… 自我之外、角色、群体、家庭、
　　　　　　　　　　　　　　　　　　　　　　党派、社会地位、社会之中
　3. 个体的本性
　　　(1) 可分离的特征 …………………………………………… 视作整体
　4. 人应该依赖谁?
　　　(1) 自己 ……………………………………………… 上级、支持者、他人
　　　(2) 非个人组织 …………………………………………………… 人民
　　　　　抽象准则
　5. 被认为有价值和受尊重的人应具备哪些素质?
　　　(1) 年轻(有活力) ………………………………… 年长(智慧、经验)
　6. 社会控制的基础是什么?
　　　(1) 说服、诉诸个人 ………………………………… 正规的、权威的
　　　(2) 罪恶感 …………………………………………………… 羞耻感

六、普遍化形态
　1. 直线型(时间) …………………………………………… 非直线型
　2. 有效的与物质的 ……………………………………… 形式上的原因
　　　因果式思维(空间)　　　　　　　　　　　　　　　　关联式思维
　3. 物质的真实存在 ……………………………………………… 精神、能量

跨文化交流的建构与实践

  （本质与能量）
4. 运作主义（coperationalism 指观察者）⋯⋯⋯⋯直接理解或形式主义
                （二元比照）
5. 归纳 ⋯⋯⋯⋯⋯⋯⋯⋯⋯⋯⋯⋯⋯⋯⋯⋯⋯⋯演绎或转导
                （二元比照）
6. 通过比较作判断 ⋯⋯⋯⋯⋯⋯⋯⋯⋯⋯⋯⋯绝对标准判断

地球村中的交流

迪安·巴恩伦德（Dean Barnlund）

「秋深き隣は何をする人ぞ」

　　　　秋已深 邻居是过着怎样生活的人？
　　　　　　　　　　　　　　——松尾芭蕉

　　这是日本著名俳句大师松尾芭蕉的名句,它表达了我们人类永恒的普遍好奇心。三百年前,当写这首俳句的时候,"邻居"一词指的是与自己在服饰、饮食、风俗、语言等非常相似,恰巧住在隔壁的人。今天,周围邻居们的文化已很少有人与自己一模一样了。明天,可以预期我们的大部分生活是在另一类邻居们中度过的,他们将讲着不同的语言,追求着不同的价值观,有着不同的生活节奏,以不同的活动指南在进行互动。不到一二十年,在外国文化中生活一段时间的可能性,将要超过一百年前一个人离开自己的出生地到他乡的可能性。由于我们的世界在转变,我们的邻居将更多的是生活方式与我们形成鲜明对照的人。

　　地球村在技术上实现这种转变的可能性不容置疑。只是实现这一天的准确日期不清楚。目前已经存在的手段有：由通讯卫星联结的电子传播系统,以超音速的速度将人们送往各地的航空能力,能够以比人们形成问题更快的速度吐出事实和数据的计算机。很明显,以物理方法和电子通讯方法把人们拉近的手段就在眼前。现在拿不准的是通过技术进步而消失的文化边界将给人们带来的是理想的实现,还是痛苦？地球村只是不同人的集成还是真正的社区？地球村的居民将是能尊重和利用彼此差异的邻居？还是生活在各色人种的聚居区中彼此厌恶的一群陌生者？

　　我们能否产生由精湛技术所要求的新的文化态度？在这方面,历史并不能使人完全放心。人们用了千百年去学会如何和谐地生活在家庭、部落、

跨文化交流的建构与实践

城邦和国家中。人类的敏感性和忠诚性的每一次新的延伸,都经历了几代人才稳固地被消化吸收于人类的心灵中。而现在新形势使得我们要从过去人民间相互怀疑和敌意的关系转变为人民间必须相互尊重和理解的新世界。

恰巧,近几十年来发生的事件没有给我们提供乐观的基础。日益增长的人们之间的接近性并没有给人类关系带来太平盛世。如果有什么的话,已经显现的是:人们之间的分歧正在加大,而不是创造了更加亲密的关系。每一次自然距离的新的缩短,都使我们更加痛苦地意识到这阻隔了人们心理的距离,增加了对真实的或想象的差异的惊恐。今天,如果人们偶尔对本文化内穷人和富人、男人和女人、专家和非专家之间彼此不能接受的差异感到窒息的话,那么,明天当人们必须吸收和处理差别更大的生活方式时,将会发生什么?如果人类发现他们彼此无话可说,不能驻足倾听,那么接触更多的人将是值得怀疑的好事。

时间和空间已经在长时间内缓冲了跨文化的人员接触,把人员的跨文化接触限制在旅游者的相互交换。但是这种绝缘正在迅速消失。在明天的世界里,我们将要生活在(不是仅仅度假)追求不同价值观、用不同编码坚守该价值观的社会中。在这个社会中,我们将长时间地被外国人包围着,以一种最亲密的关系与这些外国人一起工作。如果目前人们对带有异国他乡文化的接触者表现不出容忍,他们怎么能够学会对待经常在身边的无法回避的共同生存的环境呢?

放弃宗教式期望或放弃符咒式信条的欲望把我们带入了一个新时代。然而,正如埃德温·赖肖尔所说:"此时,如果'一个世界'是能够实现的,而我们却未能做自己应做的这件事,这事就是开展人们所必须具备的关于技巧和态度的教育,如果他们想要建设和维系这个世界的话。时间是短暂的,需求是巨大的。这个任务摆在了所有人的面前。但是生活在世界强国(如日本和美国)人民的肩上,却担负着特殊的分量和急迫的重担。"[①]

那些为真正理解他人(甚至那些最接近和最喜欢自己的人)而奋斗的人都会正确评价跨文化交流挑战的艰巨性。所需要的国家之间日益增多的人员交流不能保障文化的移情;在其他国度的经验不仅常常无济于事,而且会增长业已存在的偏见。学习一些手册或会议性的友好的话语同样不能从文化视角解释各种差异。丰富文化知识的项目(这些项目有助于对其他生活

---

① Edwin Reischauer, *Man and His Shrinking World* (Tokyo: Asahi Press, 1971), 34—35.

方式的好奇),不能培养在所学文化中有效的应对技巧。甚至强化的外语培训,尽管很有价值,但提供的只是多种语言符号中的一种,语言规范着日常生活;对人的理解并未因为精通同一词典得到保障(在美国,人们居住在共同的土地上,使用共同的语言,然而在拉丁裔美国人、欧洲裔美国人、非洲裔美国人和本土美国人之间,更不用说在老人和年轻人之间、穷人和富人之间、当局的拥护者和反对者等亚文化之间,言词含义的多样性时有发生,有时也不可靠。)所有这些措施都有益于增进对不同文化的欣赏。措施中缺乏的是地球村得以生存所需要的东西。

似乎最关键的东西是找到一条道路,获得进入另一种文化基本假定世界的入口,以界定一些支配面对面人际关系的规范,以装备人们在一个尽管是外国的但是是可以理解的社会体系中去活动。没有这种洞察力,人们注定依然会是局外人,不管他/她在另一个国家生活有多长时间。该国的社会机构和风俗习惯将不可避免地从自己文化的假定前提和通过自己文化的媒介加以解释。不管他们是否注意到一些事情或忽略一些事情,尊重它或者嘲讽它,将其表达出来或隐藏起来,他们的反应将受到自己文化而不是外国文化逻辑的指导。

当然,关于世界文化的书连篇累牍。这些书涉及许多国家的历史、宗教、政治思想、音乐、雕塑和工业。这些书读起来津津有味让人爱不释手,但它们仅仅是以极为含糊的方式提示真正区别萨摩亚人、刚果人、日本人或美国人的行为是什么。对政治结构的描述或对宗教信仰的描述很少能准确地解释什么时候和为什么某些话题要回避,或者为什么某些特定的手势依照不同的语境出现所承载的含义有如此大的差异。

当美国前总统尼克松和日本前首相佐藤荣作(Sato Eisaku)会见讨论美日纺织品贸易出现的问题时,日本首相说,既然他们彼此之间有好的商业条款,商议应当是"三分讲,七分 haragei"。① 字对字的翻译,haragei 的意思是通过腹语进行交流,就是说通过直觉去感受,而不是用言语明确地说出个人立场。

运用这种谈判策略(在其文化中这是指导许多人际交流的策略),佐藤首相没有用言语交流,就传达了他对日本纺织品出口美国日益增多,使美国纺织品公司倍感威胁困境的理解。尼克松总统,遵循着美国文化中指导互

---

① Masao Kunihiro,"U. S-Japan Communications,"in *Discord in the Pacific*, edited by Henry Rosovsky (Whashington, DC: Columbia Books, 1972),167.

跨文化交流的建构与实践

相交流的规范,把日本首相对美国状况的理解领会成日方新的出口限额很快就会出台。

在接下来的几周里,双方对会见后的结果都很惊讶:当尼克松得知他期待的日方新政策并没有出台后,大为光火;佐藤荣作也不安地发现,他自己不明智地开启了一场敌视日本的新浪潮。身边围绕着外国顾问的高层政府官员,竟能在交流中犯下如此可悲的愚蠢错误,那平民百姓的状况就可想而知了。这类跨文化的冲突所带来的严重后果和扩大的宣传使之人所共知,这一情况暗示着将会有更广泛和更经常的困惑和敌意。因此中断了低层官员、商务主管、专业人士甚至访问者在外国的谈判。

每一种文化都是通过传播媒介表达其活动的目的,并进行各种交往活动的。文化的存在基本在于去创造和保存共同的符号系统,通过这个系统文化中的成员可以指定和交换"意义"。不幸的是,制约这些符号系统的具有特色的规则并非显而易见。关于这些代码的一些方面(例如语言),我们已经有了丰富的知识。关于其他代码(诸如手势和面部代码),我们只有粗浅的知识。关于其他方面——指导得体话题的规则、规范身体接触、时间和空间代码的习惯、处理冲突的策略——我们尚无系统的知识。在对文化潜在动力一无所知的情况下,触犯另一种文化,不仅反映了触犯者的无知和天真,而且是文化自大的一种危险形式。

意义上的差异远不止是词汇量的差异,正是意义的差异隔绝了不同的文化,引起各个文化把对方看做是奇怪的人甚至是野蛮人。许多文化将自己看做是"人",把其他所有的人类归于近似于人类的生活形式,而我们此种现象不必太惊讶。对于饮血的人,食肉是令人厌恶的。有些人通过起立表示尊重,会使那些通过坐下表示尊重的人感到不快,而双方都可能把下跪看做是荒谬的。掩埋死者的时候,在某一社会中可能会号啕大哭,在另一种文化中可能会报以微笑,在第三种社会中可能会翩翩起舞。如果把痰吐在大街上会对某些人有某种含义,而另一类人把吐了的痰包起来放在口袋里则显得很奇异,而这两类人都不会欣赏对吐痰表示感谢的做法。对一些人来讲,斗牛是宗教仪式;而对另一些人则是残忍的不人道的,因为它残害没有抵抗力的动物。虽然凝视在一些文化中是可以接受的社会行为,但是在另一些文化中,它是对个人隐私欠考虑的冒犯。而隐私本身并没有普世的含义。

请注意,这些行为中,没有一个含有不能超越的语言上的挑战。描述这些行为的词汇——吃、吐痰、表示尊重、争斗、掩埋、凝视——都能译成世界上绝大多数语言。问题是概念而不是语言，每一社会都把各事件放入自己的文化框架中，正是这些框架给予了不同的意义，由此产生的反应多种多样。

由于我们迈向或被推向地球村，频繁的跨文化接触会日益增多，我们所需要的绝不止是更多地了解相互间的简单常识。我们更加需要的是鉴别那些区分文化的被称之为"意义规则的书籍"。为了把握住其他文化感知世界的方法，把握住其作为这些感知基础的基本假设和价值观，应当去接近其他人类的经验。接近其他文化的世界观和交流方式，可能不仅仅会拓宽我们自己体验世界的道路，而且能使我们与那些根据自身逻辑（不同于我们的逻辑）进行活动的社会持有建设性的关系。

意义的来源

为了生存，人类从心理和生理上必须要居住在一个相对可避免模糊和可以合理预测未来的世界。结构的一些分类必须基于进入头脑的无休止的丰富的信号之上。婴儿自出生就进入了光亮、声响、移动形象的世界，不久，他们通过将这种混乱分解为玩具、桌子、狗和父母的方法，学会了适应。甚至是那些通过外科手术获得视力和听力的成年人，也把认识世界描绘成一个可怕的甚至有时是难以忍受的经历，只是在经过一段努力的时间他们能够把模糊不清的影像和噪音转变成具有意义，变成可以驾驭的经验之后，这种可怕的经历才结束。

谈及世界是否"具有"意义，询问一句话、一个手势、一张画、一次接触的意义"是"什么，这些都是老生常谈。然而，当人们思考一下，很清楚的是，这些事件直到人赋予这些事件以意义前，是无意义的。对一次鞠躬、一次握手，一个呼叫或一声口哨，在被解释之前，不存在恰当的反应。一滴水或红的颜色没有意义，他们只是单纯地存在着。人们感知的目的是使世界可以理解，以便能够成功地驾驭世界，对意义的探寻是付诸行为的前提和准备。

人从来都不是消极的信息接收者，不只是关注明显有意义的事，人会积极地对感觉赋以意义。任何事件以意义方式所获得的东西反映了一种转换，即在被看到或被听到的与解释者根据已往经验和主导动机对其看到或听到的所给予的意义之间的转换。这样，意义的归结总是一种创造过程，通过这一过程感觉到的原材料被得以转换，以适应观察者的目的。

反应行为的多样性是无限的，反应行为可以由单一的经验（遇见的一名

跨文化交流的建构与实践

陌生人、商谈一份合同、参加一次纺织品研讨会)所引发。观察者迫于用自己的眼睛去观察事物,用自己的价值观对之加以解释,使之适合于自身环境的要求。其结果是,每一个目标和每一条信息都由每位观察者从不同的视角加以观看。每个人将注意到一些特征,忽略一些特征。每个人都会得出一些尝试性或肯定性结论,因此声音和形态被转化分解为庙堂或谷仓,称赞或侮辱。

给一组人提供一批照片,尽管是非常简单和平常的照片,你会注意到,这批照片引起的含义是如此的多样。这组人会记住或忘记不同的照片;他们也会对那些他们记住的照片给予很不同的意义。一些人会回想起一张照片的基调,其他人回忆的是照片上的活动,有些人看到的是照片上人物的长相,有的是人物的表情。通常观察者们不能就最"客观"的细节(如照片上的人数,一件简单物品的准确位置和总体特征)达成一致意见,思考框架的差异——疲劳、饥饿、激动、愤怒——将会极大地改变他们"观察"后的报告内容。

毫不奇怪,人们成长于不同的家庭,经历过不同的事情,由于不同的原因受到嘉奖或惩罚,看待世界也应该会大不相同。正如乔治·A. 凯利所说,人们通过模板来观察世界,这个模板迫使他们以独特的方式解释事件。这些我们用于剪裁世界现实的模式或框架来自我们自己的经验和价值观,它们预先给我们安排了特定的解释。工业家与农民对土地不会有"相同"的看法;丈夫与妻子不会为孩子做出"同样"的计划安排;医生和病人不会讨论"同样"的疾病;借债人和债权人不会商议"同样"的抵押品,女儿和儿媳不会对"相同"的母亲作出反应。

人们创造的世界是具有特色的世界,是与众不同的世界。他们以符合自己个人偏好的方式来赋予任何一件事以意义。这些偏好集中到一起,构成了被称之为"个人的基本假设世界"。在人们头脑中的客观世界只是他们所了解的世界。这种符号构成的世界,不是现实的世界,正是人们所谈及的、争论的、讥笑的和抗争的世界。

人与人相遇

每一次沟通,不管是人际间的还是跨文化的,都是私人间的交流。正如人们所说,他们在搜寻那些能使彼此共享共同经历和具有共同含义的符号。这一过程漫长有时还伴有痛苦,使得协调他们之间的表面差异或真正差异最终成为可能。不同的词汇被用来描绘这一瞬间。当它处于事实或观念的综合状况时,它通常被称为"达成一致"(agreement);当它处于共享一种心情或感觉时,它指的是"移情"(empathy)或"亲善"(rapport)。但"理解"(understanding)是个含义更广的词汇,包括了上述两种可能;无论是两种中哪一种情况,理解都被看成获得了共同的意义。

如果理解是沟通成功的衡量标准,那么一个简单的公式(可称之为人际方程式)可能会清晰地表明有助于取得成功的主要因素:

人际间的理解＝f(感知倾向相似,信仰体系相似,沟通风格相似)

这就是说,人际间理解是一种函数,依赖于感知倾向相似,信仰体系相似,沟通风格相似的程度。每一种相似都需要展开叙述。

感知倾向相似 感知倾向相似指的是人们在组织现实所展现的主流的、接近真实的方法及灵活程度。有些人广泛地审视世界,寻求经验的多样性,喜好新奇和不可预见性。他们会被新食品、新音乐、新的思维方式所吸引。有些人则较狭隘地审视世界,寻求那些能认可过去经验的东西,喜好已知的东西和可预见性。他们从老朋友、传统艺术形式、熟悉的生活方式那里获得满足。前者对新事物有较高的容忍度,后者对新事物有较低的容忍度。

当然了,大多数人都处于上述两种倾向之间的平衡点上。即使在同一人身上,对不熟悉的和熟悉的都具有吸引力。在某一时刻哪一倾向占据主流,至少部分地与所处的环境有关。当感到安全时,人们会扩大自己的感知视野,适应新的理念和行为;当他们感到不安全时,人们会缩小自己的感知视野,以保护现存的基本假设,抵制来自新信仰或生活方式带来的威胁。这种平衡也可以呈现其他方式:一些人喜欢生活在稳定的环境中,什么事都各就其位,但是欢迎新的情感或智力的挑战;另一些人则欣赏生活在吵闹的和无序的环境中,但是却要避免使自己暴露在新奇或具有挑战性的观点中。

人们在感知是灵活还是僵硬的方面,也有程度上的差异。有些人以好奇和喜悦对未遇见的事或难以分类的事作出反应;有的人则对出现的令人困惑或复杂的情形感到不安或不舒服。有些人对模糊的事情表现出更大的容忍,有些人则对模糊的事情表现出低度的容忍。当面对日常生活中出现的复杂和令人困扰的情况,前者倾向避免直接拒之门外,并延缓作出判断;而后者则倾向于立即拒之门外并作出评估。那些对模糊情况缺乏容忍的人倾向于用分类法作出回应,即对事情喜欢使用类别名称(商人、激进派、嬉皮士、外国人),而不是针对事情的特点区分出各自的特点。

设想那些探求事实方法相似的人可能更容易彼此理解,这应该是有道理的。实验室的研究证实了上述结论：比起那些感知倾向不同的人，有相似感知风格的人会相互吸引，彼此理解得更好，一起工作更有效率也更满意。

信仰体系相似 信仰体系相似不是指人们观察世界的方法，而是指他们从经验中得出的结论。每个人对离婚、贫困、宗教、电视、性、社会风俗都形成了多样性的观点。当信仰和不信仰的系统都吻合时，人们更容易相互理解和相互欣赏。由唐·伯恩做的研究和本文作者重复该研究的结果都显示：人们被具有相同信仰的人所强烈地吸引，人们被具有不同信仰的人所强烈地排斥。[①]

在这些实证研究中，发给被测试者一份问卷，要求他们对26个测试问题回答自己的观点。回答完问卷后，请每个被测试者排列出13个最重要的测试题，13个最不重要的测试题。然后，发给每一位被测试者4张表，表面上说这是由另一组人填好的表，而实际上是由研究者填好的表，用以显示同意研究者自己观点的不同程度。然后邀请被测试者从4张表中挑出一份，认为填这份表的人最能成为自己的伙伴。结果很清楚：人们首先最喜欢与那些态度与自己完全一致的人交谈；其次是选择那些在所有重要问题与自己一致的人；再次是选择那些在不重要问题与自己观点相似的人；最后是不愿意选择那些与自己观点完全不同的人。显然，绝大多数人在绝大部分时间找到的最容易建立满意关系的人是与自己共享信仰排列次序相同的人。当然了，这种情况把许多人的交往转变成被认可的仪式，人们都指望自己的信仰在彼此之间获得认可和赞赏。然而，这就是"人际间理解"所经常传达的意思。

沟通风格相似 沟通风格相似的原则同样有效吗？在很大程度上是这样的。但是并非全部如此。采取的沟通风格是指人们喜欢讨论的话题，他们喜欢互动形式：礼仪、机敏应答、争论、自我暴露，双方彼此要求介入的深度。它还包括交流依赖的传递信息同一渠道（口头的、文字的、身体的）的程度，包括双方把意义调整到同等水平的程度，就是说，把信息中事实内容和情感内容调整到同等水平的程度。使用共同的词汇和偏好相似的比喻会有助于人们相互理解。

谈话风格的相互补充也会对交流有所帮助。健谈的人喜欢寡言的人，闯劲大的人可能会喜欢闯劲小的人，寻求友情的人可能会被更喜好给予友

---

① Donn Byrne,"interpersonal Attraction and Attitude Similarity", *Journal of Abnormal and Social Psychology* 62(1961).

情的人所吸引,这仅仅因为当两种人际间沟通风格密切配合时,双方都可以得到最大程度的满足。甚至这类相互补充可能反映了相互谈话角色界定上相似性的情形。

这一假设也引起了传播学者们的兴趣。一位研究者发现,一对去完成共同任务的人,其沟通方式相似的一对比不相似的一对工作效率要高得多。① 另一位社会科学家发现,教师倾向于给那些考试中答题行文风格与自己相似的考生比那些答案一样正确但行文风格与老师不同的考生以更高的分数。② 要建立起共同的意义似乎要求交谈者共享同一词库及彼此兼容的表达思想和感情的方式。

必须强调的是,感知倾向、信仰系统和沟通风格并非孤立存在或单独发挥作用。三者相互交叉又相互影响。它们以复杂的形式结合在一起,决定着行为。人们说什么受到其信仰的影响,反之他们信仰什么又受到了其所见所闻的影响。他们的感知和信仰本身就部分地是与他人沟通方式的产物。"人际方程式"的组成部分不是包含着三个孤立的而是三个相互依赖的维度。它被用来分析沟通行为提供了三个视角。

"人际方程式"提出在人类社会中,存在一种潜在的自恋偏好,这类偏好使相似的人们聚在一起。他们寻求在他者身上发现他们自身的映像,发现那些看待世界与自己相同的人,解释世界与自己相同的人,以相似方式表达自己的人。那么,艺术家应该吸引艺术家,激进派吸引激进派,犹太人吸引犹太人,或日本人吸引日本人,美国人吸引美国人,这就毫不奇怪了。

对应的结论也同样正确:人们倾向于回避那些挑战其基本假定的人,回避那些摈弃其信仰的人,回避以奇怪和莫名其妙方式沟通的人。当人们回顾历史,不管你考察的是一个文化内还是文化间的历史,都会发现人们一直在不断地防护自己,隔离自己,甚至构筑防御措施对抗在感知或表达方式方面存在的大的差异(在许多情况下,他们迫害和征服异端,随后用自己的文化取而代之)。在面临未被理解的或不能理解的差异方面,文化间的抵抗似乎是人际间抵抗的翻版。

---

① Harry C. Triandis,"Cognitive Similarity and Communication in a Dyad",*Human Relations*,13(1960).

② P. Runke,"Cognitive Similarity in Facilitating Communication",*Sociometry* 19(1956).

跨文化交流的建构与实践

文化与文化相遇

每个文化都试图为其成员创造一个"话语的世界",创造一个人们能解释其经验和彼此转述经验的方法。没有一个使感觉系统化的共同系统,生活将是荒谬可笑的,共享意义的努力必定失败。这个"话语的世界"是所有文化遗产的精华之一,它被有意识和无意识地代代相传。父母和老师们通过表扬或批评某些说话的方式、思考的方式、做出的手势,对他人行为的回应,给出明确的教导。但是,任何文化编码最重要的可能是信息是通过模仿式的行为含蓄传达的,而不是被规则或课程直接传达。儿童周围有各种人,男人和女人,母亲和父亲,商人和警察,他们通过不断的行为展现着什么是得体的行为。这样,某一文化的语法大多数情况下是无意识地被发出和接收,形成了自己难以识别的文化基本假设和偏好。基本假设和偏好似乎是如此显而易见的正确以至于不需要解释。

在《开放与封闭的头脑》中,米尔顿·罗基切以最简单的形式提出了文化理解的问题,但该问题却很容易展现出文化间沟通的复杂性。该问题被称为"丹尼·杜德巴格问题"(Denny Doodlebug problem)。读者被给予了所有支配其文化的规则:丹尼是只动物,它总是面朝北,它只能跳,不能走。它能跳得很远,也可以跳得很近,但是只能往一个方向跳4次之后,才能改变方向。它可以向东、西、南、北方向跳,但不能斜着跳。在它最后一跳时,他的主人在他的正西约一米的地方摆下了食品。丹尼考察自己所处的位置,得出结论必须跳4次才能取到食物。不多不少正好4次,丹尼成功了。所有读者要做的是解释丹尼做出正确结论时所处的位置。①

参与回答这个问题的大多数人都未能解答,尽管事实上他们都知道该文化中控制行为的所有规则。如果在进入简单的丹尼·杜德巴格世界的内部都存在困难(在该世界文化的编码已经被拆散并交给了我们),可以想象,理解社会行为的复杂性,该社会的编码还没有被译解,况且在该社会那些遵从该编码的人只是朦胧地了解编码,不能描述他们自己行为的深层的原因。

如果两个人,他们各自来自单一的文化,为了跨越分隔他们私人世界的空间让彼此能听得见,必须大声喊;当不同文化身份的人试图谈话时,一开始可能会欣赏要被克服的距离,但是尽管他怀有最耐心的奉献精神去寻找

---

① Milton Rokeach, *The Open and Closed Mind* (New York: Basic Books, 1960).

共同的术语,还会惊讶地发现:不同文化的人们根本不能互相听得懂。检测日本人和美国人跨越文化分界的能力,似乎特别具有戏剧性。考虑一下他们之间的不一致。

首先来看日本,一个小岛国家、资源稀少、周期性地发生自然灾害、人口稠密、地理上和文化选择上较隔绝、受到神道教和佛教滋养、充满了对自然的崇敬、哲学上的非物质主义、直觉的思维、社会结构上的等级制。不喜欢直截了当、粗大、鲁莽和喧闹,它以完美的园林、简洁的田园寺庙、不对称的花道、举世无双的收敛感情的戏剧、精致著称的文学和艺术、朴拙为特征的工艺品等形式表达自己的性情。其人民是世界上最单一的民族,举止谦恭,以一种暧昧的语言交流,全神贯注于人际间的礼仪,偏好以内心的平静影响他人。他们居住在由木头和纸张建成的自然的建筑里,生活在犹如农庄随意布局的城市中。突然,从这片稻田中脱颖而出,变成了一个工业巨人,超过了有多年工业经验、更多资源和更多技术储备的竞争对手。它的劳动力比世界任何一个国家的人工作起来时间更长、更努力、更疯狂,他们修建了世界上最大的城市,建造了最怪模怪样的大楼,到处是五光十色的广告,空气和水的污染状况出乎想象。

再看看美国,地域辽阔,人口居住分散,天然资源丰富,通过移民浪潮连接了欧洲的遗产,然而被迫去征服自然,为了生存去寻找新的解决办法。它浸泡在犹太教和基督教的传统之中,以欧洲人的抽象和逻辑思维建立学校,在世界观上是物质至上主义和注重实验,哲学上是实用主义、政治上是平等主义、经济上注重竞争,其原始的个体主义有时会被对他人的人道主义的关心所调节。它的城市是几何学的探讨,沿着它的大街崛起了用钢铁和玻璃分隔房间用以隔开人员活动的摩天大厦。它的通俗艺术以立体声宽银幕电影之大、爵士乐之随意、摇滚乐之惊天动地为特征。在美术品方面,经验主义、鲜明、雄伟经常窒息着其更细微的展现。它的人民是各个种族、宗教、方言的大杂烩,表达方面趋于外向,对礼仪和规则不耐烦,随意和缺乏礼貌,具有逻辑和辩论的天赋,平易近人和直率,然而却被赋予炫耀和言过其实的评价。他们彼此好奇、开放和喜欢助人,却显示出想彼此改变的传教士的热诚。突然,这个国家的实力和信心把它置于全球的精神和政治上的主导地位,它的生活方式已经蔓延到全球,而它却发现自己对自己前进的方向不确定,对自己的假定前提和价值观存有疑惑,对自己的动机和物质主义提出质疑,参加一场自我批评的为所欲为的狂欢宴会。

当在如此不同的心理环境中成长起来的人相遇时,正是文化视角和沟

跨文化交流的建构与实践

通编码的差异可能妨害了相互理解的努力。在外国人和东道国文化成员间不断的摩擦经常产生所谓的"文化震惊"。它是一种无助的,甚至是恐怖或愤怒的情感,这种情感会伴随在外国社会的工作之中。人们感觉陷入一场荒谬的、难以辨别对错的噩梦之中。

好像一些敌对的幽灵已经起了作用,似乎宇宙在开玩笑,给连接社会的线路进行重新布线。不仅他人行为不再具有意义,甚至清晰地表达自己意图也不可能了。"是"传出去的意思是"不";招招手意味着"过来",也可能意味着"走开";拘礼可能被看做是孩子气,或是被看做是奉承的曲折形式;讲明事实可能被听成了自负的陈述;到早了,或到晚了,尴尬或是给人印象深刻;"建议"可能被当成了"最后通牒",或者正好相反"最后通牒"可能被当成了"建议";在合适的时候没有站起来,或没有坐下,都可能是一种侮辱;称赞是打算表示祝贺却被改成了传达一种距离感;一个微笑的表达却是失望而不是喜悦。

如果伴随着这种跨文化的遭遇的危险具有足够的戏剧性或者信息传达者异乎寻常的敏感,他们可能会认识到麻烦的来源。如果有耐心或有建设性的目的,这类困惑有时可能得以解决。但更经常的情况是外国人却不知道这些,留给他们的是受挫折、不信任甚至仇恨的阴影,而他们仇恨的是他们完全不知道的东西。他们或他们的合作人都不承认他们的困难源自他们自己社会的修辞中的深层原因。他们都把自己的行为看做是依完全明智的、真诚的和考虑周全的方式行事,在按照既定的指导自己话语世界的规则行事。不幸的是,几乎没有放之四海皆准的文化。在不同文化交流编码的重叠程度通常有欠完美。只有当每个编码的独特性质被承认和尊重,或动机和手段均存在把两种编码都掌握精准,自己的经验才可能忠实地加以传达。

集体的无意识

当代最伟大的发现中有两项彼此之间有着出奇的密切关系。第一项来自心理学家们,特别是弗洛伊德的努力,揭示出"个人无意识"(individual unconscious)的存在。发现人类行为源自他们常模糊地意识到的或全然没有察觉到的动机。他们对事情奇特的感知并不是源自他们身体外的事实,而是源自身体内部的没有认识到的基本假设。通过详尽的分析,当他们洞悉了这些基本假设后,他们可以自由地发展其他观察和行为的方式,这有助于他们以更灵活的方式处理现实问题。

　　第二项富有生机的思想来自文化人类学家（特别是玛格丽特·米德和露西·本尼迪克特）的研究工作，假设了一个与第一项并行的观念"文化无意识"（cultural unconscious）的存在。学习原始文化的学生开始认识到，文化的标准不存在神圣或绝对的东西。每个社会都有自己观察宇宙的方法，从各自的假设前提中发展出一套连贯的行为规范。各个文化都倾向于盲目地认定自己的生活方式，把其他的生活方式都看做是一种罪恶。幸运的是那些有能力掌握在外国文化中生活技巧的人们，他们常常认识到自己的生活模式并非放之四海而皆准。有了这种见解，他们就能自由地从其他文化价值观中挑选那些似乎能最有效地适应特定环境的价值观。

　　文化规范是如此全方位地与人们密切相关，是如此强地渗透到思想和行为中，以至于很少人会认识到他们生活和心智所依靠的基本假设。正如一位观察者所指出的，如果鸟突然被赋予了科学的好奇心，它们可能会考察许多东西，但是天空本身作为一个合适的考察对象可能会被忽视；如果鱼对世界产生了好奇心，对它们来讲决不会从调查水开始。因为鸟和鱼会把天空和海洋认为是理所当然，认识不到天空和海洋的深远影响，因为天空和海洋构成了每项活动的环境。人类以类似的方式，占用着由无意识获得和自动使用的编码所控制的符号世界。到了如此程度，以至于人类几乎没有注意到，他们解释和谈及事物的方法明显地不同于另一种文化中人们处理事物的方法。

　　只要人们依然没有察觉意义的来源，他们就被禁锢在意义中。这些文化的标识框架还是受到限制，因为它们看不到摸不着，不管是与邻居不接触的个人神经功能病，还是把不同的文化邻居隔绝开来的集体的神经功能病，两者都是一种盲目性，它限制了人们可以经历一些东西及从他人那里学习一些东西。

　　似乎各地的人们都期待冲破自己经验世界的边界。他们对更开阔的事和人敏感地作出反应的能力要求他们克服这种文化的狭隘性。但是，实际上很少有人能有这种宽阔的视野。当然，有些人是没有机会扩大文化阅历，尽管人员流动的加快使这种状况可能会发生改变。而其他人不愿意试图开阔自己的阅历，因为他们喜欢自己熟悉的老事物，只是想从所干的事中进一步确认自己价值观的正确。也还有一些人从这类经历中退却了，因为他们感到深入探究个人或文化的无意识很危险。异文化的暴露可以显示出许多文化的规范是如此的微妙和武断，这种暴露可能迫使人们去获取解释事情的新基础。对许多真的积极地寻求扩大人类（他们能与之交流）多样性的人，也还依然存在着很多困难。

文化的近视能够持续，不仅仅因为惯性和习惯，而是主要因为它太难加以克服了。人们在儿童时期获得了个性和文化，这发生在他们能够理解个性和文化很早之前。为了生存人们掌握了自己文化的感知倾向、认知偏好和沟通习惯。但是一旦他们掌握了这些，对这些思维过程的客观评估就很棘手了，因为在作出评价的过程中，必须使用与正在被评估的一样的思维机理。一旦儿童学习了日语或英语或美国印第安人纳瓦霍语，各语言的分类和语法就预先安排了以特定的方式感知和思考，不鼓励他们以另一种方式去感知和思考。当他们试图发现为什么他们是那样观察或思考时，他们使用鉴别方法还是根据惯性的老方法。

幸运的是可能对于这种悖论还有一条出路，或破解悖论的希望。出路就是暴露不同文化人们建构事实的不同方法，探索和确定那些连接人们所看所思所说的惯例。一旦这种文化的语法被消化了，主导意义交换的规则被认识了，它们就可以被那些选择要到异文化中去工作和生活的人们所共享和学习。

当在同一文化中的人们面临着难以克服的问题时，他们会找到朋友、邻居和同事寻求帮助，通常以清晰的个人的方式，把困境讲给朋友、邻居、同事们听。通过把问题讲开了，通常会出现看待问题的新思路，战胜困难的新激励，解决问题的多种方案。这种人际间的探讨在同一文化内常常获得成功，因为人们至少共享相同的沟通方式，尽管他们在感知或信仰方面不完全一致。

当不同文化间的人们进行沟通时，沟通的规则及经验的实质不同，问题增加了。除此之外，翻译的数量和取舍的数量也大为增加了。如果说，人们的差异越大，彼此相互理解就越难，这样的说法是正确的话，那么同样正确的是，人们的差异越大，彼此就更应该相互讲授和学习。当然了，要做到这一点，必须有相互的尊重和足够的好奇，去克服当他们从一个个误解挣扎出来时所产生的挫折。然而，达到能把握住两种文化或多种文化间沟通风格差异的任务是处理其他所有相互关系的先决条件。

文化认同之外：对多元文化主义的思考[①]

彼得·S. 艾德勒(Peter S. Adler)

引 言

多元文化主义是个颇有吸引力和说服力的概念，它提倡人类应该具备超越国家边界主义的认同与忠诚，并对更大范围的地球村承担义务。成为世界公民，即一个国际化的人，是长久以来许多人为之奋斗的理想。遗憾的是，在历史上，极权社会和个人将大众统一归化到自己的全球观模式内的例子屡见不鲜。如过去所令人憎恶的希特勒的世界社会幻想。

在态度和行为上，出于良好的理由而努力保持包容的国际性自我的人并不多见。国家、文化和社会竭力在我们生活的各个方面施加影响，组织我们的价值观，设计我们对世界的看法，并模式化我们对经验的反应。人类无法与某种形式的文化影响分离。每个人都是文化的人。然而，当代历史的现状是，我们目前正处于一种新型人类的开端，它是20世纪文化相互交织的社会和心理产物。

我们每天都被这个现象提醒着。在一个传统的日本家庭的角落里，电视正在播放着棒球赛，客队是美国队，快要输了。同时，一个加拿大人的家庭正在用巴基斯坦、印度和斯里兰卡进口的雕塑和油画装饰房子。当英法等国的高中生正在课上学习制作传统的印尼蜡染工艺的时候，新加坡和香港的青年以罕见高价买下穿过的美国蓝色牛仔服。一个马来西亚医疗队在偏远山村给村民接种伤寒病疫苗时，西方的同行们正在学习印度的阿育吠陀医学和针灸。在地球范围，世界文化潮流相互交融，形成了人类交际的新

[①] 该篇文章最早刊登在 Richard W. Brislin 编辑，1977年由夏威夷大学出版社东西方中心出版的《文化的学习：概念，应用于研究》一书中。之后相继在各种跨文化交流研究文献中被引用；但在 Milton J. Bennett 编辑，1998年由美国跨文化出版社出版的《跨文化交流的基本概念选读》一书中作了修改和更新。

趋势。虽然是表面的,看似地球在缩小,但每一个这样的小画面都是人类文化交织和融合的象征。交流与文化上的互通有无是 20 世纪的卓越环境。

这是世界历史上第一次,技术与组织机构的结合能够使人际间交流同时又是跨文化交流。创新与创新改进,包括调制解调器、电子邮件、传真机、数码录音、有线电视、卫星电视天线以及桌面出版系统带给人们无所不在的联络机会。城市或乡村之间的距离很少超过一两天路程。几乎所有的城市或社区都有电视。公交线、铁路、高速公路和机场为地方、地区、国家和国际层面上的人类组织内部或之间建立起连接。

这个影响是巨大的。人类通过交流相互连接,使货物、产品和服务,以及更重要的思想和观念交换成为可能。伴随着人类交流的不断增加,地理、语言和文化上将人们分隔的障碍已开始消融。哈罗德·拉斯韦尔(Harold Lasswell)曾经说过:"当技术革命影响了大众传媒时,它就已经触及到了一个极限,即它只应是人类对彼此及其在宇宙中位置的基本看法不断进行修改的创新。"[1]多元文化人的出现很有可能就是这样的一个创新。

新 型 人

倾向和世界观都极大超越了他或她固有文化的新型人是从我们时代的社会、政治、经济和教育交往的综合体中发展起来的。"国际的"、"异文化的"、"多文化的"或"跨文化的"个人等概念都在不同程度的解释或描述中使用过。重要的是,他们都试图去定义一个超越自身文化,更具开阔视野的人。比如,"国际主义者"被定义为一个信任其他国家,愿意与其他国家合作,认可国际组织对战争的威慑作用,并主张以调解方式减少国际间摩擦的人。[2] 一些学者通过测试群体对国际事务的态度来研究他们的国际倾向,如联合国的角色,经济还是军事援助,国际联盟等。[3] 他们努力通过探究到底人们在多大程度上具有宏大的国际视野,而非对全球事务较为狭窄方面的

---

[1] Harold Lasswell, *The Future of World Communication: Quality and Style of Life* (Honolulu: East-West Center Communication Institute, 1972).

[2] D. Lutzker, "Internationalism as a Predictor of Cooperative Behavior," *Journal of Conflict Resolution* 4, no. 4 (1960): 426—430.

[3] Angus Campbell, Gerald Gurin, and Warren E. Miller, *The Voter Decides* (Evanston, IL: Row, Peterson, 1954).

具体知识或兴趣,来测试个人的世界性头脑。①

无论使用什么术语,这些定义和比喻都指一个人的主要认同是包容不同生活方式,并从心理上和社会中已经掌握了现实的多样性。我们可以把这样的新型人称做多文化人,因为他或她体验了自我鉴定的核心过程,它基于人类环境的普遍性和文化形式多样性。进而,我们说这是与他人不同的自我过程的社会心理形式。多元文化人从知识和情感上认同全人类的统一性,但同时也认识到,认识、合法化、接受、并欣赏不同文化人们之间存在的差异。这样的新型人不能以他或她所讲的语言,到访过多少国家,有过多少个体的国际接触等来定义。职业、居住地或认知能力也不能。我们应该从看法和世界观的结构,从与作为动态过程的宇宙融合的方式,从思想和行动对生命互动连接的反应方式,以及从这个男人或女人在经验临近时所持的开放态度等方面来认识一个多元文化人。

我们立刻能看到,这个多元文化人既旧又新。一方面,他或她是哲学家们千百年来反复描述的永恒的"世界"人。至少如我们所归结的,他或她接近于古典式的理想之人,其生活方式是知识与智慧、道德与方向、法则与实现、平衡与匀称的其中之一。约翰·沃尔什(John Walsh)写道,"做一个世界人",在这里他使用了"男人"(man)一词,传统含义里,这个词包括了男人和女人,"不意味着一个人了解多少知识,而是指他理解力的深度与广度,以及如何把它与其他中心的、普遍重要的问题关联起来"。② 多元文化人的普遍性在于对全球人类基本相似性的永远承认,但同时也坚持承认差异性的存在。沃尔什认为,"世界人并不摈弃文化差异"。他或她"在各种文化中寻求保留一切最有效的,最有意义和最有价值的部分作为丰富并有助形成整体的一种方式"。③ 在体验普遍性和特殊性方面,多元文化人堪称是东西方伟大哲人的后代。

另一方面,对我们这个时代而言,新型人的新与独特之处是认同结构和过程的基础性改变。不受困于单一社会特征的多元文化人认同更具流动性

---

① D. Sampson and H. Smith, "A Scale to Measure Worldminded Attitudes," *Journal of Social Psychology* 45 (1957): 99—106; K. Garrison, "Worldminded Attitudes of College Students in a Southern University," *Journal of Social Psychology* 54 (1961): 147—153; S. Paul, "Worldminded Attitudes of Punjab University Students," *Journal of Social Psychology* 69 (1969): 33—37.

② John Walsh, *Intercultural Education in the Communication of Man* (Honolulu: The University of Hawaii Press, 1973).

③ 同上。

和易变性,易受变化的影响,对变化也更开放。这样的认同是不基于拥有文化或被文化所拥有的"从属性",而是基于一种自我意识,能不断地针对现实的新形势作出相应调整。在这个意义上,多元文化人从根本上离开了传统和大众社会中才有的认同种类。他或她既不完全属于固有文化的一部分,也不完全与之分离;他或她生活在这两者的交界处。保罗·蒂利克(Paul Tillich)认为:"生活在个人思维、文化或自我边缘意味着与紧张和动荡为伍:不是真实地站稳,而是跨越和回归,再回归和跨越,往来不断——其目的是创造一个既定地域之外的第三地域,在那里,人们可以暂时地站一下,不必被塞入严密束缚的东西里。"[1]因而,多元文化主义乃是20世纪复杂环境的产物。与这种人同样独特的是,这个认同形式是从当今这个时代无数形式中所孕育产生的。了解新型人须对文化认同有清楚的认识。

文化认同概念:文化心理框架

文化认同概念有两种运用方式。第一,作为特定群体体验和反应的集体自我意识的参考。这是最普遍的用法。斯蒂芬·博克纳(Stephen Bochner)写道:"一般来说,一个社会的文化认同被它的多数人群体所定义,这个群体与少数人的次群体有明显区别,主流群体与非主流群体共用物质环境与居住领土。"[2]在强调群体的前提下,这个概念与国家或社会特征的概念相似,这些性格描述了一个特定团体的成员在个人差异之上或之外共有的显著特点。这些特点几乎总是包含与生活、死亡、出生、家庭、儿童、上帝和自然有关的一系列价值观和态度。文化认同概念用在群体意义上包括了文化行为类型,根据是否符合基本需要和解决生活难题的要求,行为被分成合适和不合适两种。同样用在群体意义上,文化认同概念融合了共有的基本假定、价值观、规范、信仰,以及日复一日的大量无意识行为模式。

第二,这个概念更具体的运用是围绕个人认同与其文化的联系。如果文化认同是个人人格的一个方面,在这个意义上它就是一个人存在的基本象征。本篇文章所使用的这个概念就是关于个人的。在精神分析研究文献中,埃里克·埃里克森(Erik Erikson)的研究最引人注目。他认为,认同是

---

[1] Paul Tillich, *The Future of Religions* (New York: Harper & Row, 1966).

[2] Stephen Bochner, "The Mediating Man and Cultural Diversity," *Topics in Culture Learning* 1 (1973): 23—37.

心理结构的基础形态,这个结构是在贯穿生命过程的连续不断的性心理阶段中发展的。埃里克森集中对认同矛盾进行了更多的分析研究,认识到在一个更大文化环境中的自我支持。他认为,在个体之中,认同有多种形式,"有时它似乎指的是对个人认同有意识的感觉;有时又指为保持个性连贯所作的无意识努力;还有时作为总体自我的内在行为规范;最后,有时作为保持与一个群体的理想和认同内在的结合"。[1] 埃里克森的分析观点仅是众多解释之一。然而,认同这一概念几乎总是指价值观稳定与整体综合理解基础上的自我一致感。

那么,我们怎样才能将文化与人格的相互影响概念化呢?文化与人格在每个人的认同结构中无可避免地交织在一起。文化是大众的生活方式,是人类在一个特定社会中从长辈那里学来并传给下一代,作为被社会其他成员所接受和期待的一种感知方式在个人身上留下的烙印。[2] 文化认同是个人基本经验的象征,因为它结合了群体内共有的世界观、价值体系、态度和信仰。最明显的,文化认同以名称形式来定位和区分一个人。当一个人称呼他或她自己为美国人、佛教徒、民主党人、丹麦人、女人或约翰·琼斯,即是用符号部分地表现他人也认识的整体意象。文化认同更深层结构是被嵌入个人心理形态的意象与感知。意象的中心是一个生物的、社会和哲学动机的心理文化融合;作为文化与人格的结合体,这个融合即是有行为能力的人。

文化认同的中心或核心是一个意象,即自我与文化相互作用在个人对现实的全部概念中。内在化角色、规则、标准和功能结合而成的这个意象,是个人与人际交往的协调机制。安东尼·华莱士(Anthony Wallace)称之为"迷宫",它由人类、非人类、物质与文化抽象元素组成。它既是人格也是文化的"内容"。华莱士认为,迷宫是社会与文化,个性与天性组成的意象,所有这些都在人的自我符号表现中根深蒂固。他写道:"一个文化体系相对来说更依赖于其成员的以下这些能力:自主地感知他们所为之一部分的体系,

---

[1] Erik Erikson, "The Problem of Ego Identity," *Psychological Issues* 1, no. 1 (1959): 101—164.

[2] Marshall R. Singer, "Culture: A Perceptual Approach," in *Readings in Intercultural Communication*, edited by David Hoopes (Pittsburgh: Regional Council for International Education, 1971), 6—20.

跨文化交流的建构与实践

接收和传递信息……依照系统的需要而行动。"[1]这个文化认同的意象或迷宫,就是有行为能力之人的陀螺仪。它调解、裁定并理顺个人的生活。在这个核心的、引导的意象环境内,生物、社会与哲学现实融合成对比较分析文化认同十分重要的整体中的单位。将这些单位相互交织在一起并被文化勾勒的方式在很大程度上决定了一个人的特征。这一文化认同边界在确定一个人与其他文化体系的关联能力中扮演了很重要的角色。

所有人类具有相似的、普遍被生命节奏限定的生物性。所有种族与文化的个人无一例外地按照相似的时间表穿越生命的各个阶段:出生、幼年、青年、中年、老年和死亡。同样,各地方的人类都体验着同样的生理功能,如摄取、应激反应、代谢平衡、性欲、成长和衰退等。但是从根本上,人类生物性是一个文化现象:人类生物模式的意义是文化上的。文化描述了性欲的含义,出生的仪式,生命的转换以及死亡的典礼。比如,人的语言能力被普遍认为是一种生物赠予。所有儿童,假如没有听力、发声和思维方面的障碍,都可以学习说并理解任何的人类语言。然而,儿童所学习的语言完全取决于培养他们的地方和方式。克莱德·克拉克洪(Clyde Kluckhohn)和多萝西娅·莱顿(Dorothea Leighton)在描述纳瓦霍人的文法和语音系统时认为,语言模式影响思想的表达,以及很有可能是更基本的思维过程。[2]本杰明·李·沃尔夫(Benjamin Lee Whorf)提出进一步的观点,认为语言不仅是语言学的类目,更是"思想的塑造者,个人精神活动的程序和向导"。[3]

文化与生物的相互作用提供了理解文化认同的基础。每个人的生物状况是怎样被赋予意义成为整合与分析的生物心理单位。人性的基本生理需要(食物、性、避免痛苦等)都是文化认同真实模式的一部分。另一部分由延伸到社会秩序的动力因素组成。在整体中的社会心理层面,普通需求被文化引导并组织。影响、接受、承认、从属关系、身份地位、属性以及与其他人

---

[1] Anthony Wallace, "Revitalization Movements: Some Theoretical Considerations for Their Comparative Study," *American Anthropologist* 58 (1956): 264—281.

[2] Clyde Kluckhohn and Dorothea Leighton, "The Language of the Navajo Indians," in *Culture Shock*, edited by Philip Bock (New York: Alfred A. Knopf, 1970), 29—49.

[3] Benjamin Lee Whorf, *Language, Thought, and Reality: The Selected Writings of Benjamin Lee Whorf*, edited by John B. Carroll (Cambridge: Technology Press of MIT, 1957); a technical reference to the controversial literature examining the Sapir-Whorf Hypothesis can be found in "Psycholinguistics," by G. Miller and D. McNeill in volume 3 of the *Handbook of Social Psychology*, edited by Gardner Lindzey, Elliot Aronson, and Elmer R. Smith (Reading, MA: Addison-Wesley, 1968).

类互动等需求都被文化赋予了鲜活的生动感以及可认知的形态。比如，在比较身份地位的表现方式中，我们能清楚地看到文化与社会心理层面的交汇点。在美国，经济地位是通过大量的产品消费所体现的，而夸丘特尔人的地位是通过把所有财产在冬节时捐赠出去而获得。在许多亚洲社会，年龄可以让人获得地位，对老年人的蔑视和不敬严重背离了保全面子的要求。

组织、综合及维持个人的社会心理模式（特别是在幼年成长时期），是每个文化未见诸文字的任务。每个文化以对形成文化基础的环境和趋势十分独特，一致与合理的方式设计并建造这样的模式。个人社会心理的生存、接受和丰富所需要的交往形式记忆是社会化与文化适应过程中非常重要的一部分。但是这个记忆中同样重要的是组织个人意识的更高形式。通向理解宇宙秩序的动机和动力被文化赋予了意义和形式。所有文化以一种或另一种方式涉及生命本原和命运存在、知识本质、现实的意义和人类经验的重要性等生命哲学问题。乔治·彼得·默多克（George Peter Murdock）在《文化普遍性》中认为，某种形式的宇宙哲学、伦理、神话、超自然抚慰、宗教仪式和灵魂概念出现在有史料和人种学记载的每个文化当中。[①] 个人如何提出这些问题并寻求最终答案是文化认同的哲学心理模式的功能。最终，每个人的任务是寻求他或她的上帝的帮助，应对超自然事物，并使自己有不凡的生命。而这样做的方式和所形成的关系和连接都是靠文化认同的哲学心理功能实现的。

因此，将文化认同概念化必须包括综合与分析的三个相互关联的层面。当个人文化认同由表示这三个层面的符号和意象组成时，个人的生物心理、社会心理和哲学心理现实被文化编织在一起，通过许可与奖赏、图腾与禁忌、禁律与神话等方式运作。社会、自然和宇宙的统一与综合在自我的总体意象和日复一日对个人的了解和意识中反映出来。这种综合又被文化自身的更大动态所调整。在文化认同概念里，我们看到运作的文化综合体被个人的最深层意象所反映。这些意象各自基于普遍的各种人类动机。

所有文化认同分析都涉及动机需求结构。如已故的亚伯拉罕·马斯洛（Abraham Maslow）认为，人类动力形成了层次。在这个层次中，最具优势的动力将意识垄断，试图编排生物有机体的各种潜力和能力。[②]

---

① George Peter Murdock, "Universals of Culture," in *Readings in Anthropology*, edited by Jesse Jennings and Edward Adamson Hoebel (New York: McGraw-Hill, 1955), 13—14.

② Abraham Maslow, *Toward a Psychology of Being* (Princeton: Van Nostrand, 1962).

跨文化交流的建构与实践

在成长顺序中,婴儿和儿童的需要主要围绕在生理及生物需求,即食物、水和保暖。相对来说,社会心理需求在人类通过婚姻、职业和社会经济地位确立自我的青壮年时期意义最大。最后,在中老年阶段,当人们准备好从事创造性的追求,哲学意义的自我实现以及超越人类经验的关系时,哲学心理动力就表现得最为强烈。正如查尔斯·科弗(Charles. N. Cofer)和莫蒂默·阿普利(Mortimer H. Appley)所指出的,马斯洛的需求层次不是一个外在的,经验主义的,能证实的人类动力理论。[①] 不过,在假定一个普遍公认但叫法不同的贯穿人生的个人动力过程上,他的理论还是有用的。因此,文化认同综合与分析的每个层面可以被看成既是一个人自我形象的一部分,也是被其文化打上烙印的发展轨迹。

在协调个人的忠实、忠诚与承诺上,文化认同的作用是给予方向和意义。然而,人类在某种程度上与他们的文化是有区别的。正如没有人可以完全摆脱文化的影响一样,也没有人完全是自身文化的投影。因此,文化认同必须被视为一种综合的认同,在受文化影响的生物、社会和哲学动机等参数范围内,它具有特异性。实际上,不论这样的统一是否达到了足够的综合以保持一个特定文化内个人之间的一致性,涉及常态与人格形式是一个经验主义的问题。文化认同概念最多可以是文化比较研究的思维方式。无可否认的是,虽然社会科学的基本原则必须是人类的多样性和模式与理论的不可预测性,文化认同的思维方式以及心理与文化动态的相互作用可以为将来的研究和概念化奠定基础。特别是肯尼斯·伯尔丁(Kenneth Boulding)所建议的标志法可能极为有用。他的意象类型学,包括空间、时间、关系、个人、价值、情感、有意识—无意识,确定—不确定,现实—非现实,公—私等衡量尺度为文化认同的比较研究注入了重要观点。[②]

多元文化认同

多元文化人的兴起是一个非常有意义的现象,它代表了自我过程的新文化心理类型。多元文化人是在传统的和大众社会转型过渡期兴起的,在这个转型中,人类在政治、社会和经济上重新定义自己。多元文化主义提示

[①] Charles N. Cofer and Mortimer H. Appley, *Motivation*: *Theory and Research* (New York: John Wiley & Sons, 1964).

[②] Kenneth Boulding, *The Image* (Ann Arbor: University of Michigan Press, 1956).

了一种有潜在不同的人类。与文化认同的传统结构不同,这一人格形式有三个特点。

第一,多元文化人具有文化心理适应性。他或她与其他人的关系是依具体情况而定的。多元文化人在自我与所遇到的各类人和文化背景之间保持着一种模糊不清的界限。多元文化的认同不是建立在单一精神意象的层次结构之上,而是基于生活经验里有意和无意的变化。价值观与态度,世界观与信仰总是处于不断变革当中,更多根据体验的需要,而非某个特定文化的倾向。对一个多元文化个人来说,态度、价值、信仰和世界观只和某一特定环境发生关联(就像常在文化震惊中发现的那样),且无法在不同环境中作同样的诠释。多元文化人不会用此情况的条件来判断彼情况,因而,能够不断发展评估新体系以适应具体环境与情况。

第二,多元文化人似乎经历着持续不断的个人转换。他或她总是处于一种"变成"或"没变成"和以前不同的某类人,但还是能够意识到他或她原有的文化现实。换句话说,多元文化人通过文化学习与文化忘却过程,在认同之间游来荡去。如罗伯特·利夫顿(Robert J. Lifton)的"变色龙"概念所描述的,多元文化人总是在重新塑造自己的认同。他或她在自我经验中不断穿梭,在这儿融合,又在那儿抛弃,随机应变地作出反应。利夫顿认为,这种类型的自我过程具有无休止地试验与探索的特征,有些较为肤浅,有些又是深刻的,为了新的心理上的追求,它们每一个随时都可以被放弃。[①] 多元文化人总是处于变幻不定,忠诚与认同的构成不断变化,通过体验和联系世界,自我整体意象处于不断再形成的状态。换句话说,生命是一个精神上不断死而复生的过程。

第三,多元文化人的自我边界模糊不定。认同的限定因素既非固定不变,也无法预测,而是随机、开放地对变化作出反应。多元文化人能够对他们的观点作重要改变,并具有进行社会心理改变和否认永久特征的能力。在彼得·伯杰(Peter L. Berger)眼里,多元文化人是"无家可归之魂",虽然有较大程度的灵活性,但没有什么是永久的和一成不变的。[②] 无家可归是一个人动力需求的核心。利夫顿认为:"这个人如饥似渴地寻求与自己的世界

[①] Rober J. Lifon, *History and Human Survival* (New York: Vintage Books, 1961).

[②] Peter L. Berger, *The Homeless Mind: Modernization and Consciousness* (New York: Random House, 1973).

跨文化交流的建构与实践

相一致的观点和感觉。"①该世界为寻找普遍性和绝对性提供结构与形式,定义永久的探求。就像任何时期的伟大哲学家那样,多元文化人从不完全接受任何一种文化,也不会完全脱离他们自己的文化影响。他们的文化心理风格需求永远是相对性的,并处于动态之中,使他们能够从局外人的观点看他们自己的本原文化。在面对极权主义意识形态、体系和运动时,这样的不安和压力引发对抗的、充满激情和批判的姿态。

就像受文化束缚的人一样,多元文化人在自我之中具有社会、自然、个性与文化的整体意象。然而与文化认同结构相比,多元文化人总是在重新定义他或她自己的迷宫。没有任何一种文化能对多元文化人的认同打上永不磨灭的烙印;然而他或她须严重依赖文化以保持自己的相对性。像任何时期的人类一样,他或她被生物心理、社会心理和哲学心理动机所驱使;然而这些动机的构成永远处于变幻无常,视情况而定的状态。文化认同的中心意象所指的成熟层次在多元文化认同里较少结构化和密不可分。出于这个原因,需求、动力、动机和期待不断被校准,再校准,以求与环境相吻合。

多元文化人格的灵活性允许大幅度适应和调整。但是,调整与适应需总是依赖于生活结构中某种持续性的、稳定而不变的东西。我们可以归结出多元文化人相互联结并反映到思想和行为上的三个基本条件。这些条件是成功进行跨文化适应的基础。

1. 任何文化或体系有它自身内在的一致性、完整性和逻辑性。每个文化的价值与态度、信仰与规范对个人和集体认同赋予了含意和意义,它们相互交织在一起构成了文化体系。
2. 文化之间在本质上不存在孰优孰劣。所有文化体系的人类经验多样性都是平等有效的。
3. 在某种程度上,所有人都是受文化束缚的。每个文化赋予个人某种认同感、某种行为准则,以及事物模式中个人的某种位置感。

多元文化人体验这些观点,并将它们付诸于日常生活实践,而不是仅限于跨文化情况。基本上讲,它们是他或她关于世界和自我内在意象的一部分。

这种人的新颖独特之处在于自我过程的文化心理风格,它超越了特定文化在人的幼年时期就打上烙印的结构化意象。处于多元文化人核心的主导意象是以假定多文化现实为前提。因而,多元文化人不是简单地对多种

---

① Lifton, *History and Human Survival*.

不同文化敏感,而是这个人在某个特定文化环境中总是处于要么成为其中一部分,要么与之分离的过程中。他或她是可塑之人,有弹性的、变化着和进化着的人。没有永久的文化"特征",但是他或她不会脱离文化的影响。在个人认同过程的变化和位移中,多元文化人不断地再造自我象征符号。

生物心理、社会心理和哲学心理动机所产生的模糊边界和不断校准关系,使个人对文化和次文化体系或许作出复杂而综合的反应。而且,这一文化心理灵活性须在认同上先后发生变化。多元文化人有意或无意地在他们整个文化心理状态方面经历着变化;在面对新体验时,他们的宗教信仰、个性、行为、职业、国籍、观点、政治信念和价值观被部分或完全重塑。迈克尔·诺瓦克(Michael Novak)写道:"经历数个深刻的变化,令自身出现非常不同的人格,这对人类来说是越来越可能的了……"①多元文化人与文化体系的关系脆弱而单薄。诺瓦克认为:"一个人的文化和社会环境决定他的人格、价值观与行为;但是同样的一个人,在一定范围内,也能够选择影响他的环境状况。"②

压力与紧张

多元文化人前所未有的动力使其先后或同时经历多种不同生活成为了可能。但是,如此的文化心理柔韧性首先在有这种动力的情况下产生出紧张和压力。由于模糊的边界,多元文化个人的生活节奏紧张并受到挤压。他们因此往往遭受常人无法理解的压力与紧张。至少有五种压力值得一提。

第一,多元文化人敏感而脆弱。在模糊不清的边界和形式中,他或她常在有意义和无意义,重要与不重要,幻想与保守之间相混淆。利夫顿认为:

> "边界被看做既非永久,也非错的,而是本质的……如果只是为帮助我们抓住所要超越的东西,我们需要意象的界线与约束。在我们的生态与历史之间我们要加以区分,尤其是当我们寻求把这些结合在一起去理解我们自己的时候"。③

---

① Michael Novak, *The Experience of Nothingness* (New York: Harper & Row, 1970).
② 同上。
③ Robert J. Lifton, *Boundaries* (New York: Vintage Books, 1967).

跨文化交流的建构与实践

如果没有某种边界,经验本身就没有形状或轮廓,也没有意义和重要性;如果个人没有自我存在的严格边界,任何事情都变得令人困惑。为了形成一个特定经验,经验必须发生在某种本质上不同的两极当中,在那里两股对立的力量之间形成张力。如果没有恶,就没有所谓的善;如果没有亵渎,就没有神圣,然而,不确定的边界赋予对经验的体验轮廓和意义;他们让我们区分,定义并确定在与他人或别的事物相关联时,我们是谁。

第二,多元文化人容易有多重心理,用埃里克森的术语来讲,有"扩散了的认同",[①]即忠诚和身份构成不断变化,边界从不是安全的,多元文化人接受任何所有类型的情形。在面对含混、矛盾、铺天盖地的信息时,不得以退回到他或她自己的主观世界里,整合并挑选那些被胡乱拿进来的信息。如果无法做到,多元文化人就在交流的旋风中被推来搡去,成为一个他人眼里的人,或他人要求成为的人,每个社会和文化群体的任务是在自身结构中清晰定义信息,意象和符号,以使个人可以将其诠释到他或她自己的存在中。但是如果认为所有群体的信息和情境同等重要和有效,个人就容易被他人的要求所淹没。

第三,多元文化人容易丧失对真实性的感觉。因为惯于文化心理适应,这个人会潜在地扮演各种变化不定的角色,与他人几乎没有什么关联。他会失去认同定义中所说的协调一致和综合的含义。心理学家们认为,角色是依照一个人在特定社会或文化布局中的位置而被期待的行为。角色的背后是更深层的连续性线索,即把各部分化零为整的感情、感觉、认知与价值观。多元文化人格容易被分解成人格碎片,除了被家庭、朋友与社会制度化和常规化的生活,他们没有任何体验生活的标准。

第四,与上述特点相关,多元文化人有可能成为一知半解之人。他可以轻易从一个认同体验转到另一个,而不必表现对现实生活情景的价值观。面对新情况时的活力与热情很容易流于表面的狂热与爱好,他避免卷入更深的责任。他变得具有可塑性。灵活性掩饰了这样一个自我过程:回避真实的人类问题,或视其为仅具有表面重要性。特别是年轻人崇尚对当代世界文化的虚构狂热的社会中,多元文化认同成为滋生肤浅且一知半解的温床,精英们操控社会、政治和经济,个人则随波逐流,毫发无伤,不承担责任与义务,也不受任何影响。

第五,也是最后一点,多元文化人以存在主义的谬误观点最终在心理和

[①] Erik Erikson, *Insight and Responsibility* (New York: W. W. Norton, 1964).

哲学上寻求庇护,嘲笑他人不同的生活方式,以疏离和冷漠的态度作出反应还算是最好的表现;最糟糕的是,成为以不存在为解决问题方法的虚无主义者。边界的削弱造成了一条鸿沟,个人与他人之间有意义的关系被阻断,而个人隐蔽在庇护冷漠和不安全的犬儒主义背后。在这种情况下,个人内在与外在的空无是非常严重的后果;处于如此位置上的个人最终既不被理解,也无法使他或她自己成为一个完整的存在。

这些压力和扭曲不应与跨文化调整过程中遭遇的紧张与焦虑相混淆。文化震惊是更表面的问题,这是由于误解普遍认知和理解的社会交往符号所导致。对这些问题的描述并不是在说多元文化人一定是造成这些困难的罪魁。多元文化认同方式以可变、动态的自我为前提,即一种对环境进退自如的能力,经历不同情况时维持某种内在一致的能力。至于文化心理风格,多元文化人正像一个伟大的艺术家或神经病患者,他们同样受到我们时代的基础势力的影响。多元文化个人包括那些获得高度成就的个人(作家、音乐家、外交家等等),以及那些出于各种原因,生活被没有协调好的情境所击碎的男人和女人们。罗洛·梅(Rollo May)认为,在我们每个人的内心,艺术家与神经病仅一步之遥。他写道:"由于神经病患者和艺术家都对人类无意识,他们向我们显示出如果这种情形蔓延至整个社会都群体无意识,那将会怎样……神经病患者就是'想当艺术家而未实现的人',他无法把自己的矛盾改写进艺术。"[①]

多元文化人代表了一种新型人,由于压缩了作为整体存在的文化局限而无拘无束的人。但是,正像任何时代的男人与女人,多元文化人须应付跨文化交往中的困难。人们在与不同文化的紧密接触中会出现各种各样的问题,跨文化心理研究文献里不乏这样的例子。比如,融合与同化,代表了对一个主流文化的两种不同反应。融合的含义是保留次文化的差异,而同化意味着将其吸收到一个更大的文化体系当中。根据萨默莱德(E. Sommerlad)和约翰·贝里(John W. Berry)的观点,同化、融合与认同的关系说明了如果人们认同他们所在的群体,他们就倾向于融合。[②] 另一方面,如果他们认同东道主国社会,他们就倾向于同化。与之相关的是各种负面态度,身心

---

① Rollo May, *Love and Will* (New York: Dell Publishing, 1969).

② E. Sommerlad and John W. Berry, "The Role of Ethnic Identification," in *The Psychology of Aboriginal Australians*, edited by G. E. Kearney, P. R. de Lacey, and G. R. Davidson (Sydney: John Wiley & Sons Australasia Pty Ltd., 1973), 236—243.

压力,以及存在心理危险的场合个人所表现出的另类行为。柏力写道:"与边缘人理论的预言相反,那些人好像更被传统地看成是经历最心理边缘化,而不是那些希望继续发展但却不能的人。"①多元文化的男人或女人在很多方面都是陌生人。在多大程度上他或她能不断修改观点并对一个群体的结构和作用有所了解,以及同时对个人、种族和文化身份的有所理解,就能在多大程度上在文化之间真正成功发挥作用。

虽然弄清文化认同发展成多元文化认同的条件是困难的,但文化心理风格上的此种变化最有可能发生在集体主义文化认同的根基发生动摇的地方。约翰·考特(John. E. Cawte)写道:"团体经历了漫长的生态或经济困难,自然或人为灾难的压力,很多成员有可能遭受精神上的紊乱失调。"②考特对澳大利亚原住民社会的研究,以及科林·特恩布尔(Colin M. Turnbull)对非洲伊克人的研究③证明了集体主义文化认同受到的严重威胁对个人会产生怎样的社会和心理崩溃。但是,如果文化互动发生在并非全然不同的文化之间,或变化速度是渐进的而非立即的,多元文化的态度和价值观可以潜在地获得发展。道森(Dowson)认为:"一种文化的改组导致的由内部到之间态度的形成在过渡情况下对个人的成功调整更为适合。"④因此,多元文化形式在任何社会或面临新生活方式的文化中可以产生并初步发展。

在人格类型、行为模式、特征以及文化背景等方面,多元文化认同形式的概念化知识最多,令人印象深刻,但不足信。但是,跨文化心理学家和人类学家们的调查越来越相信多元文化人格是压力和紧张造成的,这些压力是宏观与微观文化相互交织的结果。当个人能够协调跨文化交往中固有的矛盾与张力的时候,多元文化的方式似乎就可以发展。那么,多元文化人在更高水平的社会、心理和文化融合方面可以很好地表现对个人认同的肯定。

正如这个世界的各种文化,如果它们有理由在西方科技的冲击中生存,

---

① John W. Berry, "Marginality, Stress and Ethnic Identification," *Journal of Cross-Cultural Psychology* 1(1970):239—252.

② John E. Cawte, "A Sick Society," In *The Psychology of Aboriginal Australians*, edited by G. E. Kearney, P. R. de Lacey, and G. R. Davidson (Sydney: John Wiley & Sons Australasia Pty Ltd., 1973), 365—379.

③ Colin M. Turnbull, *The Mountain People* (New York: Simon and Schuster, 1972).

④ J. L. M. Dawson, "Attitude Change and Conflict."*Australian Journal of Psychology* 21 (1969):101—116.

就必须对传统和变化作出响应,个人认同也须在文化心理上适应面对一个爆炸性的世界。没有理由不认为这样的人类正在出现。体验一个又一个认同的多元文化人对持续的生死轮回持开放态度,因为它就发生在他或她的精神范畴之内。多元文化人的生活方式是认同散开和重塑的连续不断的过程;但这个过程意味着成长。心理上对新观点和经验标准的转变常导致人格瓦解的产生。卡兹米尔兹·达布罗瓦斯基(Kazimierez Dabrowski)认为:"瓦解是向上发展、新进化动力的创造,以及人格升华到一个更高水平的基础。"① 多元文化人的每一个新认同的种子都处于前一个认同的分解之中。埃里克森写道:"当人们由于意外或发展性的变化而丧失本质的整体时,他会依靠我们所称的'极权主义'来重新构造自己和世界。"② 如此的极权主义,高于应对和调整机制,是在融合的更高水平上,一种新型整体成长的一部分。

结论与概要

  本篇文章不认为多元文化人是目前在我们这个时代占支配地位的角色。也不因为多元文化人在与其他文化关系中不受约束的形式,就认为他们比那些"单一"或双文化的人更好。而是说,多元文化人不是简单地对其他文化敏感或了解国际事务,而是认同的文化心理模式从根本上与一般文化认同模式中的相对稳定的自我过程形式有所不同。文章认为在生物、社会和哲学动机,以及个人边界的相对坚固程度等方面,可将文化和多元文化认同概念化,而且这样的概念化将为比较研究奠定基础。

  关于多元文化人格的最后两点值得注意。第一,多元文化人体现出作为文化交往的协助者与催化剂的特征。其认同方式特有的变通与灵活使这个人在与各种背景和环境产生关联时不会被任何特定文化所同化或完全排斥。博克纳认为,在亚洲和太平洋地区避免文化丢失的一个主要问题是"缺乏足够的能作为不同文化体系之间纽带的人"。③ 这些"中间人"具备了多元文化人的本质特征。"真正的多元文化人十分罕见",他写道,"这是很不幸

---

① Kazimierez Dabrowski, *Positive Disintegration* (Boston: Little, Brown, 1964).
② Erikson, *Insight and Responsibility*.
③ Bochner, "Mediating Man", 23—37.

的事,因为正是这些有独特本领的人在世界各文化间起到居中调停的作用。"①因此,多元文化人体现了一种自我过程的模式,使他或她有可能帮助其他人协调不同体系的文化。这样的自我过程具有超强适应力,因此能以独到的视角去理解、协助并研究其他体系的文化心理动态。

第二,多元文化主义成为越来越重要的心理与文化现象,其程度之高有助于今后的概念形成与研究。区分心理学和人类学两种方法的不同既不容易也没有必要,跨学科的方法也无法保证我们能对人类有更深入的敏锐领悟,因为他们的存在与自己的文化密不可分。但是,多元文化人的存在可以证明在理解文化学习(和文化遗忘)过程中,提倡运用综合性方法进行个人与群体研究是一个非常重要的问题。理查德·布里斯林(Richard W. Brislin)、沃特尔·朗纳(Walter J. Lonner)和罗伯特·桑迪克(Robert M. Thorndike)认为,"心理学家们致力于把许多文化共有的行为纳入一个理论体系(客位方法),不过他们也必须理解发生在各文化之中的不同行为(主位方法)。"②实验法研究将成为必然的下一步,它以能够准确观察、衡量和测试行为,且运用主、客位研究法的差别等方法为基础。此类研究对深入探讨跨文化关系更基础的动向可能是一个很好的出发点。

我们生活在历史的过渡时期,这个时代同样需要文化心理的自我过程形式。由各国组成的国际共同体是否即将成为现实尚属可争议话题,但自我意识比自身母文化的心理边界更为博大的个人正在出现已是一个不争的事实。然而,有如此自我意识的文化心理认同模式对个人既有益处,也带来病态。20世纪人与文化的相互衔接并不总是一个令人愉悦的过程;现代化与经济发展使发达国家与第三世界国家都付出沉重的心理代价。它带给我们这个时代的变化重新引发了对保留集体的文化认同的需求。然而,伴随着这个世纪特有的迷惑感与疏离感,在人类思考个人认同和对人类物种认同的方式上出现了一个新的可能性。哈罗德·泰勒(Harold Taylor)对该可能性作了最权威的解释,他自己就是一个多元文化人的极好范例:

  世界上有一种新型人,他们比普遍认识到的还要多。他(或她)是这样一位国家公民:具有国际直觉力,对过去和现在有充分的意识,并

---

① Bochner, "Mediating Man", 23—37.

② Richard W. Brislin, Walter J. Lonner, and Rober M. Thorndike, *Cross-Cultural Research Methods* (New York: John Wiley & Sons, 1973).

对两者的根本差别所了解,接受没有先例的事实,并作为爱的使者,愿意为解决未来的问题努力工作,而不求政府、学术团体给予的奖励或职位等回馈。他(或她)是无形世界共同体的一部分,这个共同体包括了诗人、作家、舞蹈家、科学家、教师、律师、学者、哲学家、学生,以及有着视世界为整体并集其于一身这类感觉的公民。①

---

① Harold Taylor, "*Toward a World University*," Saturday Review 24 (1969):52.